Plötscher
Finanzierungsrestriktionen bei Unternehmen

GABLER EDITION WISSENSCHAFT

Empirische Finanzmarktforschung / Empirical Finance

Herausgegeben von Professor Dr. Jan Pieter Krahnen und Professor Richard Stehle, Ph.D.

Im betriebswirtschaftlichen Gebiet Finanzierung hat die empirische Forschung in den vergangenen Jahren beträchtlich an Bedeutung gewonnen. In die vorliegende Schriftenreihe sollen Dissertationen und Habilitationen aufgenommen werden, die zur empirischen Finanzmarktforschung (im weitesten Sinne) einen wichtigen Beitrag leisten. Autoren bzw. die sie betreuenden Hochschullehrer werden aufgefordert, sich bei Interesse an einer Aufnahme der Arbeit in die Reihe mit den Herausgebern in Verbindung zu setzen.

Claudia Plötscher

Finanzierungs-restriktionen bei Unternehmen

Ursachen und Auswirkungen in Deutschland

Mit einem Geleitwort
von Prof. Dr. Gebhard Flaig

Springer Fachmedien Wiesbaden GmbH

Die Deutsche Bibliothek - CIP-Einheitsaufnahme

Plötscher, Claudia:
Finanzierungsrestriktionen bei Unternehmen : Ursachen und Auswirkungen in Deutschland / Claudia Plötscher. Mit einem Geleitw. von Gebhard Flaig. - 1. Aufl..
- Springer Fachmedien Wiesbaden 2001
(Gabler Edition Wissenschaft : Empirische Finanzmarktforschung)
Zugl.: München, Univ., Diss., 2000
ISBN 978-3-8244-7418-9 ISBN 978-3-663-07999-6 (eBook)
DOI 10.1007/978-3-663-07999-6

1. Auflage Dezember 2001

Lektorat: Brigitte Siegel / Sabine Schöller

Gedruckt auf säurefreiem und chlorfrei gebleichtem Papier.

ISBN 978-3-8244-7418-9

Vorwort der Herausgeber

Das betriebswirtschaftliche Gebiet Finanzierung hat sich in den vergangenen dreißig Jahren im Hinblick auf die Abgrenzung von anderen wirtschaftswissenschaftlichen Teildisziplinen, aber auch im Hinblick auf die Forschungsinhalte und die Forschungsmethoden stark gewandelt. Finanzierung wird heute meist, dem amerikanischen Gebrauch des Begriffes „Finance" folgend, als Oberbegriff für die Gebiete Unternehmensfinanzierung, Investition und Bankbetriebslehre verwendet. Diesen drei Gebieten ist gemein, daß die Funktionsweise der relevanten Geld-, Kapital- und Devisenmärkte von zentraler Bedeutung ist. In der Forschung wird üblicherweise mit mehr oder weniger stark formalisierten Modellen in einem ersten Schritt versucht, Hypothesen über die betrachteten Sachverhalte abzuleiten, in einem zweiten Schritt werden diese Hypothesen dann empirisch überprüft, d.h. mit der Realität konfrontiert.

Gemessen am zeitlichen Aufwand der beteiligten Wissenschaftler und am Umfang der vorgelegten Arbeiten hat im Gebiet Finanzierung die empirische Forschung in den vergangenen Jahren beträchtlich an Bedeutung gewonnen. Dabei haben die EDV-mäßige Verfügbarkeit von Daten und die verbesserten Möglichkeiten ihrer Verarbeitung eine wichtige Rolle gespielt.

In die vorliegende Schriftenreihe sollen Dissertationen und Habilitationen aufgenommen werden, die zur empirischen Finanzmarktforschung (im weitesten Sinne) einen wichtigen Beitrag leisten. Autoren bzw. die sie betreuenden Hochschullehrer werden aufgefordert, sich bei Interesse an der Aufnahme einer Arbeit in die Reihe mit den Herausgebern in Verbindung zu setzen.

Wichtigstes Ziel der Reihe ist die effiziente Verbreitung der Forschungsergebnisse. Um den Lesern die wichtigsten Teile der Arbeiten leicht zugänglich zu machen, soll im jeweiligen Geleitwort des Betreuers auf die besonderen Stärken der Arbeit hingewiesen werden. Auch die bei Drucklegung bereits bekannten Schwächen der Arbeit sollen in diesem Geleitwort Erwähnung finden.

Eine Liste der bisher erschienenen Schriften ist am Ende dieser Arbeit und auf den Web-Seiten der Herausgeber zu finden.

Prof. Dr. J. P. Krahnen
Johann Wolfgang Goethe Universität
Fachbereich Wirtschaftswissenschaften
Professur für Kreditwirtschaft und Finanzierung
Mertonstraße 17-21
D-60054 Frankfurt am Main
Tel.: (069) 798-22568
Fax: (069) 798-28951
E-Mail: krahnen@wiwi.uni-frankfurt.de
http://www.uni-frankfurt.de/professoren/krahnen

Prof. R. Stehle, Ph.D.
Humboldt-Universität zu Berlin
Wirtschaftswissenschaftliche Fakultät
Institut für Bank-, Börsen- und Versicherungswesen
Spandauer Straße 1
D-10178 Berlin
Tel.: (030) 2093-5761
Fax: (030) 2093-5666
E-Mail: stehle@wiwi.hu-berlin.de
http://www.wiwi.hu-berlin.de/finance

Geleitwort des Betreuers

Eine zentrale Bedingung für eine auch intertemporal voll effiziente Marktwirtschaft ist, dass die bei gegebenem Marktzins profitablen Investitionsprojekten nötigenfalls durch Aufnahme von externem Eigenkapital oder Fremdkapital finanziert werden können. Die vielfältigen Klagen von Unternehmen über mangelnde Kreditverfügbarkeit lassen jedoch vermuten, dass Kreditmärkte diese Optimalbedingung oft nicht erfüllen. Wie viele theoretische Modelle gezeigt haben, liegt der Grund dafür in systematischen Informationsasymmetrien aufgrund verschiedener moral hazard- und adverse selection-Problemen.

Die vorliegende Studie von Claudia Plötscher liefert in einer Folge von aufeinander aufbauenden empirischen Untersuchungen einen sehr interessanten und wichtigen Beitrag zur Analyse der Determinanten und Auswirkungen von Finanzierungsrestriktionen. Untersucht werden die Entscheidungen über die Aufnahme von externem Eigenkapital, die Determinanten der Kreditverfügbarkeit und schließlich die Effekte von Finanzierungsrestriktionen auf die Investitionsnachfrage von Unternehmen. Empirische Basis der Studie ist ein von der Autorin selbst erhobener Datensatz, der mit dem Ifo-Investitionstest verknüpft wurde. Bei der Schätzung der Modellgleichungen legt Frau Plötscher besonderes Gewicht auf eine sorgfältige ökonometrische Modellierung der Entscheidungs- und Selektionsprobleme. Dabei werden moderne Methoden der Mikrodatenökonometrie eingesetzt, wobei vor allem berücksichtigt wird, dass erklärende Variable wie bspw. die Kreditverfügbarkeit nicht exogen vorgegeben sind, sondern von beobachteten und unbeobachteten Eigenschaften eines Unternehmens abhängen.

Die simultane Analyse von Kreditnachfrage, Kreditverfügbarkeit und Investitionen mit Hilfe bivariater Probitmodelle liefert eine Reihe von neuen und interessanten Resultaten, bspw. über die Rolle von Bankbeziehungen oder der hohen Bedeutung der internen Liquidität vor allem für die Investitionsentscheidungen von Unternehmen, die Finanzierungsrestriktionen unterliegen. Überzeugend wird nachgewiesen, dass unvollkommene Kapitalmärkte und Kreditrestriktionen wichtige Phänomene sind, die bei der Erklärung unternehmerischen Handelns oder der Analyse des geldpolitischen Transmissionsmechanismus nicht ignoriert werden dürfen. Damit trägt die Arbeit zum besseren Verständnis von Unternehmensfinanzierung auf der einzelwirtschaftlichen Ebene bei und stellt eine fundierte empirische Basis für die zukünftige Diskussion der Rolle von Finanzierungsrestiktionen in der Makroökonomie dar.

Gebhard Flaig

Vorwort

Die vorliegende Arbeit entstand im Rahmen des Schwerpunktprogramms „Industrieökonomik und Inputmärkte“ der Deutschen Forschungsgemeinschaft (DFG) und wurde 2000 als Dissertation an der Volkswirtschaftlichen Fakultät der Ludwig-Maximilians-Universität München angenommen. Der DFG danke ich für die finanzielle Unterstützung.

Mein Dank gilt vor allem meinem Doktorvater Prof. Dr. Gebhard Flaig, der mir nicht nur mit inhaltlichen Anregungen behilflich war, sondern durch sein Vorbild meine Begeisterung für empirische Wirtschaftsforschung förderte. Prof. Dietmar Harhoff Ph.D., Zweitgutachter der Arbeit, danke ich für seine Bereitschaft, sich der Arbeit zu widmen und gründlich zu würdigen.

Besonders möchte ich mich bei meinem damaligen Kollegen am ifo Institut für Wirtschaftsforschung Prof. Dr. Horst Rottmann bedanken. Die Anregungen und Ideen, die mir die zahlreichen Diskussionen mit ihm lieferten, waren eine wichtige Bereicherung. Er begleitete die Arbeit mit seiner unermüdlichen Bereitschaft zur kritischen und konstruktiven Auseinandersetzung und half mir, in kritischen Phasen des Projekts einen klaren Blick zu bewahren.

Schließlich danke ich dem ifo Institut für Wirtschaftsforschung für den wissenschaftlichen Freiraum, der für das Gelingen der Arbeit unererlässlich war.

Claudia Plötscher

Inhaltsverzeichnis

Tabellenverzeichnis

Abbildungsverzeichnis

Kapitel 1

1 Einleitung

Die Erkenntnis, daß Finanzmärkte keine vollkommenen friktionslosen Märkte darstellen, ist heute unter den meisten Ökonomen unbestritten. Bereits Keynes (1930) war der Ansicht, daß die Vergabe von Bankkrediten nicht mit den Prinzipien vollkommener Märkte vereinbar sei. In den frühen Nachkriegsjahren beobachtete man eine so zinsunelastische Nachfrage nach Krediten, daß viele Ökonomen Geldpolitik für unwirksam hielten (Smith 1956). Die in dieser Zeit entstandene availability doctrine argumentierte dagegen, die Transmission geldpolitischer Maßnahmen finde nicht über eine Änderung des Zinssatzes statt, sondern über die Verfügbarkeit von Krediten.[1] Der Zinssatz fungiere demnach „not necessarily [...] as a cost to the borrower, nor as an inducement to the saver, but rather [...] as a reflection of underlying changes in credit availability“ (Rosa 1951, S. 276). Eine solide theoretische Begründung für die Feststellung, daß der Zinssatz nicht die Knappheitsverhältnisse widerspiegelt, fehlte jedoch. Da die availability doctrine auch nicht erklären konnte, warum ein Teil der Nachfrage nach Krediten unabhängig vom gebotenen Zinssatz unbefriedigt bleiben kann, wurde sie als „mix of restrictive assumptions and assumed answers with little empirical or general theoretical support“ (Baltensberger und Devinney 1985, S. 477) wieder verworfen. Neues Interesse an der Funktionsweise von Kredit- und Kapitalmärkten kam in den achtziger Jahren auf. Als Reaktion auf die mangelnde Fähigkeit von real business cycle-Modellen, dauerhafte Unterbeschäftigungssituationen zu erklären, entstand der Neukeynesianismus, der die Unterbeschäftigung von Faktoren durch rigide Preise auf Güter-, Arbeits- und Kreditmärkten erklärt, wobei diese Rigiditäten zunächst als gegeben angenommen wurden. Angestoßen durch die Forderung der Vertreter der Neoklassik nach einer mikroökonomischen Fundierung makroökonomischer

[1] Einen kurzen Überblick über die availabilty doctrine bieten Baltensberger und Devinney (1985).

Aussagen konzentrierten sich die Anstrengungen in den achtziger Jahren darauf, Preis- und Lohnstarrheiten beispielsweise als Konsequenz von Preisanpassungskosten oder von verzögerten Lohnanpassungen aufgrund längerfristiger Verträge zu modellieren. Die Analyse der Kredit- und Kapitalmärkte setzte im Rahmen von Partialmodellen insbesondere an einer asymmetrischen Informationsverteilung zwischen Kapitalgebern und Kapitalnehmern als einer Marktunvollkommenheit an. Mit diesen Ansätzen wurde es möglich, Zinsrigiditäten und Rationierung auf Kreditmärkten als stabiles Gleichgewicht zu modellieren. Informationsasymmetrien lieferten auch eine Erklärung dafür, daß Beteiligungskapital eine sehr teure Finanzierungsform ist, auf die Unternehmen wenn möglich verzichten. Während sich die theoretische Literatur zunächst auf das Phänomen der Kreditrationierung konzentrierte, geht es in neueren Arbeiten allgemeiner um Finanzierungsrestriktionen: auch wenn eine Finanzierungsbeziehung zustande kommt, ist jede Form der externen Kapitalbeschaffung aufgrund von Informationsproblemen teurer als die Finanzierung aus internen Mitteln. Daneben können informationsökonomische und vertragstheoretische Ansätze eine Reihe spezieller Aspekte von Kredit- und Kapitalmärkten erklären wie beispielsweise die Existenz und Rolle von Banken als Finanzintermediäre oder die Wahl unterschiedlicher Finanzierungsformen.

Die Verbindung von der Mikro- zur Makroebene bilden allgemeine Gleichgewichtsmodelle, in die die partialanalytischen Ansätze asymmetrischer Information eingebettet werden. Im Rahmen dieser allgemeinen Gleichgewichtsmodelle, die seit dem Ende der achtziger Jahre entstanden sind, werden die Konsequenzen von Kapitalmarktunvollkommenheiten auf der Makroebene untersucht. Dabei wird zum einen die Frage nach der Rolle von Krediten im Transmissionsmechanismus wieder aufgegriffen und zum anderen wird analysiert, ob Kapitalmarktunvollkommenheiten reale Schocks verstärken können und über welche Mechanismen dies geschehen kann.

Mit dem Erfolg der theoretischen Forschung, die Bedeutung von Informationsasymmetrien für die Funktionsweise von Kredit- und Kapitalmärkten zu erklären, stellte sich die Frage nach Evidenz für die empirische Relevanz dieser Erkenntnisse. Zu zwei Forschungsfeldern möchte die vorliegende Arbeit in diesem Zusammenhang einen Beitrag leisten: Erstens sollen die Ursachen und zweitens die Auswirkungen von Finanzierungsrestriktionen empirisch untersucht werden. Um dieses Ziel handhabbar zu halten, wird der Untersuchungsgegenstand in zweierlei Hinsicht eingegrenzt: Erstens beschränkt sich die Analyse auf den Unternehmenssektor und zweitens konzentriert sie sich auf die Mikroebene. Deshalb sei an dieser Stelle nur der Vollständigkeit wegen erwähnt, daß Konsumenten ebenso aufgrund asymmetrischer Information Finanzierungsrestriktionen unterliegen können wie Unternehmen. Mit den Auswirkungen von Finanzierungsrestriktionen auf den gesamtwirtschaftlichen Konsum befaßt sich eine extensive Literatur, die hier nicht weiter thematisiert wird.[2] Die makroökonomischen Konsequenzen von Finanzierungsrestriktionen auf der Unternehmensebene werden am Ende der Arbeit angesprochen, allerdings nicht erschöpfend diskutiert (vgl. hierzu Schubert 1999).

Zur Frage der Ursachen und Wirkungen von Finanzierungsrestriktionen bei Unternehmen sind in jüngster Zeit einige empirische Beiträge entstanden, die sich allerdings vornehmlich auf die Vereinigten Staaten beziehen. Für die Bundesrepublik liegen bislang relativ wenige Arbeiten vor. Die meisten existierenden Studien beruhen auf Datensätzen, die zu anderen Zwecken erstellt wurden und in denen deshalb für die Fragestellungen zentrale Variablen nicht vorliegen oder nur ungenau gemessen sind. Die Folge ist, daß die empirischen Analysen häufig sehr allgemein bleiben. Viele in der theoretischen Literatur formulierte Hypothesen, beispielsweise über die Effekte von Bankbeziehungen, können damit nicht empirisch überprüft werden (z.B. Winker 1993). Das Verständnis des Investitions- und Finanzierungsverhaltens von Unternehmen bleibt damit an der Oberfläche und führt möglicherweise zu wirtschaftspolitischen Fehlschlüssen. Um präzisere empirische Aussagen zur Relevanz der informationsökonomischen und vertragstheoretischer Ansätze machen zu können, wurde im Rahmen dieser Arbeit eine schriftliche Unternehmensbefragung durchgeführt, deren Ergebnisse mit bereits vorliegenden Informationen derselben Unternehmen verknüpft wurden. Auf diese Weise entstand für die Bundesrepublik erstmals ein Datensatz, der nicht nur aktuelle, sondern auch vergangene Informationen enthält und eine Analyse der Ursachen von Finanzierungsrestriktionen sowohl bei der Beteiligungs- als auch bei der Kreditfinanzierung sowie darüber hinaus der Auswirkungen von Finanzierungsrestriktionen auf das Investitionsverhalten von Unternehmen erlaubt.

---

[2] Zentrale Aussage dieser Literatur ist, daß sich Konsumenten unter Finanzierungsrestriktionen nicht gemäß der permanenten Einkommenshypothese verhalten. Der Konsum hängt deshalb nicht nur vom erwarteten, sondern aufgrund von Finanzierungsrestriktionen auch vom verfügbaren Einkommen ab. Für einen internationalen Vergleich zu diesem Thema vgl. Bacchetta und Gerlach (1997).

Die Arbeit ist wie folgt aufgebaut: Um einen Eindruck von der quantitativen Bedeutung einzelner Finanzierungsquellen zu erhalten, werden in Kapitel 2 die Finanzierungsstrukturen des Unternehmenssektors in Deutschland dargestellt. Die dabei gewählte kürzlich in der Literatur vorgeschlagene Darstellungsform führt zu überraschenden Ergebnissen, die von den bisherigen Erkenntnissen über die Bedeutung verschiedener Finanzierungsquellen erheblich abweichen. So ist beispielsweise die vielfach festgestellte Dominanz interner gegenüber externer Finanzierung das Ergebnis einer Reihe ganz bestimmter Annahmen. Unter alternativen Annahmen zeigt sich, daß externen Mitteln für die Finanzierung des Unternehmenssektors eine sehr viel größere Bedeutung zukommt. Dieses und weitere Ergebnisse motivieren die empirischen Fragestellungen dieser Arbeit.

Kapitel 3 gibt erstens einen Überblick über relevante mikroökonomische Ansätze zur Erklärung von Finanzierungsrestriktionen und liefert so den theoretischen Hintergrund der empirischen Analysen der späteren Kapitel. Zudem werden in Kapitel 3 die in der Literatur zu findenden empirischen Umsetzungen der theoretischen Ansätze vorgestellt. Dieser Überblick macht deutlich, auf welchen Gebieten Forschungsbedarf besteht und welche Voraussetzungen in bezug auf die Daten hierfür erforderlich sind. Die Unternehmensbefragung versucht, diese Voraussetzungen zu schaffen. Ihre Konzeption wird in Kapitel 4 erläutert. Die Kapitel 5 bis 7 enthalten die eigentlichen empirischen Arbeiten. Kapitel 5 befaßt sich mit der Frage, warum externes Eigenkapital bei der Unternehmensfinanzierung eine vernachlässigbar geringe Rolle spielt. Können die in der wirtschaftspolitischen Diskussion häufig genannten institutionellen Hemmnisse die geringe Attraktivität externen Eigenkapitals alleine erklären oder sind weitere Faktoren hierfür verantwortlich? In Kapitel 6 geht es um die Finanzierung der Unternehmen mit Bankkrediten. Hier wird der Frage nachzugehen sein, was die Besonderheit von Bankkrediten ist und von welchen Faktoren ihre Gewährung abhängt. Schließlich sucht Kapitel 7 eine Antwort auf die Frage, wie Unternehmen reagieren, wenn sie ihren Finanzierungsbedarf nicht decken können. Kapitel 8 faßt sie Ergebnisse der Arbeit zusammen und geht auf die makroökonomischen Implikationen sowie auf wirtschaftspolitische Schlußfolgerungen ein.

Eine Untersuchung für die Bundesrepublik unternimmt Flaig (1993).

Kapitel 2

2 Strukturen der Unternehmensfinanzierung in Deutschland

Gegenstand dieses Kapitels ist die deskriptive Darstellung der Strukturen der Unternehmensfinanzierung in Deutschland. Dabei soll gezeigt werden, welche quantitative Bedeutung verschiedene Finanzierungsformen für die Finanzierung der Unternehmensaktivitäten haben. Die Beschreibung der Finanzierungsstrukturen dient zum einen dazu, einen Eindruck von den relativen Größenordnungen der einzelnen Finanzierungsquellen zu geben. Zum anderen sollen die Fragestellungen motiviert werden, deren Beantwortung sich diese Arbeit zum Ziel gesetzt hat.

Mit der Frage nach der Bedeutung einzelner Finanzierungsquellen beschäftigt sich eine Reihe empirischer Arbeiten, vor allem in Form von Ländervergleichen, deren Vorgehensweise hier als Ansatzpunkt dient. Im nächsten Abschnitt werden die in der Literatur üblicherweise verwendeten Datenquellen vorgestellt und ihre Vor- und Nachteile diskutiert. Wie die beiden anschließenden Abschnitte zeigen, hängt die quantitative Bedeutung der einzelnen Finanzierungsquellen stark von der Aufbereitung der Daten sowie von der Darstellungsform ab. Dabei wird begründet, warum der traditionellen Vorgehensweise eine jüngst in der Literatur vorgeschlagene Alternative vorzuziehen ist. Schließlich lassen sich aus den Ergebnissen stilisierte Fakten gewinnen und die Fragestellungen formulieren, auf die die folgenden Kapitel der vorliegenden Arbeit eine Antwort finden sollen.

2.1 Datenquellen: Bilanzdaten und gesamtwirtschaftliche Finanzierungsrechnung

In Bezug auf die verwendeten Datenquellen sind Arbeiten auf der Basis von Einzelbilanzen (z. B. Frankel und Montgomery 1991, Rajan und Zingales 1995, Ramb 1998) und auf der Basis gesamtwirtschaftlicher Finanzierungsrechnungen (z. B. Mayer 1988, 1990, Corbett und Jenkinson 1997, Hackethal 1999) zu unterscheiden. Die Datensätze der auf Bilanzen beruhenden Untersuchungen stammen meist aus kommerziell angebotenen Unternehmensdatenbanken. Die Arbeiten bestehen in der Regel aus einem deskriptiven und einem analytischen Teil. Im deskriptiven Teil werden aus den Einzelbilanzen der Unternehmen Durchschnittswerte für Verschuldungskennzahlen auf Länderebene gebildet (wie beispielsweise das Verhältnis aus Krediten und festverzinslichen Wertpapieren an der Bilanzsumme) und miteinander verglichen. Der analytische Teil untersucht mit Hilfe ökonometrischer Verfahren für jedes betrachtete Land getrennt die Bestimmungsgründe der beobachteten Kapitalstruktur auf der Unternehmensebene.

Für Aussagen zu nationalen Unterschieden durchschnittlicher Kennzahlen eignen sich die verwendeten Bilanzdaten aus zwei Gründen nicht. Erstens machen international unterschiedliche Rechnungslegungsvorschriften Vergleiche wenig aussagekräftig. Zwar wird meistens versucht, das Datenmaterial entsprechend anzupassen, aber letztlich kann dies nur unvollkommen gelingen. Dieses Problem wäre für die vorliegende Arbeit weniger relevant, da ein internationaler Vergleich nicht angestrebt ist. Gravierender wirkt sich jedoch das zweite Problem aus, daß die Stichproben in der Regel zugunsten großer Unternehmen verzerrt sind, da vor allem für diese Bilanzdaten verfügbar sind. Unterscheiden sich Unternehmen unterschiedlicher Größen in Bezug auf ihr Finanzierungsverhalten, können größenverzerrte Stichproben das Finanzierungsmuster auf aggregierter Ebene verfälschen. Häufig ist die Einschränkung des verwendeten Datenmaterials sogar noch enger, da nur börsennotierte Unternehmen im Datensatz enthalten sind (z. B. in der Arbeit von Rajan und Zingales 1995). Mit anderen Worten, es werden überhaupt nur Unternehmen in die Studie einbezogen, die bestimmte Finanzierungsstrukturen (nämlich Finanzierung über die Ausgabe von Aktien) aufweisen. Diese Selektion verzerrt auch die Ergebnisse der ökonometrischen Analyse der Determinanten von Finanzierungsstrukturen. Angesichts der dargestellten Kritikpunkte müssen Einzelbilanzen als Datenquellen als ungeeignet erachtet werden.

Die zweite Literaturrichtung zur Messung von Finanzierungsstrukturen wurde mit den sogenannten flow of funds-Studien von Mayer (1988, 1990) eingeleitet, die sich von den oben genannten Arbeiten in zweierlei Hinsicht unterscheiden. Erstens dienen als Datengrundlage nicht Bilanzen sondern die gesamtwirtschaftliche Finanzierungsrechnung und zweitens werden Finanzierungsstrukturen nicht durch Bestandsgrößen sondern durch Stromgrößen gemessen. In Deutschland stellt die Bundesbank die gesamtwirtschaftliche Finanzierungsrechnung z.B. aus der Banken- und Bausparstatistik, der Kapitalmarktstatistik, der Depotstatistik und der Volkswirtschaftlichen Gesamtrechnung zusammen. Die gesamtwirtschaftliche Finanzierungsrechnung unterteilt die Volkswirtschaft in die Sektoren private und öffentliche Haushalte, Unternehmen, Staat, Banken, Bausparkassen, Versicherungen und Ausland. Führen zwei Wirtschaftssubjekte aus verschiedenen Sektoren eine Transaktion durch, bei der einem Wirtschaftssubjekt ein finanzieller Anspruch gegen das andere Wirtschaftssubjekt entsteht, resultiert ein finanzieller Strom zwischen den Sektoren. Nimmt beispielsweise ein Unternehmen einen Kredit bei einer Bank auf, stellt dies einen Finanzstrom vom Bankensektor in den Unternehmenssektor dar. Umgekehrt stellt die Einlage eines Unternehmens bei einer Bank einen Finanzstrom aus dem Unternehmens- in den Bankensektor dar. Die Aggregation aller Ströme von einem Sektor in einen anderen während einer bestimmten Periode spiegelt die Finanzierungsbeziehungen zwischen den Sektoren wider. Empirisch sind Finanzierungsströme jedoch schwer zu erfassen. Sie werden deshalb häufig als Differenz zwischen den (ebenfalls in der gesamtwirtschaftlichen Finanzierungsrechnung ausgewiesenen) Beständen an Verbindlichkeiten bzw. Vermögen zu zwei Stichtagen berechnet. Bei den so berechneten Stromgrößen handelt es sich folglich um Nettogrößen, d.h. Ströme mit entgegengesetztem Vorzeichen zwischen zwei Sektoren werden miteinander verrechnet, ausgewiesen wird der Saldo. Der Posten Kreditaufnahme beispielsweise umfaßt nicht nur die empfangenen Kredite einer Periode, abgezogen davon werden die Tilgungszahlungen der Unternehmen an den Bankensektor. Entsprechend enthält der Posten Geldanlage bei Banken nicht nur die Einzahlungen bei den Banken, abgezogen wird hiervon die Auflösung bestehender Einlagen. Ausgenommen von dieser Form der Berechnung von Finanzierungsströmen sind verbriefte Finanztransaktionen. Bei der Finanzierung durch Anleihen und Aktien werden die Finanzierungsströme nicht als Differenz der Bestände zu zwei Zeitpunkten berechnet. Statt dessen wird bei beiden Größen das Emissionsvolumen bewertet zu Emissionskursen zugrunde gelegt, bei den Anleihen werden zudem die geleisteten Tilgungszahlungen vom Emissionsvolumen abgezogen. Was auf den ersten

Blick als methodischer Bruch erscheinen mag, erweist sich jedoch als Vorteil. Würde man die Stromgrößen auch bei den verbrieften Transaktionen als Differenz der Bestandsgrößen zu zwei Stichtagen berechnen, enthielten sie nicht nur Zu- und Abflüsse, sondern auch Wertveränderungen, da die Bestände der verbrieften Forderungen und Verbindlichkeiten zu Marktpreisen bewertet sind. Aus diesem Grund ist auch die Verwendung der Stromgrößen gegenüber den Bestandsgrößen zur Abbildung der Finanzierungsstrukturen besser geeignet. Betrachtet man beispielsweise den Anteil der Aktien an den Unternehmensverbindlichkeiten als Indikator für die Bedeutung der Akienfinanzierung, könnte ein Kursanstieg zu dem Schluß verleiten, die Bedeutung der Aktienfinanzierung habe zu genommen, ohne daß überhaupt Emissionen stattgefunden haben.

Einer der Hauptkritikpunkte an der Verwendung von Einzelbilanzen, nämlich die Verzerrung der Ergebnisse zugunsten von großen Unternehmen oder von Aktiengesellschaften trifft bei der gesamtwirtschaftlichen Finanzierungsrechnung nicht zu, da hier die Transaktionen aller Unternehmen enthalten sind. Somit sind auch alle Personengesellschaften und alle Selbständigen enthalten, die in Bilanzdaten häufig unterrepräsentiert oder überhaupt nicht enthalten sind. Das Problem der unterschiedlichen Rechnungslegungsvorschriften in verschiedenen Ländern spielt in der gesamtwirtschaftlichen Finanzierungsrechnung zumindest teilweise weiterhin eine Rolle, da auch diese zum Teil auf Bilanzdaten (z.B. der Banken) zurückgreift. Da in diesem Kapitel kein internationaler Vergleich angestrebt wird, spielt dieser Kritikpunkt hier jedoch keine Rolle. Die Verwendung der gesamtwirtschaftlichen Finanzierungsrechnung hat allerdings auch einige Nachteile. Erstens handelt es sich um eine Sekundärstatistik, die aus einer Reihe anderer Statistiken hervorgeht, die zu anderen Zwecken erstellt werden. Dadurch lassen sich Inkonsistenzen und statistische Diskrepanzen im Datenmaterial nicht vermeiden (Mayer 1988). Zweitens umfaßt der Unternehmenssektor der Finanzierungsrechnung nicht nur private, sondern auch öffentliche Unternehmen wie z.B. die Deutsche Bundespost, kommunale Versorgungsunternehmen, Zweckverbände mit wirtschaftlichen Aufgaben, Industrie- und Handelskammern sowie Arbeitgeber- und Wirtschaftsverbände (Deutsche Bundesbank 1997a).

Eine dritte alternative Datenquelle ist die Bilanzstatistik der Deutschen Bundesbank. Diese Statistik basiert auf den Jahresabschlüssen nichtfinanzieller Unternehmen, die in Zusammenhang mit dem Wechselrediskontgeschäft bei der Deutschen Bundesbank eingehen.[3] Große Unternehmen sowie Kapitalgesellschaften sind auch in diesem Datenmaterial deutlich überrepräsentiert. Bei der Aggregation der Einzelangaben werden die Daten jedoch nach Umsatzgrößenklassen und nach Branchen entsprechend den Verhältnissen in der Umsatzsteuerstatistik des Statistischen Bundesamtes hochgerechnet, so daß der Kritikpunkt der Größenverzerrung in Bilanzdaten entfällt. Der Vorteil dieser Datenquelle wäre, daß nur private Unternehmen berücksichtigt sind. Finanzierungsströme ließen sich als Differenz der Bestände der Bilanzpositionen an zwei Bilanzstichtagen berechnen. Die unterschiedliche Gliederung der Aktiv- und der Passivseite der Bilanz erweist sich jedoch als entscheidender Nachteil, der die Verwendung der Bilanzstatistik nicht geeignet erscheinen läßt. Dieser Punkt wird im nächsten Abschnitt genauer erläutert.

Trotz der genannten Nachteile scheinen Finanzierungsströme auf Basis der gesamtwirtschaftlichen Finanzierungsrechnung als Datenquelle am besten geeignet, um die Finanzierungsbeziehungen zwischen den Sektoren abzubilden und dienen deshalb in diesem Kapitel als Datengrundlage.[4] Ein gemeinsames Problem aller genannten Datenquellen ist die Erfassung zu bestimmten Stichtagen, so daß kurzfristige Finanzierungen, die zwischen zwei Stichtagen aufgenommen und zurückgezahlt werden, nicht aufscheinen.

2.2 Traditionelle Flow of Funds-Darstellung

Bei der Verwendung von Finanzierungsmitteln sind Unternehmen nicht auf Investitionen in Sachvermögen (Sachanlagen und Vorräte) beschränkt, sie können auch in Finanzanlagen investieren. Hierzu zählen z.B. die Vergabe von Handelskrediten an Kunden oder der Kauf von Aktien und Anleihen. Die gesamte Vermögensbildung der Unternehmen teilt sich folglich auf in Bruttoinvestitionen in Sachvermögen (im folgenden als Bruttoinvestitionen bezeichnet) und

[3] Eine Darstellung der methodischen Grundlagen der Statistik findet sich im Oktober-Monatsbericht der Deutschen Bundesbank (1998).

[4] Der Unternehmenssektor ist weiter unterteilt in Produktionsunternehmen und Wohnungswirtschaft. Zu letzterer zählt auch die nichtgewerbliche Erstellung und Vermietung von Wohnungen, u.a. durch private Haushalte. In diesem Kapitel wird deshalb ausschließlich die Finanzierung der Produktionsunternehmen betrachtet.

in Geldvermögensbildung. Für die Beschreibung des Finanzierungsverhaltens der Unternehmen stellt sich die Frage, wie die Geldvermögensbildung behandelt werden soll. Dabei sind prinzipiell zwei Vorgehensweisen möglich:

1. Die saldierte Bruttorechnung betrachtet den Beitrag der einzelnen Finanzierungsformen zur gesamten Vermögensbildung, d.h. zu Bruttoinvestitionen und zur Geldvermögensbildung.

2. In einer saldierten Nettorechnung[5] wird jeder Finanzierungsstrom mit der korrespondierenden Finanzinvestition saldiert und der Nettobeitrag jeder Finanzierungsform zu den Bruttoinvestitionen dargestellt. Tabelle 2.1 listet die einzelnen Finanzierungs- und Geldvermögensformen auf und zeigt, welche Position in der Nettorechnung mit welcher saldiert wird.

Zur Innenfinanzierung werden hier neben den einbehaltenen Gewinnen und den Abschreibungen Zuführungen zu den Pensionsrückstellungen und Vermögensübertragungen gerechnet. Formal zählen Pensionsverpflichtungen zum langfristigen Fremdkapital. Da Pensionsrückstellungen jedoch sehr langfristige Verpflichtungen sind, die bis zur Ausbezahlung der Pensionen im Unternehmen verbleiben, wo sie zur Finanzierung von Investitionen genutzt werden können, haben sie Innenfinanzierungscharakter. Bei den Vermögensübertragungen handelt es sich in erster Linie um Subventionen. Innenfinanzierung ist die einzige Finanzierungsform, die prinzipiell keine Gegenposition hat. Bei allen anderen Finanzierungsformen existiert im Prinzip eine entsprechende Form der Geldvermögensbildung, mit der die Finanzierungsströme saldiert werden. Bei den Versicherungsdarlehen fehlt die Gegenposition, weil die Geldvermögensbildung bei Versicherungen nicht getrennt ausgewiesen, sondern in den sonstigen kurzfristigen Forderungen enthalten ist. Dies hat zur Folge, daß der Anteil der Versicherungsdarlehen an der Nettofinanzierung zu hoch ausgewiesen wird.

[5] Die Brutto- und die Nettorechnung werden hier als saldiert bezeichnet, um deutlich zu machen, daß die traditionelle flow of funds-Darstellung auf Finanzierungsströmen beruhen, bei denen Ströme unterschiedlichen Vorzeichens miteinander saldiert wurden.

Tabelle 2.1

Berechnung der Nettofinanzierungsbeiträge einzelner Finanzierungsquellen

Finanzierungsquellen	Geldvermögensbildung
Innenfinanzierung	
einbehaltene Gewinne	
Abschreibungen	
Pensionsrückstellungen	
Vermögensübertragungen	
kurzfristige externe Finanzierung	**kurzfristige Geldvermögensbildung**
Handelskredite	- Handelsforderungen
kurzfristige Bankkredite	- kurzfristige Anlage bei Banken
sonstige kurzfristige Kredite	- sonstige kurzfristige Forderungen
langfristige externe Finanzierung	**langfristige Geldvermögensbildung**
langfristige Bankkredite	- langfristige Anlage bei Banken
Versicherungsdarlehen	
Emission von Anleihen	- Kauf von festverzinslichen Anleihen
sonstige langfristige Kredite	- sonstige langfristige Forderungen
Emission von Aktien	- Kauf von Aktien

Die Handelskredite bzw. -forderungen sowie die lang- und kurzfristigen sonstigen Kredite und Forderungen beziehen sich in der Hauptsache auf das Ausland. Die gesamtwirtschaftliche Finanzierungsrechnung stellt nur die Finanzierungsbeziehungen zwischen unterschiedlichen Sektoren dar. Kredite und Forderungen innerhalb des inländischen Unternehmenssektors werden nicht ausgewiesen.

Wie aus Tabelle 2.1 hervorgeht, wird die Finanzierung durch externes Eigenkapital nur durch den Posten Emission von Aktien abgebildet. Externes Eigenkapital der übrigen Rechtsformen wird der Innenfinanzierung zugeschlagen. Dies führt dazu, daß die Bedeutung der Innenfinanzierung überschätzt wird, während der Anteil der Aktienfinanzierung die Bedeutung der Finanzierung durch externes Eigenkapital unterschätzt.

Seit dem Jahr 1991 ist die Geldvermögensbildung um die Rubrik Investmentzertifikate ergänzt worden, die vor allem Anteile an Geldmarkt-, Wertpapier- und offenen Immobilienfonds enthalten. Da in der Finanzierungsrechnung ein Posten Ausgabe von Investmentzertifikaten nicht existiert, wird der Erwerb von Investmentzertifikaten anteilig dem Erwerb von festverzinslichen Wertpapieren und dem Erwerb von Aktien zugeschlagen, wie die Bundesbank dies auch für die Jahre vor 1991 gehandhabt hat. Wie aus der Kapitalmarktstatistik ersichtlich ist, investieren Unternehmen überwiegend in Fonds ohne Schwerpunkt in eine der genannten Anlageformen. Die Aufteilung erfolgt deshalb jeweils zur Hälfte zu den Aktien und zu den festverzinslichen Wertpapieren.

An dieser Stelle soll kurz verdeutlicht werden, warum die Bilanzstatistik als Datenquelle nicht in Frage kommt. Die Bilanzstatistik läßt eine Zuordnung der Finanzierungsformen zu entsprechenden Formen der Geldvermögensbildung wie sie in Tabelle 2.1 für die gesamtwirtschaftliche Finanzierungsrechnung dargestellt ist, nur sehr eingeschränkt zu. Der Grund hierfür besteht darin, daß nicht jedem Posten der Passivseite der Bilanz ein entgegengesetzter Posten auf der Aktivseite entspricht. So werden beispielsweise zwar langfristige Verbindlichkeiten gegenüber Kreditinstituten auf der Passivseite ausgewiesen, einen Posten „langfristige Einlagen bei Kreditinstituten" auf der Aktivseite sehen die Bilanzierungsvorschriften des Handelsgesetzbuches jedoch nicht vor. Statt dessen werden langfristige Forderungen unabhängig vom Schuldner ausgewiesen. Auch wenn man bereit ist, auf eine Differenzierung der Forderungen und Verbindlichkeiten nach dem Gläubiger bzw. Schuldner zu verzichten, stellt sich ein weiteres Problem: Der Aktivposten Wertpapiere umfaßt sowohl festverzinsliche Wertpapiere (also Forderungen) als auch Aktien. Zwischen der Anlage in Aktien und der Anlage in festverzinsliche Wertpapiere kann folglich nicht differenziert werden.

In der Literatur wird meistens der Nettoausweis der Finanzierungsquellen als der adäquatere angesehen. Als Begründung wird angeführt, daß diese Vorgehensweise erlaube, die Finanzierungsquellen der Realinvestitionen zu identifizieren (vgl. Mayer 1988, 1990, Edwards und Fischer 1994, S. 61, Worms 1998, S. 33). Um zu zeigen, inwieweit das Ergebnis von der gewählten Vorgehensweise abhängt, werden im folgenden die Ergebnisse der Brutto- und der Nettorechnung dargestellt.

Tabelle 2.2 zeigt den Beitrag der Finanzierungsquellen zur gesamten Vermögensbildung (Bruttorechnung) und zu den Investitionen in Sachanlagen und Vorräten (Nettorechnung). Um die Darstellung möglichst übersichtlich zu halten, wurden durchschnittliche Anteile für den Zeitraum 1970 bis 1996 berechnet. Dabei wurden sämtliche Finanzierungsströme mit dem Preisindex der Bruttoanlageinvestitionen der Unternehmen in Preise des Jahres 1996 umgerechnet, um bei der Durchschnittsbildung allen Jahren dasselbe Gewicht zuzuweisen.

Tabelle 2.2

Finanzierungsquellen im deutschen Unternehmenssektor 1970 bis 1996 nach der traditionellen flow of funds-Darstellung

Finanzierungsquellen	Bruttofinanzierung in % der Vermögensbildung	Nettofinanzierung in % der Bruttoinvestitionen
Innenfinanzierung	68,3	90,5
Handelskredite	1,4	-1,2
kurzfristige Bankkredite	6,0	-3,6
sonstige kurzfristige Kredite	2,7	-2,5
langfristige Bankkredite	13,0	16,0
Versicherungsdarlehen	1,0	1,4
Emission von Anleihen	1,3	-1,4
sonstige langfristige Kredite	3,4	0,7
Emission von Aktien	2,9	0,1
statistische Differenz		0,1
Summe(1)	**100,0**	**100,1**

Quelle: Deutsche Bundesbank (1994b, 1997a), eigene Berechnungen
(1) Differenzen von 100 ergeben sich durch Runden.

Nach beiden Berechnungsformen stellt die Innenfinanzierung die mit Abstand bedeutendste Finanzierungsquelle dar. Ein Vergleich zeigt, daß der Nettoanteil der Innenfinanzierung erheblich höher ist als der Bruttoanteil. Dies ergibt sich daraus, daß der Innenfinanzierung kein Gegenposten gegenübersteht, der abgezogen wird. Somit ist die absolute Höhe der Innenfinanzierung in beiden Berechnungen gleich, die Bezugsgröße ist jedoch beim Nettoausweis geringer (Bruttoinvestitionen) als bei der Bruttodarstellung (Bruttoinvestitionen und Geldvermögensbildung). Langfristige Bankkredite stellen die zweitgrößte Finanzierungsquelle dar. Auch hier ist der Nettoanteil größer als der Bruttoanteil. Die Brutto- und die Nettoanteile der übrigen Finanzierungsformen sind vergleichsweise gering. Gemeinsam trugen sie im Durchschnitt weniger als ein Fünftel zur gesamten Vermögensbildung bei. Handelskredite, kurzfristige Bankkredite, sonstige kurzfristige Kredite sowie die Emission von Anleihen leisteten einen negativen Nettofinanzierungsbeitrag zu den Investitionen. Dies impliziert, daß die Unternehmen im Betrachtungszeitraum netto mehr Handelskredite gewährten als sie selbst in Anspruch nahmen. Dasselbe gilt für die übrigen genannten Geldvermögensbildungs- und der Finanzierungsformen. Der Nettoanteil der Aktienfinanzierung lag im Durchschnitt über den Betrachtungszeitraum nahe dem Wert null.

Insgesamt ergibt sich aus Tabelle 2.2 folgendes Bild: Der Unternehmenssektor finanzierte sich zum größten Teil aus internen Mitteln. Innenfinanzierung dominiert im Betrachtungszeitraum, extern beschaffte Mittel spielen dagegen eine untergeordnete Rolle. Einzig den langfristigen Bankkrediten kommt eine gewisse Bedeutung zu, allerdings eine bei weitem geringere als der Innenfinanzierung. Alle übrigen Finanzierungsformen sind sowohl als Brutto- als auch als Nettoquelle vernachlässigbar.

2.3 Modifizierte Flow of Funds-Darstellung

Wie in Ansätzen die Vertreter der traditionellen flow of funds-Analyse selbst (z. B. Edwards und Fischer 1994, S. 61) vor allem jedoch Hackethal (1999) aufzeigen, ist das im vorigen Abschnitt gezeichnete Bild das Ergebnis einer Reihe impliziter Annahmen: Da Innenfinanzierung die einzige Finanzierungsform ist, der keine direkt zuordenbare Gegenposition gegenübersteht, kommt ihr bei der Nettodarstellung zwangsläufig eine dominierende Rolle zu. Das Nettokonzept unterstellt, daß die Unternehmen interne Mittel vollständig zur Finanzierung von Realinvestitionen verwenden, während sie die Mittel aus den passivischen Transaktionen (Beschaffung von Finanzmitteln) in erster Linie dazu nutzen, die entsprechenden aktivischen (Vermögensbildung) zu finanzieren. Dies ist jedoch eine willkürliche Annahme. Ebensogut ist vorstellbar, daß intern erwirtschaftete Mittel zur Tilgung von Verbindlichkeiten verwendet werden und neue Kredite zur Finanzierung von Investitionen. Aussagen über den Verwendungszweck der einzelnen Finanzierungsquellen sind anhand der gesamtwirtschaftlichen Finanzierungsrechnung nicht möglich. Die Saldierung von Finanzierungsquellen und Geldvermögensbildung trägt keineswegs dazu bei, die Finanzierungsquellen physischen Kapitals zu identifizieren. Auch die saldierte Bruttorechnung liefert jedoch ein verzerrtes Bild. Bei den in der gesamtwirtschaftlichen Finanzierungsrechnung ausgewiesenen Finanzströmen handelt es sich um Nettogrößen. In einer Periode gibt es sowohl Unternehmen, die beispielsweise Bankkredite aufnehmen als auch solche, die Bankkredite tilgen. Durch die Aggregation über Unternehmen wird die Bedeutung der Bankkredite (und anderer Finanzierungsformen) für die Unternehmensfinanzierung unterzeichnet.

Um ein realistischeres Bild zu erhalten, plädiert Hackethal (1999) dafür, keinen konkreten Einsatzzweck für die Finanzierungsmittel anzunehmen. Er schlägt eine Möglichkeit vor, mit Hilfe der in der gesamtwirtschaftlichen Finanzierungsrechnung ausgewiesenen Beständen an Verbindlichkeiten Tilgungszahlungen zu rekonstruieren. Daraus lassen sich die unsaldierte Bruttofinanzierungsströme als Summe der Tilgungszahlungen und der in der Statistik angegebenen Nettofinanzierungsströme berechnen.[6] Diesem Vorschlag einer modifizierten flow of funds-Darstellung wird im Rest diese Kapitels weitgehend gefolgt.

Zur Rekonstruktion der in einer Periode geleisteten Tilgungszahlungen ist die Kenntnis zweier Faktoren erforderlich, nämlich der Form der Tilgung der Verbindlichkeiten und der jeweiligen durchschnittlichen Laufzeiten.[7] Da beide Faktoren zumindest für einige Verbindlichkeitsformen unbekannt sind, müssen Annahmen darüber getroffen werden.

[6] Analog können mit Hilfe der Vermögensbestände die Ströme der an die Unternehmen zurückfließenden aufgelösten Vermögenspositionen berechnet werden. Die Summe der Auflösungen und der Nettoeinlagen, die in der gesamtwirtschaftlichen Finanzierungsrechnung angegeben sind, ergibt den unsaldierten Bruttoeinlagenstrom einer Periode.

[7] Zinszahlungen müssen nicht berücksichtigt werden. Sie erscheinen in der gesamtwirtschaftlichen Finanzierungsrechnung ebenso wie Dividenden nur indirekt. Zinsaufwendungen mindern den Jahresüberschuß, der entweder einbehalten oder als Dividenden ausgeschüttet wird. Zinsaufwendungen und Dividenden verringern also die einbehaltenen Gewinne, die Teil der Innenfinanzierung sind.

Bezeichnet man die Laufzeit mit L, nimmt Hackethal (1999) an, daß jede in Periode t begründete Verbindlichkeit KA_t über die folgenden L Perioden in gleichen Raten getilgt wird. Die erste Tilgung findet in Periode t+1 statt. Der am Ende der Periode t beobachtete Bestand B_t beispielsweise von langfristigen Bankkrediten setzt sich zusammen aus der Kreditaufnahme in Periode t sowie aus den noch nicht getilgten Restbeständen der vorherigen Perioden. Nimmt man an, daß die Laufzeit L über die Zeit konstant ist, impliziert dies:

$$B_t = KA_t + \left(\frac{L-1}{L}\right)KA_{t-1} + \left(\frac{L-2}{L}\right)KA_{t-2} + \ldots + \left(\frac{1}{L}\right)KA_{t-L+1} \tag{2.1}$$

Um die unsaldierte Bruttokreditaufnahme KA_t identifizieren zu können, ist die leider etwas restriktive Annahme erforderlich, daß die Kreditaufnahme in den L Perioden vor dem Betrachtungszeitraum immer gleich hoch war. Unter dieser Annahme läßt sich der Bestand B_t schreiben als

$$\begin{aligned} B_t &= KA_t\left[\frac{L+(L-1)+(L-2)+\ldots+1}{L}\right] = KA_t\left(\frac{1+2+3+\ldots+L}{L}\right) \\ &= KA_t\frac{L(L+1)}{2L} \end{aligned} \tag{2.2}$$

so daß sich die Bruttokreditaufnahme in t und in den L-1 Perioden davor ergibt als

$$KA_t = KA_{t-1} = \ldots = KA_{t-L+1} = \frac{2B_t}{L+1} \tag{2.3}$$

Diese Berechnung der Bruttokreditaufnahme dient lediglich dazu, um die Tilgungszahlungen für die Anfangsjahre zu erhalten. Anschließend wird die unsaldierte Bruttokreditaufnahme für jedes folgende Jahr sukzessiv berechnet als

$$KA_{t+1} = KA^n_{t+1} + \sum_{i=0}^{L-1}\frac{KA_{t-i}}{L} \tag{2.4}$$

wobei KA^n_{t+1} die in der gesamtwirtschaftlichen Finanzierungsrechnung angegebene Nettokreditaufnahme (die gesamte Kreditaufnahme abzüglich der geleisteten Tilgungszahlungen) ist und der Summenausdruck alle in einer Periode geleisteten Tilgungszahlungen. Durch die sukzessive Berechnung der unsaldierten Bruttokreditaufnahme nimmt der Einfluß der Anfangswerte im Zeitablauf ab, so daß auch mögliche Fehler aufgrund der restriktiven Annahmen verschwinden.

Abweichend von Hackethals (1999) Vorschlag wird hier für die Tilgung ausgegebener Anleihen ein anderer Tilgungsmodus angenommen. Anleihen werden typischerweise nicht gleichmäßig über die vereinbarte Laufzeit getilgt, vielmehr wird der gesamte Betrag am Ende der Laufzeit auf einmal rückerstattet. In diesem Fall setzt sich der Bestand an Anleihen in Periode t zusammen aus den in t emittierten und den gesamten Anleihebeträgen der letzten L-1 Perioden. Nimmt man wieder an, daß die Emission von Anleihen in den L Perioden vor dem Betrachtungszeitraum jeweils gleich war, ist

$$KA_t = KA_{t-1} = \ldots = KA_{t-L+1} = \frac{B_t}{L} \qquad (2.5)$$

Die unsaldierte Bruttoemission von Anleihen für die folgenden Jahre läßt sich dann wieder sukzessiv berechnen als

$$KA_{t+1} = KA^n_{t+1} + KA_{t-L+1} \qquad (2.6)$$

Das vorgestellte Verfahren läßt sich im Prinzip auf alle Finanzierungsformen und auf die entsprechenden Anlageformen anwenden. Was dazu noch fehlt, ist die Kenntnis der Laufzeiten. Kurzfristige Verbindlichkeiten und Anlagen sind in der gesamtwirtschaftlichen Finanzierungsrechnung solche mit einer Laufzeit von bis zu einem Jahr, langfristige mit mehr als einem Jahr. Relativ unproblematisch scheint daher die Verwendung einer Laufzeit von einem Jahr für die kurzfristigen Finanzierungs- und Anlageformen. Für die langfristigen müssen Annahmen getroffen werden. Keine Schwierigkeit bereitet die Behandlung von Aktien. Da sich die Bruttoströme nicht anhand von Laufzeiten ermitteln lassen, wird hier angenommen, daß die in der gesamtwirtschaftlichen Finanzierungsrechnung angegebenen Stromgrößen der Bruttofinanzierung über Aktien entspricht. Als Rechtfertigung für diese Annahme mag die Tatsache gelten, daß Aktienrückkäufe (die „Tilgungsform“ für Aktien) in Deutschland ohnehin unüblich sind.

Die Notwendigkeit, Annahmen über Tilgungsmodus und Laufzeiten zu treffen, setzt das von Hackethal (1999) vorgeschlagene Verfahren zwar im Prinzip ebenso der Kritik der Willkürlichkeit aus wie die traditionelle flow of funds-Analyse. Dennoch ist das Verfahren nützlich, um einen Vergleich zu den Ergebnissen der traditionellen flow of funds-Analyse zu liefern. Abgesehen davon, daß die hier getroffenen Annahmen zumindest plausibler sind als die der traditionellen flow of funds-Analyse (und dabei vor allem als die der Nettoberechnung), erlaubt das Verfahren auch, den Einfluß der Annahmen auf das Ergebnis mit Hilfe von Sensitivitätsanalysen offenzulegen.

Tabelle 2.3 zeigt die Ergebnisse für den Zeitraum 1970 bis 1996. Spalte eins enthält die angenommenen Laufzeiten, die Spalten zwei und drei führen die einzelnen Finanzierungsquellen auf und geben den jeweiligen Anteilswert an den Bruttoinvestitionen an. Die Spalten vier und fünf geben die Investitionsobjekte an und zeigen, wie die Mittel auf die verschiedenen Verwendungszwecke aufgeteilt wurden. Die letzte Spalte enthält die saldierten Werte der einzelnen Finanzierungsquellen. Dies sind die Werte des Nettokonzepts der traditionellen flow of funds-Analyse, die in Tabelle 2.2 wiedergegeben sind.[8] Auf Basis der modifizierten Bruttobetrachtung in Tabelle 2.3 ergeben sich folgende Beobachtungen: Interne Finanzierung spielt zwar weiterhin eine wichtige Rolle für die Unternehmensfinanzierung, aber ihre relative Bedeutung ist bei weitem geringer als traditionelle flow of funds-Studien zeigen. Die Finanzierung durch die Beschaffung externen Kapitals ist im Betrachtungszeitraum mehr als dreimal so groß wie die Bruttoinvestitionen. Unter den externen Finanzierungsquellen stellt die Finanzierung über Banken die bei weitem wichtigste dar. Das Volumen der lang- und kurzfristigen

[8] Die Ergebnisse unterscheiden sich leicht von denen Hackethals (1999), was auf folgende Ursachen zurückzuführen ist: Erstens wurden in dieser Arbeit sämtliche Ströme mit dem Preisindex der Bruttoanlageinvestitionen gewichtet, während Hackethal (1999) für die Finanzströme den Preisindex für Konsumgüter verwendet. Zweitens wurde für die Tilgung von Anleihen ein anderer Tilgungsmodus angenommen und schließlich geht aus Hackethals (1999) Arbeit nicht hervor, wie mit Investmentzertifikaten verfahren wurde.

Kreditaufnahme bei Banken ist zusammengenommen fast doppelt so groß wie das Bruttoinvestitionsvolumen. Damit übersteigt die Bruttofinanzierung durch Banken die Innenfinanzierung um mehr als das doppelte. Auch wenn man nur die langfristigen Bankkredite berücksichtigt, erreicht ihr Volumen immer noch fast das der Innenfinanzierung. Dagegen spielen die Emission von festverzinslichen Wertpapieren und von Aktien auch in der modifizierten Bruttobetrachtung nur eine sehr geringe Rolle. Ihre Anteile liegen bei knapp 5% bzw. 4% der Bruttoinvestitionen. Wie oben erläutert wird die Bedeutung der Finanzierung durch Aktien in Tabelle 2.3 zwar unterschätzt. Da eine Aufteilung der in der gesamtwirtschaftlichen Finanzierungsrechnung ausgewiesenen Stromgröße in Bruttoemissionen und Rückkauf der eigenen Aktien nicht möglich ist, wurde angenommen, daß die angegebene Stromgröße der Bruttofinanzierung über Aktien entspricht. Unter Zugrundelegung der Emissionsvolumina, die die Deutsche Bundesbank in der Wertpapierstatistik für die inländischen Emittenten (einschließlich Banken und Versicherungen) angibt, kommt Hackethal (1999) jedoch zu dem Ergebnis, daß der Anteil der Aktienemissionen bei 5% an den Bruttoinvestitionen liegt. Dieser Wert kann als Obergrenze für die Bedeutung der Aktienfinanzierung angesehen werden.[9]

Um den Einfluß der Annahmen über die Laufzeiten zu verdeutlichen, enthält Anhang 1 zwei analoge Tabellen zu Tabelle 2.3, in denen andere Laufzeiten angenommen wurden. Ein Vergleich der drei Tabellen zeigt, daß sich die relative Bedeutung der einzelnen Finanzierungsquellen nur in geringem Umfang ändert, so daß die Tendenz der oben getroffenen Aussagen auch unter modifizierten Annahmen über Laufzeiten bestehen bleibt.

[9] Wie oben erläutert, unterschätzt der Anteil der Aktienemissionen die Bedeutung der Eigenkapitalfinanzierung, da Kapitalerhöhungen der Unternehmen anderer Rechtsformen als der Aktiengesellschaft der Innenfinanzierung zugerechnet werden. Legt man die Bilanzstatistik der Bundesbank (1999) zugrunde, belaufen sich die Kapitalerhöhungen westdeutscher Kapitalgesellschaften im Zeitraum 1991 bis 1996 auf 9% der Bruttoinvestitionen. Bei Personengesellschaften werden die Einlagen nur zusammengefaßt mit Kapitalerhöhungen aus Gewinnen aller Unternehmen ausgewiesen. Der Anteil dieses Postens an den Bruttoinvestitionen lag im Zeitraum 1991 bis 1996 bei null. Eine Trennung zwischen Einlagen bei Personengesellschaften und Kapitalerhöhungen aus Gewinnen aller Unternehmen ist leider nicht möglich.

Tabelle 2.3

Finanzierungsquellen und Investitionsformen im deutschen Unternehmenssektor 1970 bis 1996 nach der modifizierten flow of funds-Darstellung

in % der Bruttoinvestitionen

Laufzeit	Finanzierungsquelle		Investitionsobjekt		netto
	Innenfinanzierung	90,5			
			Innenfinanzierung		**90,5**
1	Handelskredite Aufnahme	32,6	Handelskredite Tilgung	-30,7	
1	Handelskredite Rückerstattung	49,1	Handelskredite Vergabe	-52,1	
			Nettofinanzierung über Handelskredite		**-1,2**
1	kurzfr. Bankkredite Aufnahme	128,7	kurzfr. Bankkredite Tilgung	-120,8	
1	kurzfr. Bankeinlage Auflösung	143,2	kurzfr. Bankeinlage Einzahlung	-154,7	
			Nettofinanzierung durch kurzfristige Bankkredite		**-3,6**
1	sonstige kurzfr. Kreditaufnahme	45,1	sonstige kurzfr. Kredite Tilgung	-41,5	
1	sonstige kurzfr. Anlagen Auflösung	50,6	sonstige kurzfr. Anlagen Einzahlung	-56,7	
			Nettofinanzierung durch sonstige kurzfristige Kredite		**-2,5**
6	langfr. Bankkredite Aufnahme	77,7	langfr. Bankkredite Tilgung	-60,4	
4	langfr. Bankeinlage Auflösung	7,5	langfr. Bankeinlage Einzahlung	-8,8	
			Nettofinanzierung durch langfristige Bankkredite		**16,0**
6	Versicherungsdarlehen Aufnahme	9,1	Versicherungsdarlehen Tilgung	-7,8	
			Nettofinanzierung durch Versicherungsdarlehen		**1,4**
6	eigene Anleihen Emission	4,9	eigene Anleihen Tilgung	-3,2	
6	fremde Anleihen Verkauf	2,7	fremde Anleihen Kauf	-5,8	
			Nettofinanzierung durch Anleihen		**-1,4**
6	sonstige langfr. Kreditaufnahme	23,4	sonstige langfr. Kredite Tilgung	-18,8	
6	sonstige langfr. Anlagen Auflösung	9,6	sonstige langfr. Anlagen Einzahlung	-13,4	
			Nettofinanzierung durch sonstige langfristige Darlehen		**0,7**
	eigene Aktien Emission	3,8	eigene Aktien Rückkauf		
	fremde Aktien Verkauf		fremde Aktien Kauf	-3,7	
			Nettofinanzierung durch Aktien		**0,1**
			Statistische Differenz		**0,1**
Summe[(1)]					**100,1**

Quelle: Deutsche Bundesbank (1994b, 1997a)

(1) Differenzen von 100 ergeben sich Runden.

2.4 Zusammenfassung und Fragestellungen

Die Darstellung der Finanzierungsstrukturen liefert vor allem drei Ergebnisse, die für die Zielsetzung dieser Arbeit bemerkenswert sind und aus denen sich die Fragestellungen formulieren lassen, die in dieser Arbeit beantwortet werden sollen:

1. Externes Eigenkapital - gemessen am Anteil der Aktienemissionen an den Bruttoinvestitionen - spielt für die Unternehmensfinanzierung kaum eine Rolle. Wie in Kapitel 5 dieser Arbeit deutlich wird, ist die Bedeutung externen Eigenkapitals auch für Unternehmen anderer Rechtsformen als die der Aktiengesellschaft sehr gering. Kapitel 5 geht der Frage nach den Gründen hierfür nach.

2. Bankkredite stellen sowohl auf Basis der traditionellen als auch auf Basis der modifizierten flow of funds-Analyse die bei weitem wichtigste externe Finanzierungsquelle dar. In der modifizierten Darstellung übersteigen sie sogar das Innenfinanzierungsvolumen. In Kapitel 6 wird analysiert, welche Unternehmen Bankkredite nachfragen und von welchen Faktoren es abhängt, ob ihre Nachfrage befriedigt wird. Insbesondere wird untersucht, welche Rolle enge Geschäftsbeziehungen zwischen Banken und Unternehmen für die Kreditvergabe spielen.

3. Die modifizierte Bruttobetrachtung zeigt, daß externe Finanzierung insgesamt eine wesentliche und sehr viel größere Rolle bei der Unternehmensfinanzierung spielt als interne Mittel. Im Anschluß an die Analyse der Gründe einer Beschränkung des Zugangs zu Bankkrediten als der wichtigsten externen Finanzierungsquelle im sechsten Kapitel, stellt sich die Frage nach den realwirtschaftlichen Konsequenzen. In Kapitel 7 wird deshalb untersucht, welche Auswirkungen Finanzierungsrestriktionen auf das unternehmerische Entscheidungen wie das Investitionsverhalten haben.

Vor der Beantwortung der oben stehenden Fragestellungen mit Hilfe empirischer Analysen folgt im nächsten Kapitel ein Literaturüberblick über relevante mikroökonomische Ansätze der Finanzierungstheorie und über empirische Umsetzungen der theoretischen Arbeiten. Die mikroökonomischen Ansätze dienen als theoretische Grundlage für die Formulierung der empirischen Modelle in den Kapiteln fünf bis sieben. Die Darstellung der empirischen Befunde illustriert zum einen die Relevanz der theoretischen Ansätze. Zum anderen zeigt sie, auf welchen Gebieten weiterer empirischer Forschungsbedarf besteht, zu dem die vorliegende Arbeit einen Beitrag leisten will.

Kapitel 3

3 Informations- und Verifizierunsgprobleme bei der Kredit- und Kapitalvergabe

In der traditionellen neoklassischen Theorie wird ein Unternehmen als eine homogene Einheit beschrieben, die das Ziel verfolgt, den Strom der erwarteten diskontierten Einzahlungsüberschüsse zu maximieren. Zwischen Eigentümern, Managern und Gläubigern des Unternehmens wird dabei ebensowenig differenziert wie zwischen unterschiedlichen Formen externer Finanzierungsmittel, wie Bankkrediten, Anleihen oder externem Eigenkapital. Kapital stellt gemäß dieser Sichtweise einen homogenen Inputfaktor neben anderen dar. Die vollständige Charakterisierung von Unternehmen durch eine Produktionsfunktion ist jedoch realitätsfern und unbefriedigend.

Das zentrale Problem jeder Art Kapitalvergabebeziehung besteht darin, wie Kapitalgeber erreichen, daß sie ihr eingesetztes Kapital zurückerhalten und für die Bereitstellung entlohnt werden (Shleifer und Vishny 1997). Eigentümer, Manager und Gläubiger haben unterschiedliche Interessen darüber, wie die Ressourcen eines Unternehmens eingesetzt werden sollten. Wenn zwischen den externen Finanziers und dem Kapitalnehmer asymmetrische Information besteht, können die Finanziers nur beschränkt beobachten und kontrollieren, was mit dem zur Verfügung gestellten Kapital geschieht. Externe Kapitalgeber können deshalb nicht davon ausgehen, daß sich ein Kapitalnehmer stets in ihrem Interesse verhält. Dasselbe gilt, wenn das Verhalten des Kapitalnehmers zwar vom Kapitalgeber beobachtbar ist, von Dritten wie den Gerichten jedoch nicht verifiziert werden kann.

Interessenkonflikte in Verbindung mit asymmetrischer Information oder Verifizierungsproblemen haben wichtige Konsequenzen für die Bereitstellung von externem Kapital zur Unternehmensfinanzierung. Bestenfalls verlangen Investoren, die das Risiko zu opportunistischem

Verhalten erkennen, eine Risikoprämie, die um so höher ist, je größer sie diese Gefahr einschätzen. Unternehmen müssen damit höhere Kosten für externes Kapital tragen als dies ohne asymmetrische Information der Fall wäre. Es besteht jedoch auch die Möglichkeit, daß Finanziers ein Engagement ganz ablehnen und Unternehmen somit überhaupt keinen Zugang zu externen Finanzmitteln haben. Sowohl Finanziers als auch Unternehmen haben ein Interesse daran, daß ein Vertrag zustande kommt. Spezielle Vertragsgestaltungen ermöglichen zum Teil, daß Information zwischen den beteiligten Parteien übermittelt oder daß Interessenkonflikte abgeschwächt werden. Allerdings verursacht auch die Informationsübertragung bzw. die Veränderung der Anreize Kosten. Finanzierungsrestriktionen äußern sich demnach entweder in hohen Kosten oder in einer Beschränkung des Angebots an externer Finanzierung.

Der folgende Literaturüberblick analysiert die divergierenden Interessen der beteiligten Parteien auf Kredit- und Kapitalmärkten, diskutiert, welche Möglichkeiten die theoretische Literatur zur Abschwächung von Interessenkonflikten und zum Informationsausgleich zwischen den Parteien anbietet und stellt vor, wie die theoretischen Erkenntnisse empirisch getestet wurden. Dabei muß angesichts der Vielzahl der Arbeiten, die sich mit diesen Themenkomplexen beschäftigen, eine Auswahl getroffen werden. Berücksichtigt werden deshalb zum einen Arbeiten, die für die empirischen Analysen in den Kapiteln 5 bis 7 besonders relevant sind und zum anderen Papiere, die nach Ansicht der Autorin besonders wichtig oder repräsentativ für eine bestimmte Literaturrichtung sind. Die als zentral erachteten Arbeiten werden ausführlicher diskutiert.

3.1 Überblick

Die in diesem Kapitel vorgestellten theoretischen Ansätze sind teilweise der Informationsökonomik zuzuordenen, teilweise der Vertragstheorie. Informationsökonomik befaßt sich im Rahmen partieller Gleichgewichtsmodelle mit der Interaktion auf Märkten und analysiert, welchen Einfluß asymmetrische Information auf das Marktgleichgewicht hat. Dabei wird meist vollständige Konkurrenz auf dem Kreditmarkt unterstellt. Während die Informationsökonomik die Anreizwirkungen unterschiedlicher Vertragsgestaltungen berücksichtigt, werden die Vertragsformen selbst als exogen angenommen. Im Unterschied dazu betrachtet Vertragstheorie die Interaktion zwischen einzelnen Individuen und erklärt Vertragsgestaltungen als optimale Lösung von Anreizproblemen. Da die Zuordnung der Arbeiten zur Informationsökonomik oder zur Vertragstheorie jedoch nicht immer eindeutig ist, wird im folgenden zwischen beiden Theorierichtungen nicht differenziert.

Die theoretischen Ansätze unterscheiden sich in Bezug auf die Struktur der zugrunde liegenden Informations- und Anreizprobleme. Die folgende Einteilung der Literatur differenziert danach, welche Seite welche Tatsache zu welchem Zeitpunkt nicht beobachten kann.

1. Die Transaktionspartner auf Kredit- und Kapitalmärkten verfügen nicht über den gleichen Informationsstand. Asymmetrische Information kann drei Formen annehmen, die sich hinsichtlich des Zeitpunktes ihres Auftretens unterscheiden (Rasmusen 1994, Kapitel 2 und 7).

   - Ist ein Vertragspartner bereits vor **vor** Vertragsabschluß besser informiert als der andere, spricht man von unvollständiger Information. Akerlof (1970) analysiert diesen Fall erstmals am Beispiel des Markts für Gebrauchtwagen. Auf einem Markt für Erfahrungsgüter, wie z.B. Gebrauchtwagen, ist die Qualität des angebotenen Guts private Information des Verkäufers. Der Käufer kennt hingegen nur die durchschnittliche Qualität des Gesamtangebots. Da potentielle risikoneutrale Käufer gewillt sind, höchstens den Preis für ein Gut durchschnittlicher Qualität zu bezahlen, scheiden Anbieter höherer Qualität aus dem Markt aus (adverse selection). Dies hat ein immer weiteres Absinken der Durchschnittsqualität zur Folge, was von den Käufern antizipiert wird und deshalb im Extremfall zum Marktzusammenbruch führen kann.

   - Informationsasymmetrie, die hinsichtlich des Verhaltens eines Vertragspartners **nach** Vertragsabschluß besteht, wird als vollständige Information bezeichnet. Der schlechter informierte Vertragspartner kennt jedoch entweder den Zustand der Welt nicht, von dem abhängt, welche Aktion der andere wählen sollte (hidden information), oder er kann das Verhalten des anderen Vertragspartners nach Vertragsabschluß nicht beobachten (hidden action). Modelle, die diese Situation analysieren, werden in der Literatur auch als principal agent-Modelle bezeichnet und sind dadurch gekennzeichnet, daß die Entlohnung der uninformierten Seite (des Prinzipals, hier des Kapitalgebers) in irgend einer Weise vom Verhalten der informierten Seite (des Agenten, hier des Kapitalnehmers) abhängt.[10] Diese Form asymmetrischer Information wurde erstmals in Zusammenhang mit Versicherungsmärkten diskutiert (vgl. z.B. Arrow 1971). Während ein Versicherungsunternehmen ein Interesse daran hat, daß der Versicherte durch sorgfältiges Verhalten den Versicherungsfall zu vermeiden sucht, entsteht für den Versicherungsnehmer, dessen Verhalten das Versicherungsunternehmen nicht beobachten kann (hidden action), der Anreiz zu geringerer Sorgfalt. Die Unsicherheit in Bezug auf das Verhalten des Versicherten wird als moral hazard bezeichnet und wird vom Versicherungsunternehmen bei seinen Prämienforderungen berücksichtigt.

- Eine dritte Form der asymmetrischen Information liegt vor, wenn ein Vertragspartner den Zustand der Welt nach Vertragsabschluß und nach der Realisierung der Erträge aber vor ihrer Aufteilung nicht kostenlos beobachten kann (costly state verification). Die informierte Partei hat einen Anreiz, über den realisierten Ertrag zu lügen, um der anderen Partei möglichst wenig abgeben zu müssen. Dieses Verhalten ist ebenfalls eine Form des moral hazard.

2. Die entscheidenden Informationen werden zwar von beiden Vertragsparteien beobachtet, sie können jedoch den Gerichten gegenüber nicht verifiziert werden. Auch unter dieser Konstellation besteht die Gefahr opportunistischen Verhaltens (moral hazard), da es Dritten gegenüber nicht nachgewiesen werden kann.

Für die beteiligten Parteien, die sich der jeweiligen Informationssituation und der damit verbundenen Anreize bewußt sind, stellt sich die Frage, wie sie ihre Beziehung vertraglich gestalten sollen, so daß es trotz der Informations- und Anreizprobleme zu einer effizienten Allokation kommt. Dies läßt sich generell auf folgende Arten erreichen:

- Die Beziehung wird so gestaltet, daß sie dem schlechter informierten Informationspartner Möglichkeiten einräumt, seinen Informationsstand zu verbessern. Theoretische Lösungsan-

[10] Allerdings ist dieser Sprachgebrauch nicht einheitlich. Rasmusen (1994) beispielsweise zählt auch den adverse selection-Fall zu den principal agent-Modellen.

sätze hierzu umfassen die Selbstselektion in einen bestimmten Vertragstyp, die Signalsetzung oder den Aufbau von Reputation oder einer Beziehung.

- Die Regeln für die Aufteilung des Ertrags aus der Transaktion zwischen den beiden Vertragsparteien werden so gestaltet, daß die besser informierte Vertragspartei möglichst wenig Anreize hat, gegen die Interessen der schlechter informierten Partei zu handeln. Ein Beispiel hierfür sind Anreizverträge.

- Die Parteien wählen eine bestimmte Kontrollstruktur, d.h. Regeln, die festlegen, wie Konflikte in den Fällen gelöst werden, in denen der Kapitalüberlassungsvertrag nichts vorsieht.

3.2 Entlohnungsstrukturen bei Eigen- und Fremdkapitalfinanzierung

Gegenstand dieser Arbeit sind die Probleme, die dadurch entstehen, daß Kapitalnehmer und Kapitalgeber nicht identisch sind. Betrachtet wird deshalb im folgenden nur die Aufnahme externen Kapitals. Die interne Finanzierung über Abschreibungen und einbehaltene Gewinne bleibt unberücksichtigt. Im Mittelpunkt der Überlegungen stehen die Interessenkonflikte zwischen einem Unternehmer und einem Investor. Der Unternehmer benötigt das Kapital eines Investors, um ein Investitionsprojekt zu finanzieren, und der Investor benötigt das Humankapital des Unternehmers, um Erträge aus seinem Kapital zu erwirtschaften. Der Unternehmer und der Investor schließen einen Vertrag, der unter anderem festlegt, in welcher Form der Investor entlohnt werden soll. Dieser Abschnitt zeigt die Unterschiede in der Auszahlungsstruktur zwischen den Grundformen der Eigen- und der Fremdkapitalfinanzierung.

Unter Eigenkapital werden im allgemeinen alle Finanzierungsformen verstanden, bei denen die Entlohnung des Investors vom Unternehmensgewinn abhängt. Fremdkapital liegt dagegen vor, wenn die Entlohnung des Kapitalgebers in fester erfolgsunabhängiger Betrag ist. Der Standardkreditvertrag[11] sieht am Ende der Laufzeit eines einperiodigen Vertrags die Zahlung

---

[11] Townsend (1979) und Gale and Hellwig (1985) zeigen im Rahmen von Ein-Perioden-Modellen, daß diese Entlohnungsstruktur dann optimal ist, wenn die Verifizierung von Unternehmensgewinnen mit Kosten verbunden ist (vgl. auch Abschnitt 3.4.4).

eines festen erfolgsunabhängigen Betrages R an den Fremdkapitalgeber vor, der die Tilgung des geliehenen Kapitals B zuzüglich einer Zinszahlung rB enthält $R=(1+r)B$. Ist der Projektertrag oder allgemeiner der Unternehmensertrag y geringer als der Rückzahlungsbetrag R, ist das Unternehmen zahlungsunfähig. Der gesamte Unternehmensertrag geht dann auf den Gläubiger über. Der Ertrag des Fremdkapitalgebers π^{FKG} ist

$$\pi^{FKG} = \begin{cases} R & \text{falls } y \geq R \\ y & \text{falls } y < R \end{cases} \tag{3.1}$$

Der Unternehmer erhält im Solvenzfall die Differenz zwischen Projektertrag y und dem Rückzahlungsbetrag R. Im Insolvenzfall geht er leer aus. Sein Gewinn π^{U} ist

$$\pi^{U} = \begin{cases} y-R & \text{falls } y \geq R \\ 0 & \text{falls } y < R \end{cases} \tag{3.2}$$

Bei reiner Eigenkapitalfinanzierung besteht die Entlohnung des Eigenkapitalgebers π^{EKG} aus dem auf seinen Anteil α am Unternehmen entfallenden Teil des Projektertrags, wobei $0 \leq \alpha \leq 1$.

$$\pi^{EKG} = \alpha y \tag{3.3}$$

Die Entlohnung des Unternehmers π^{U} ist bei Eigenkapitalfinanzierung der Rest $(1-\alpha)$ des Projektertrags.

$$\pi^{U} = (1-\alpha)y \tag{3.4}$$

Die Auszahlungsschemata des Kapitalnehmers und der Kapitalgeber in Abhängigkeit vom Projektertrag sind für Eigen- und Fremdkapitalfinanzierung in den Abbildungen 3.1 und 3.2 dargestellt.

Abbildung 3.1

Auszahlungsgsstruktur bei Fremdkapitalfinanzierung

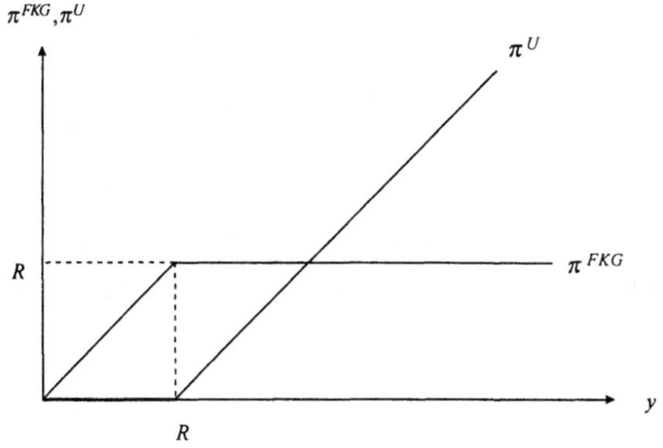

Abbildung 3.2

Auszahlungsgsstruktur bei Eigenkapitalfinanzierung

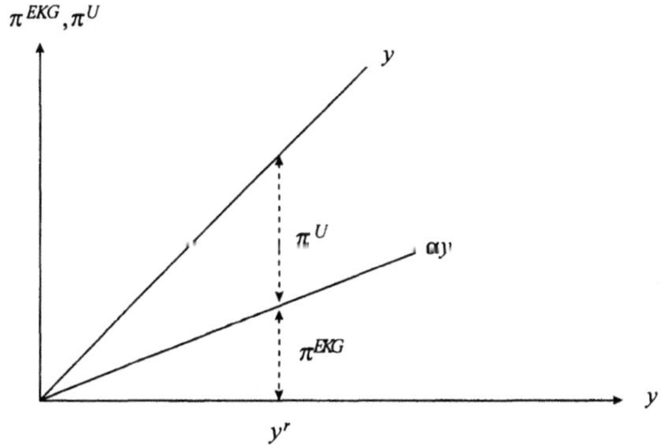

Solange der realisierte Projektertrag kleiner als R ist, geht er vollständig an den Fremdkapitalgeber. Der Unternehmer als Schuldner erhält nichts. Wie Abbildung 3.1 zeigt, realisiert der Unternehmer also im schlechtesten Fall einen Gewinn von Null, d.h. seine Haftung ist bei Zahlungsunfähigkeit nach unten begrenzt. Übersteigt der Projektertrag y den Rückzahlungsbetrag R, profitiert von der Differenz allein der Unternehmer.

Bei reiner Beteiligungsfinanzierung existiert der Fall der Zahlungsunfähigkeit nicht. Der realisierte Projektertrag y^r wird zwischen dem Kapitalgeber und dem Unternehmer entsprechend ihren Anteilen aufgeteilt. Da die unterschiedlichen Entlohnungsschemata mit unterschiedlichen Anreizen verbunden sind, werden Eigen- und Fremdkapitalfinanzierung im folgenden getrennt betrachtet.

3.3 Eigenkapital

Externes Eigenkapital wird entweder über die Emission von Aktien beschafft oder durch die Aufnahme privater oder institutioneller Investoren als neue Gesellschafter.[12] Sowohl die theoretischen Ansätze als auch empirische Arbeiten beziehen sich meist auf die Aktienemission. Häufig ist die Argumentation jedoch auch auf die Aufnahme neuer Gesellschafter bei nicht emissionsfähigen Unternehmen übertragbar. Im folgenden wird deshalb nicht zwischen verschiedenen Eigenkapitalformen differenziert. Der nächste Abschnitt zeigt die Probleme auf, die entstehen, wenn der Eigenkapitalgeber die Qualität eines Unternehmens nicht beurteilen kann. Anschließend wird Signalsetzung durch das Unternehmen als eine Lösung dieses Problems vorgestellt. Der dritte und vierte Abschnitt diskutieren die Konflikte, die entstehen, wenn der Eigenkapitalgeber das Verhalten des Unternehmens nicht beobachten kann sowie Entlohnungsformen, die geeignet sind, diese Konflikte zu lösen. Im fünften Abschnitt werden Mechanismen vorgestellt, mit denen der Eigenkapitalgeber das Verhalten des Kapitalnehmers direkt kontrollieren kann.

[12] Strenggenommen stellt auch die Kapitalerhöhung aus dem bereits bestehenden Gesellschafterkreis Eigenkapitalbeschaffung dar. Da es dabei jedoch keine Informationsasymmetrien zwischen Kapitalgeber und Kapitalnehmer gibt - schließlich kennt der Kapitalgeber als bisheriger Gesellschafter das Unternehmen ja bereits - wird diese Form der Eigenkapitalbeschaffung hier nicht betrachtet.

3.3.1 Adverse Selection auf dem Markt für Beteiligungen

Potentielle Investoren haben in der Regel einen geringeren Informationsstand über die Ertragsaussichten und somit über den genauen Wert einer Beteiligung als der kapitalsuchende Unternehmer. Gleichzeitig ist der Unternehmer bestrebt, einen möglichst hohen Preis für die Beteiligung am Unternehmen zu erzielen. Ein glaubhafter Informationstransfer über den tatsächlichen Wert ist folglich nicht möglich. Asymmetrische Information zwischen beiden Marktseiten schafft ein adverse selection-Problem auf dem Markt für Eigenkapital.

Akerlofs (1970) bekannte Analyse des Markts für Gebrauchtwagen als ein Beispiel für ein Erfahrungsgut, auf dem die Produktqualität private Information des Verkäufers ist, läßt sich analog auf den Markt für Eigenkapital anwenden: Investoren kennen die zukünftigen cash flows eines Unternehmens und damit den wahren Wert einer Beteiligung oder Aktie nicht und bewerten sie deshalb mit einem Durchschnittspreis. Für Unternehmen mit hohen zukünftigen cash flows impliziert dies, daß sie einen geringeren Preis für eine Beteiligung erzielen als angemessen, d.h. daß die Beteiligung bzw. Aktie unterbewertet ist. Von dem Verkauf eines Erfahrungsguts unterscheidet sich die Eigenkapitalbeschaffung insofern, als das Kapital normalerweise zur Finanzierung von Investitionsprojekten dient. Myers und Majluf (1984) stellen in ihrem grundlegenden Aufsatz ein Modell vor, das die Beschaffung von Eigenkapital unter unvollständiger Information analysiert. Der Verkauf eines Teils des Unternehmens schafft für die bisherigen Eigentümer die Möglichkeit, durch Investitionsprojekte einen zusätzlichen Einkommensstrom zu erzielen. Wird kein Eigenkapital beschafft, kann das Investitionsprojekt nicht realisiert werden. Myers und Majluf gehen davon aus, daß neues Eigenkapital nur dann beschafft wird, wenn sich die bisherigen Eigentümer dadurch nicht schlechter stellen, und zeigen, daß deshalb Investitionsprojekte mit positivem erwarteten Ertrag möglicherweise nicht durchgeführt werden. Unternehmen verzichten auf die Eigenkapitalaufnahme und damit auf ein Investitionsprojekt, wenn die Unterbewertung so stark ist, daß der Vermögenstransfer an die neuen Eigentümer ihren Anteil am zusätzlichen Gewinn des Investitionsprojekts überwiegt. Investoren sind sich dieses Verhaltens des Unternehmens bewußt und berücksichtigen die Entscheidung des Unternehmens über die Eigenkapitalbeschaffung in ihrer Preisbildung.

Eine wichtige Annahme des Modells ist, daß dem Unternehmen nur Investitionsprojekte mit positivem erwartetem Ertrag zur Verfügung stehen. Aufgrund dieser Annahme impliziert die Entscheidung, kein Eigenkapital zu beschaffen und so das Investitionsprojekt, von dem die Investoren wissen, daß es einen positiven erwarteten Ertrag hat und folglich rentabel wäre, nicht durchzuführen, daß das Unternehmen unterbewertet sein muß und stellt folglich ein positives Signal über den wahren Wert des Unternehmens dar. Entscheidet sich ein Unternehmen für die Beschaffung zusätzlichen Eigenkapitals, so bedeutet dies umgekehrt, daß die Beteiligung oder Aktie überbewertet ist. Im Modell von Myers und Majlufs (1984) führt eine Kapitalerhöhung deshalb immer zu einem Rückgang des Aktienkurses.

Im Prinzip könnte die Entscheidung für die Eigenkapitalbeschaffung aber auch implizieren, daß das Unternehmen damit ein Investitionsprojekt finanzieren will, das einen so hohen Ertrag erwirtschaften wird, daß der Verlust der den Alteigentümern entsteht, wenn sie trotz Unterbewertung ihrer Anteile eine Kapitalerhöhung durchführen, überkompensiert wird. Wie Cooney und Kalay (1993) zeigen, schließt die Annahme, daß dem Unternehmen ausschließlich Investitionsprojekte mit positivem erwartetem Ertrag zur Verfügung stehen, diese Möglichkeit allerdings aus. Der Grund dafür ist, daß die Investoren diese Information bei ihrer Bewertung des Unternehmens vor der Entscheidung über die Eigenkapitalaufnahme bereits berücksichtigen. Wenn das Unternehmen eine Kapitalerhöhung ankündigt, überwiegt die negative Information in Bezug auf die Überbewertung die positive zusätzliche Information über das Investitionsprojekt. Cooney und Kalay (1993) zeigen, daß eine Kapitalerhöhung sowohl positive als auch negative Informationen über den Wert des Unternehmens offenbart, wenn man annimmt, daß Unternehmen nicht nur Investitionsmöglichkeiten mit positivem sondern auch mit negativem erwartetem Ertrag haben. Die Entscheidung, kein Eigenkapital zu beschaffen, impliziert dann nicht mehr unbedingt Unterbewertung, sondern kann auch bedeuten, daß ein Unternehmen kein Investitionsprojekt mit positivem erwarteten Gewinn hat. Das Ergebnis von Myers und Majluf (1984), daß es Situationen geben kann, in denen ein Unternehmen auf die Eigenkapitalbeschaffung und damit auf die Durchführung eines rentablen Investitionsprojekte verzichtet, bleibt jedoch auch in Cooneys und Kalays (1993) Modifikation des Modells bestehen.

3.3.2 Signalsetzung als Lösung des Adverse Selection-Problems

Ein Instrument, mit dem kapitalsuchende Unternehmen ihre Insiderinformationen potentiellen Investoren glaubhaft übermitteln können, stellt die Signalsetzung dar. Ein Signal ist eine Aktivität der informierten Seite, die die uninformierte Seite beobachten kann, und aus der sie die unbekannte Information schließen kann. Damit ein Signal glaubhaft ist, muß es für Unternehmen geringer Qualität - im Fall von Eigenkapitalfinanzierung für ein Unternehmen mit niedrigen zukünftigen cash flows - mit höheren Kosten verbunden sein als für ein Unternehmen hoher Qualität. Andernfalls kann das Unternehmen geringer Qualität das Unternehmen hoher Qualität nachahmen. Die Idee der Signalsetzung stammt von Spence (1974), der sie in Zusammenhang mit der für Arbeitgeber unbeobachtbaren Qualität von Arbeitnehmern entwickelte. Spence (1974) zeigt, daß ein Gleichgewicht existiert, in dem die schlechter informierte Partei die wahre Qualität aus der Signalsetzung perfekt erschließen kann, wenn die marginalen Kosten der Signalsetzung für „gute" Arbeitnehmer (hier: Unternehmen) geringer sind als für „schlechte".

In Zusammenhang mit asymmetrischer Information zwischen Investoren und Unternehmen werden in der Literatur eine Vielzahl möglicher Signale diskutiert. Angesichts der Fülle der Modelle und da Signalsetzung im empirischen Teil dieser Arbeit nicht behandelt wird, soll hier nur auf wenige Beiträge genauer eingegangen werden. Für einen detaillierteren Überblick vgl. Keasy und Watson (1993) Kapitel 8.

Bei Leland und Pyle (1977) signalisiert der Anteil, den informierte Personen, z.B. der Unternehmer, bereit sind, nach der Emission am Unternehmen noch zu halten, den Unternehmenswert. Die Kosten des Signals bestehen in dem höheren Risiko des Unternehmers. Je höher sein Anteil, desto schlechter ist sein persönliches Portfolio diversifiziert und desto höher ist folglich das Risiko. Ein Unternehmer ist ceteris paribus nur dann bereit, ein hohes Risiko zu tragen, wenn er dafür durch einen hohen Ertrag kompensiert wird. Zwischen dem wahren Wert des Unternehmens und dem Anteil des Unternehmers sollte deshalb ein positiver Zusammenhang bestehen. Trueman (1986a) erweitert das Modell von Leland und Pyle (1977), indem er zuläßt, daß die Höhe der geplanten Investitionen zusammen mit dem Anteil des Unternehmers als Signal für den Wert des Unternehmens fungiert. Trueman (1986a) zeigt, daß je höher das geplante Investitionsvolumen ist, desto geringer kann der Anteil des Unternehmers sein, um eine bestimmten Unternehmenswert zu signalisieren. Der Zusammenhang zwischen dem Unternehmenswert und dem Anteil des Unternehmers muß damit nicht mehr positiv sein.

Bei Titman und Trueman (1986) signalisiert ein Unternehmen seinen Wert durch die Wahl des Wirtschaftsprüfers. Gute Wirtschaftsprüfer mit hoher Reputation stellen den Anlegern genauere Informationen zur Verfügung und ermöglichen ihnen so eine genauere Einschätzung des Unternehmenswerts, verlangen aber auch höhere Gebühren als Wirtschaftsprüfer mit weniger Reputation. Für ein Unternehmen mit hohen Ertragserwartungen lohnt es sich, einen guten Wirtschaftsprüfer zu nehmen, weil es damit rechnet, daß dieser seine positiven Erwartungen bestätigt. Die Investoren können deshalb aus der Wahl des Wirtschaftsprüfers auf die Qualität des Unternehmens schließen. Entscheidende und vielleicht etwas unplausible Annahme des Modells ist allerdings, daß der Wirtschaftsprüfer Informationen liefern kann, die über die Informationen des Unternehmens hinausgehen. Wie Titman und Trueman (1986) anmerken, ist ihr Modell nicht nur auf die Wahl des Wirtschaftsprüfers beschränkt, sondern auf jede unternehmensfremde Partei übertragbar, die Informationen über das Unternehmen liefern kann, beispielsweise die Qualität des Emissionshauses, das ein Unternehmen an die Börse bringt. Weitere in der Literatur diskutierten Signale, die auch in empirischen Arbeiten berücksichtigt werden, sind die Höhe der Dividendenausschüttungen[13] (Battacharya 1979 und 1980, John und Williams 1985, Miller und Rock 1985 und Bernheim 1991) und die Veröffentlichung von Gewinnprognosen (Verrecchia 1983 und Trueman 1986b).

Die Zahl der empirischen Untersuchungen zur Wirkung von Signalen bei der Beschaffung von Eigenkapital ist relativ beschränkt. Die übliche Vorgehensweise besteht darin, den Marktwert, der sich nach der Emission ergibt, auf Faktoren zu regressieren, die für Investoren vor der Emission beobachtbar waren, unter anderem also auf die Aktivitäten, deren Signalwirkung getestet werden soll. Der Marktwert spiegelt die Bewertung des Unternehmens durch die Investoren wider. Um für die Unternehmensgröße zu kontrollieren wird in manchen Studien auch das Verhältnis zwischen Marktwert und Buchwert als endogene Variable verwen-

[13] Einen Überblick über verschiedene Modelle der Signalsetzung mit Dividenden findet sich in Williams (1992).

det. Haben die jeweiligen Aktivitäten der Unternehmen Signalwirkung, dann ist ein signifikanter Einfluß auf den Marktwert zu erwarten. Obwohl diese Vorgehensweise prinzipiell für Unternehmen aller Rechtsformen möglich ist, beschränken sich die existierenden Arbeiten auf börsennotierte Aktiengesellschaften - vermutlich, weil die erforderlichen Daten bei anderen Unternehmen nicht zugänglich sind.

Downes und Heinkel (1982) verwenden ein sample von 297 Börsenneuzulassungen in den USA im Zeitraum 1964 bis 1969 und kommen zu dem Ergebnis, daß der Anteil der Alteigentümer einen signifikant positiven Einfluß hat, angekündigte Dividendenzahlen jedoch nicht. Downes und Heinkel interpretieren ihre Ergebnisse als konsistent mit der Leland/Pyle-Hypothese (1977) und als inkonsistent mit der Signalwirkung von Dividendenzahlungen. Die Signalsetzung durch die Wahl des Emissionsunternehmens thematisieren die Autoren zwar nicht explizit, sie verwenden jedoch einen Dummy als Regressor, der für ein gutes Emissionsunternehmen steht und der in der Schätzung einen signifikant positiven Koeffizienten aufweist. Keasy, McGuiness und Short (1992) untersuchen für ein sample von 231 relativ kleinen britischen Unternehmen, ob diese in der Lage sind, ihre Erwartungen zu signalisieren. Die Schätzergebnisse zeigen, daß der zurückbehaltene Anteil der Alteigentümer einen signifikant positiven Einfluß auf das Verhältnis zwischen Emissions- und Buchwert hat, während andere Signale wie die Veröffentlichungen von Gewinnprognosen und die Qualität des Emissionsunternehmens keinen signifikanten Einfluß aufweisen. Ein Grund für das letztgenannte Ergebnis könnte darin bestehen, daß das Emissionsunternehmen keine zusätzliche Information liefern kann, die der Unternehmer selbst nicht kennt. Keasy und Short (1997) analysieren denselben Datensatz noch einmal und lassen dabei zu, daß der Einfluß des Anteils der Alteigentümer für unterschiedliche Werte variiert. Während der Anteil der Alteigentümer für Werte bis 75% einen signifikant positiven Einfluß hat, sind Werte über 75% nicht mehr signifikant. Die Qualität des Emissionsunternehmens und Veröffentlichungen von Gewinnprognosen sind auch in dieser Spezifikation insignifikant. Keasy und Short (1997) zweifeln die Vorstellung eines linearen Zusammenhangs zwischen Marktwert und Anteil der Alteigentümer über den gesamten Wertebereich an, wie er durch das Leland/Pyle-Modell (1977) impliziert und auch von den die anderen erwähnten Studien berichtet wird. Eine mögliche Erklärung für dieses Ergebnis ist, daß Insider, die mit einem sehr großen Anteil am Unternehmen beteiligt sind, die Macht haben, ihre persönlichen Interessen auf Kosten der kleineren Anteilseignern durchzusetzen (Morck, Shleifer und Vishny 1988). Wie Trueman (1986a) zeigt, ist ein linearer Zusammenhang jedoch auch dann nicht unbedingt zu erwarten, wenn Unternehmen ihren Wert mit mehreren Signalen offenbaren.

An den einander widersprechenden Ergebnisse empirischer Untersuchungen wird deutlich, daß die theoretische Literatur zur Signalsetzung der Komplexität der Realität bislang noch nicht gerecht wird. Während in theoretischen Arbeiten meist nur ein Signal berücksichtigt wird (eine Ausnahme ist, wie erwähnt, Trueman 1986a), haben die Unternehmen in der Realität meist mehrere Möglichkeiten, ihren Wert zu signalisieren. Empirische Studien versuchen, dies zu berücksichtigen, indem sie mehrere potentielle Signale als Regressoren verwenden. Da die Aussagen der Theorie zu multiplen Signalen noch spärlich sind, wird in empirischen Arbeiten ein additiver und linearer Zusammenhang zwischen dem wahrgenommenen Wert des Unternehmens und den einzelnen Signalen unterstellt. Truemans (1986a) Arbeit zeigt jedoch, daß verschiedene Signale miteinander interagieren können, so daß keine linearen Zusammenhänge mehr zu erwarten sind. Solange jedoch nur einzelne theoretische Arbeiten zur Nutzung multipler Signale existieren, sind die in der empirischen Literatur gewählten Spezifikationen notgedrungen ad hoc und letztlich wenig aussagekräftig. Signalsetzung wird deshalb auch im empirischen Teil dieser Arbeit nicht weiter berücksichtigt. Darüber hinaus war für diese Entscheidung auch ausschlaggebend, daß es praktisch unmöglich ist, die erforderlichen Daten zu beschaffen. Für nicht börsennotierte Unternehmen müßte z.B. der Marktwert erhoben werden, d.h. Unternehmen müßten den bei einem (Teil-) Verkauf erzielten Preis offenbaren, was als unrealistisch erachtet wurde.

Ein weiterer Kritikpunkt an der bestehenden empirischen Literatur ist darin zu sehen, daß die Endogenität der Signale in den ökonometrischen Schätzungen nicht berücksichtigt wird, die sich unmittelbar daraus ergibt, daß die Signale Entscheidungsparameter der Unternehmen darstellen. Auch die daraus folgende Möglichkeit verzerrter Schätzergebnisse wird nicht thematisiert.

3.3.3 Konflikte zwischen Eigenkapitalgebern und Managern

Hat sich ein Investor von den hohen Ertragserwartungen eines Unternehmens überzeugen können und sein Kapital in das Unternehmen versenkt, steht er möglicherweise vor einem neuen Problem: er kann nicht beobachten, was mit dem Kapital geschieht, in welche Projekte es investiert wird, ob es überhaupt investiert oder ob es für andere Dinge wie den Firmenjet o-der teure Geschäftsreisen ausgegeben wird. Interessenkonflikte zwischen dem außerhalb des Unternehmens stehenden Eigenkapitalgeber und dem Unternehmer bzw. Manager wurden vor gut zwanzig Jahren erstmals von Jensen und Meckling (1976) analysiert.[14] Sie sind ein Beispiel für eine principal agent-Beziehung, bei der die Entlohnung des Kapitalsgebers als Prinzipal vom unbeobachtbaren Verhalten des Managers als dessen Agenten abhängt. Beispielsweise könnte der Unternehmensgewinn vom Anstrengungsniveau e des Managers abhängen. Folglich hängt auch die Entlohnung des Eigenkapitalgebers π^{EKG}, der seinem Anteil α am Unternehmensgewinn entspricht, von e ab. Der Eigenkapitalgeber kann e jedoch nicht beobachten.

$$\pi^{EKG} = \alpha y(e) \qquad (3.3')$$

Anstrengung verursacht dem Manager Kosten, deren Höhe ebenfalls gleich e seien. Das effiziente Anstrengungsniveau e^* ist dasjenige, welches den gesamten Gewinn π

$$\pi = y(e) - e \qquad (3.5)$$

maximiert. e^* maximiert auch den Gewinn des Eigenkapitalgebers π^{EKG}. Der Gewinn des Managers bzw. Unternehmens entspricht seinem Anteil $(1-\alpha)$ am Projektertrag abzüglich der Anstrengungskosten

$$\pi^{U} = (1-\alpha)y(e) - e \qquad (3.4')$$

Der Manager wählt das Anstrengungsniveau e so, daß π^U maximal wird. Dieses Anstrengungsniveau ist geringer als e^*. Grund hierfür ist, daß der Manager die gesamten Kosten zusätzlicher Anstrengung zu tragen hat, während er mit seinem Anteil $(1-\alpha)$ am marginalen Ertrag beteiligt ist.

Nimmt man an, daß der Manager zusätzlich Nutzen aus dem persönlichen Konsum von Unternehmensressourcen zieht, ergibt sich ein weiterer Konflikt: Der Manager trägt nur den Anteil $(1-\alpha)$ der Kosten, die dem Unternehmen entstehen, wenn er Ressourcen für persönlichen Konsum ausgibt, beispielsweise in Form eines überhöhten Gehalts für sich selbst, unproduktiver Privilegien wie Firmenwagen, Geschäftsessen oder Dienstreisen, etc. Er hat deshalb den Anreiz, die Ressourcen des Unternehmens für persönlichen Konsum zu verschwenden. Eine andere Form möglichen opportunistischen Verhaltens besteht darin, Privatgeschäfte zu betreiben, die zu Lasten des Unternehmensgewinns gehen. Beispiele hierfür sind der Kauf überteuerter Produkte von befreundeten Unternehmern als Inputs (transfer pricing) oder die Bestechung durch Lieferanten. Zudem kann ein Manager den Anreiz haben, unrentable Investitionsprojekte zu unternehmen, um das Unternehmen zu vergrößern (empire building) und so seinen Machtbereich auszudehnen (Jensen 1986). Der nach Ansicht von Jensen und Ruback (1983) teuerste Ausdruck des principal agent-Problems sind Manager, die an ihrer Position festhalten, selbst wenn sie nicht (mehr) kompetent oder qualifiziert dafür sind. In allen aufgeführten Formen zieht der Manager alleinigen Nutzen aus seinem opportunistischen Verhalten und ist nur mit seinem Anteil $(1-\alpha)$ an den damit verbundenen Kosten beteiligt. Diese Ineffizienz ist umso größer, je geringer der Anteil $(1-\alpha)$ des Managers am Unternehmen ist. Empirische Evidenz über Formen und Ausmaß opportunistischen Verhaltens von Managern in verschiedenen Ländern finden sich in Shleifer und Vishny (1997) und in der darin zitierten Literatur.

[14] Der Begriff Manager entspricht in der in Abschnitt 3.2 eingeführten Terminologie dem Unternehmer.

3.3.4 Anreizverträge für Manager

Ursache des Anreizproblems ist die Trennung zwischen Eigentum und Kontrolle im Unternehmen. Eine offensichtliche Möglichkeit, die Anreize des Managers zu verbessern, besteht darin, seinen Anteil $(1-\alpha)$ am Unternehmen zu erhöhen (Jensen und Meckling 1976). In der Realität dürfte diese Option jedoch häufig an den Vermögensbeschränkungen des Managers scheitern. Es stellt sich die Frage, wie Verträge gestaltet werden können, damit die Interessen des Agenten mit denen des Prinzipals in Einklang gebracht werden.

Eine Möglichkeit besteht darin, den Manager für seine Anstrengung zu entlohnen, wobei die Entlohnung an ein beobachtbares und verifizierbares Erfolgsmaß wie den Unternehmensgewinn gebunden wird. Theoretische Modelle hierzu stammen von Mirrlees (1974), Holmström (1979), Grossman und Hart (1983) sowie Holmström und Milgrom (1987). Der Anreizvertrag wird so gestaltet, daß er einen optimalen trade off schafft zwischen möglichst guten Arbeitsanreizen und der Versicherung des Managers gegen Einkommensschwankungen.[15] Das optimale Entlohnungsschema hängt von verschiedenen Parametern ab, z.B. von der Risikoaversion des Managers, von den Auswirkungen seines Handelns auf das gewählte Erfolgsmaß und von der funktionalen Form seiner Nutzenfunktion. Aussagen über die Form des optimalen Entlohnungsschemas sind in der Regel nicht möglich, da die Modelle sehr allgemein formuliert sind. Bei Holmström (1979) beispielsweise ist die Entlohnung des Managers noch nicht einmal unbedingt monoton steigend im gewählten Erfolgsmaß. Die empirische Umsetzung ist deshalb schwierig. Holmström und Milgrom (1987) zeigen für ein dynamisches Modell, daß das optimale Entlohnungsschema w unter bestimmten Annahmen aus einem fixen Teil und einem variablen Teil besteht, der linear vom Unternehmensgewinn y abhängt: $w = \beta + \gamma y$. Dabei stellen β die Versicherungskomponente und γ die Anreizkomponente dar.

Die empirische Literatur konzentriert sich auf die Frage, ob Manager in der Realität tatsächlich Anreizverträge erhalten und bezieht sich hauptsächlich auf Großbritannien und die USA.

[15] Da der Manager sein gesamtes Humankapital in das Unternehmen investiert, wird er als risikoavers angenommen. Nimmt man dagegen einen risikoneutralen Agenten an, so ist eine Versicherung gegen Einkommensschwankungen nicht erforderlich.

Angesichts der Fülle der Beiträge zu diesem Thema kann hier nur auf einige der neueren Arbeiten eingegangen werden. Einen ausführlicheren Überblick bieten Rosen (1992) und Snider (1994). Die gängige Vorgehensweise empirischer Arbeiten besteht darin, die Entlohnung von Managern auf kontemporäre und verzögerte Werte des Unternehmenserfolges zu regressieren.[16] Für diese Spezifikation der Schätzgleichung mag beispielsweise das Ergebnis von Holmström und Milgrom (1987) als Rechtfertigung dienen. Signifikanz und Höhe der entsprechenden Parameter wird als Hinweis auf Vorliegen und die Anreizstärke von Verträgen interpretiert. Einige Studien schätzen in ersten Differenzen, um unbeobachtbare unternehmensspezifische Effekte zu eliminieren (z.B. Gregg, Machin und Szymanski 1993).

Empirische Arbeiten müssen zwangsläufig ad hoc vorgehen, da die principal agent-Modelle sehr allgemein formuliert sind und viele in der Realität relevanten Aspekte von Arbeitsverhältnissen nicht modellieren. Es scheint daher zu kurz gegriffen, sich auf Erfolgsmaße als Regressoren zu beschränken. Häufig werden deshalb ad hoc weitere potentielle Determinanten als Regressoren eingeführt, wie z.B. Unternehmensgröße und -wachstum oder Humankapitalvariablen der Manager (vgl. z.B. Jensen und Murphy 1990, Joskow und Rose 1994, Ingham und Thompson 1995). Als Argument für die Unternehmensgröße wird angeführt, daß die Anforderungen an einen Manager und die Komplexität seiner Aufgaben mit der Unternehmensgröße ansteigen. Folglich sollte auch seine Entlohnung positiv von der Größe abhängen. Ist der Parameter des Unternehmenswachstums signifikant, wird dieses Ergebnis als Hinweis darauf gewertet, daß sich Managerentlohnung nicht an den Ergebnissen von principal agent-Modellen orientiert, sondern eher empire building belohnt. Humankapitalvariablen werden als Regressoren verwendet, wie sie sich in der empirischen Arbeitsmarktökonomik bei der Schätzung von Lohngleichungen als wichtige Determinanten der Lohnhöhe erwiesen haben.

Als Maß für Managerentlohnung wird meist die Summe aus Grundgehalt, Boni und anderen Vergünstigungen verwendet. Einige Studien berücksichtigen auch die Ausgabe von Optionen auf Aktien des Unternehmens, deren Wert mit Hilfe der Black-Scholes-Formel berechnet wird (z.B. Main, Bruce und Buck 1996). Der Unternehmenserfolg wird entweder auf Basis von

---

[16] Nur in wenigen Arbeiten wird die Simultanität zwischen Managerentlohnung und kontemporärem Unternehmenserfolg berücksichtigt und entweder nur verzögerte Werte des Erfolgs als Regressoren verwendet (z.B. Conyon und Leech 1994) oder instrumentiert (Main, Bruce und Buck 1996).

Aktienkursen oder von buchhalterischen Größen gemessen. Untersuchungen, die in ersten Differenzen schätzen, verwenden häufig zusätzlich Niveauvariablen als Regressoren, da sich einige der erklärenden Variablen im Zeitablauf nur wenig ändern und bei der Differenzenbildung eliminiert werden. Die Vielzahl möglicher Kombinationen aus unterschiedlichen Definitionen der zentralen Variablen Unternehmenserfolg und Managerentlohnung und verschiedenen Spezifikationen resultiert in einer unübersichtlichen Fülle empirischer Studien. Fast ebenso zahlreich wie diese Kombinationen sind die Ergebnisse.

Gregg, Machin and Szymanski (1993) stellen für ein sample großer britischer Unternehmen nur einen sehr schwachen und im Zeitablauf verschwindenden Zusammenhang zwischen Managerentlohnung und Unternehmenserfolg fest, während das Unternehmenswachstum eine entscheidende Einflußgröße darstellt. Joskow und Rose (1994) kontrollieren zusätzlich für verschiedene Charakteristika der Manager und erhalten einen im Zeitablauf zunehmenden Zusammenhang. Ingham und Thompson (1995), die ebenfalls verschiedene Humankapitalvariablen der Manager, wie Ausbildung, Erfahrung und Alter als Regressoren verwenden, erhalten nur einen statistisch schwachen Zusammenhang zwischen Unternehmenserfolg und Managerentlohnung. Eine wichtige Rolle spielt dagegen das Alter der Manager. Conyon und Leech (1994) kommen für Großbritannien und Jensen und Murphy (1990) für die USA zu dem Ergebnis, daß Unternehmenserfolg zwar nur einen relativ geringen aber statistisch signifikanten Einfluß auf Managerentlohnung hat. Die Schätzungen von Jensen und Murphy (1990) ergeben einen Anstieg der Managerentlohnung um 3,25 Dollar je 1000 Dollar Zuwachs des Vermögens der Anleger. Boschen und Smith (1995) sowie Main, Bruce und Buck (1996) stellen dagegen fest, daß Managerentlohnung sehr viel stärker von Erfolgsmaßen abhängt, als andere Studien gezeigt haben, wenn mehr verzögerte Werte des Erfolgsmaßes berücksichtigt werden bzw. wenn Entlohnung breiter definiert wird. McKnight (1996) analysiert die unterschiedlichen Komponenten von Managerentlohnung getrennt und kommt zu dem Ergebnis, daß das Grundgehalt vor allem stark durch die Unternehmensgröße bestimmt wird und Bonuszahlungen sowohl von der Größe als auch vom Unternehmenserfolg abhängen.[17]

[17] Für die Bundesrepublik existieren bislang keine Studien zum Zusammenhang zwischen Managerentlohnung und Unternehmenserfolg.

Während die Frage nach dem Unternehmenserfolg als Determinante der Managerentlohnung Gegenstand einer extensiven, wenn auch widersprüchlichen empirischen Literatur ist, wird die umgekehrte Kausalität - hat erfolgsabhängige Managerentlohnung den erwünschten Anreizeffekt und erhöht sich Erfolg des Unternehmens dadurch tatsächlich und falls ja, wie stark-kaum untersucht. Ausnahmen stellen die Arbeiten von Leonard (1990) und Abowd (1990) dar, die mit unterschiedlichen Methoden beide zu dem Ergebnis kommen, daß erfolgsabhängige Entlohnung in der Tat einen Einfluß auf den Unternehmenserfolg hat. Leonard (1990) untersucht für ein sample amerikanischer Großunternehmen, ob Unternehmen, die angegeben haben, Manager erfolgsabhängig zu entlohnen, größeren Erfolg haben. Als Indikatoren für Erfolg dienen buchhalterische Größen. Die Schätzergebnisse zeigen, daß die Eigenkapitalrendite von Unternehmen, in denen die Manager langfristige Anreizverträge haben, größere Wachstumsraten aufweisen. Abowd (1990) untersucht, ob die Sensitivität der Managerentlohnung in Bezug auf den Unternehmenserfolg einen Einfluß auf den Erfolg des Folgejahres besitzt. Für aktienkursbasierte Erfolgsindikatoren besteht ein positiver Zusammenhang, für buchhalterische Erfolgsmaße dagegen nicht.

Der Zweck anreizveträglicher Entlohnungsformen besteht nicht allein darin, den Erfolg des Unternehmens zu steigern, sondern auch darin, Vertrauen bei potentiellen Investoren zu schaffen, um damit billigeren Zugang zu Eigenkapital zu haben. Ob Unternehmen, die ihre Manager anreizverträglich entlohnen, tatsächlich geringere Eigenkapitalkosten haben, wurde bislang allerdings nicht empirisch untersucht.

3.3.5 Unvollständige Verträge und Kontrollmöglichkeiten der Eigenkapitalgeber

Verträge über die Überlassung von Eigenkapital definieren nicht nur Ansprüche auf Zahlungsströme, sondern auch über Kontrollrechte der Eigenkapitalgeber. Kontrollrechte stellen ein weiteres Instrument dar, mit denen Anteilseigner opportunistisches Verhalten von Seiten des Managers eindämmen können. Die principal agent-Theorie kann die Existenz von Kontrollrechten für Investoren jedoch nicht erklären. Der optimale Anreizvertrag erfordert keine Entscheidungsrechte, denn es gibt nichts, worüber der Investor entscheiden müßte. Erklärbar wird das Phänomen der Kontrollrechte erst, wenn man annimmt, daß Verträge zwischen Managern und Eigentümern nicht umfassend sind, d.h. wenn sie nicht alle verfügbaren Informationen ausnutzen und nicht genau festlegen, in welchem Zustand der Welt der Manager wie zu handeln hat. Verträge, die nicht umfassend sind, werden in der Vertragstheorie als unvollständig bezeichnet. Diese Bezeichnung ist zwar ungenau, da sie beispielsweise auch für Anreizverträge verwendet wird, hat sich in der Literatur aber durchgesetzt. Anreizverträge sind unvollständig in dem Sinn, daß sie nicht auf Aktionen des Managers konditionieren, da diese unbeobachtbar sind. Sie sind aber umfassend, d.h. sie lassen nichts unspezifiziert. Mit Situationen, in denen umfassende Verträge nicht möglich sind, befaßt sich die Theorie unvollständiger Verträge (incomplete contracts approach). Die Begriffsabgrenzung zwischen vollständigen und umfassenden Verträgen haben Holmström und Tirole (1989) eingeführt. In der Theorie unvollständiger Verträge wird weiterhin angenommen, daß zwischen den Vertragsparteien keine Informationsasymmetrie besteht, daß aber relevante Informationen den Gerichten gegenüber nicht verifiziert werden können. Verträge, die auf diese Informationen konditionieren, sind deshalb nicht möglich.

Umfassende Verträge sind in der Realität meist nicht durchführbar, da es nicht möglich oder prohibitiv kostspielig ist, alle zukünftigen Entwicklungen und Zustände der Welt abzusehen und zu beschreiben. Verträge, die nicht umfassend sind, verlangen Entscheidungen über residuale Kontrollrechte, d.h. über die Entscheidungsbefugnisse für die Situationen, die der Vertrag nicht explizit vorsieht (Grossman und Hart 1986, Hart und Moore 1990).[18] Es ist zwar theoretisch denkbar, daß alle residualen Kontrollrechte beim Eigentümer liegen, praktisch ist dies in vielen Fällen jedoch undurchführbar. Der Investor hat dem Manager sein Kapital ja deshalb zur Verfügung gestellt, weil er selbst nicht in der Lage oder gewillt ist, dessen Arbeit zu verrichten. Tatsächlich verfügt der Manager also über einen großen Teil der residualen Kontrollrechte. Da die Handlungen des Managers in vielen Fällen nicht verifizierbar sind, bleibt ihm Freiraum für opportunistisches Verhalten. Mechanismen, die die Investoren des Unternehmens mit Macht ausstatten, werden unter dem Begriff corporate governance subsumiert (Shleifer und Vishny 1997). Zu den beiden häufigsten Formen zählen zum einen rechtliche Regelungen zum Schutz der Investoren und zum anderen die Konzentration großer An-

[18] Zur Fundierung unvollständiger Verträge vgl. Ewerhart und Schmitz (1996).

teile am Unternehmen in wenigen Händen. Auf beide Formen wird im folgenden genauer eingegangen.

Die Gesellschafter oder Aktionäre als Kapitalgeber eines Unternehmens erhalten bestimmte Informations- und Mitspracherechte, die teilweise gesetzlich vorgeschrieben und teilweise auch Verhandlungssache der Vertragspartner sind. Diese Rechte können unterschiedlich stark ausgestaltet sein und reichen vom Recht auf Information durch den Vorstand über Stimmrechte bei wichtigen Entscheidungen bis zur Pflicht zur Geschäftsführung. Die Gewährung von Informations- und Kontrollrechten liegt im eigenen Interesse der kapitalsuchenden Unternehmen, da sie dazu beitragen, opportunistisches Verhalten einzuschränken und somit die Voraussetzung dafür sind, daß Investoren überhaupt Kapital zur Verfügung stellen. In der Praxis hängt die Ausgestaltung der Rechte der Kapitalgeber unter anderem von der Rechtsform und der Unternehmensgröße ab.

Die Kapitalgeber der Unternehmen aller Rechtsformen haben gegenüber der Geschäftsführung ein Recht auf mehr oder minder detaillierte Informationen, z.B. auf die Einsicht in die Bücher der Gesellschaft oder auf Informationen über Geschäftsentwicklung und Geschäftspolitik. Das Problem der Informationsübermittlung durch eine gesetzliche oder selbst geschaffene Verpflichtung besteht in ihrer geringen Glaubwürdigkeit. Um zu gewährleisten, daß die Information glaubwürdig ist, müssen die Einhaltung der Informationspflicht und der Wahrheitsgehalt der übermittelten Informationen verifizierbar sein, z.B. durch unabhängige Wirtschaftsprüfer. Kontrollen verursachen jedoch Kosten und können die Einhaltung der Pflichten meist auch nicht garantieren.

Für Gesellschafter, die nicht nur mit ihrer Einlage haften, sondern mit ihrem gesamten Privatvermögen, stellt das Risiko opportunistischen Verhaltens von Seiten des Managements eine besonders starke Bedrohung dar. Dies ist beispielsweise bei Unternehmen der Rechtsform der Offenen Handelsgesellschaften (OHG) der Fall, deren Gesellschafter deshalb (soweit der Gesellschaftsvertrag nicht anderes vorsieht) gemeinsam zur Geschäftsführung verpflichtet sind. Besteht für die Gesellschafter die Pflicht zur Geschäftsführung, ist das Anreizproblem vollständig aufgehoben. Allerdings verursachen intensive Mitspracherechte neue Kosten. Je größer die Zahl der Beteiligten, desto zeitaufwendiger und schwieriger ist die Entscheidungsbildung zu organisieren. Zudem entsteht mit zunehmender Zahl der Beteiligten ein free rider-Problem: Die Anreize eines Einzelnen, die Mühe und Kosten auf sich zu nehmen, die mit der Wahrnehmung der Mitspracherechte verbunden ist, verringern sich, wenn er damit rechnen kann, daß andere diese Aufgabe übernehmen, die die gleichen Interessen haben.

Besonders deutlich wird die Problematik der Mitspracherechte bei Publikumsaktiengesellschaften. Die Mitspracherechte der Aktionäre beschränken sich auf das Stimmrecht bei wichtigen Entscheidungen in der Hauptversammlung. Darüber hinausgehende Kontrollfunktionen werden an den Aufsichtsrat delegiert, der die Aufgabe hat, den Vorstand zu kontrollieren. Aufsichtsräte oder Beiräte sind zum Teil auch für Unternehmen anderer Rechtsformen gesetzlich vorgeschrieben, in Deutschland z.B. für große Gesellschaften mit beschränkter Haftung (GmbH) und große Kommanditgesellschaften (KG). Ob diese Kontrollgremien allerdings in der Lage und gewillt sind, die Handlungsmacht des Managements wirksam einzuschränken, wird vielfach angezweifelt. In den USA ist ein Teil der Aufsichtsratsmitglieder gleichzeitig im Management des Unternehmens tätig, ein Teil - die sogenannten outside directors -, zwar nicht, ihre Nominierung wird jedoch stark durch das Management beeinflußt. Aufsichtsräte in den USA gelten deshalb als schwach und vom Management dominiert (vgl. Prowse 1995 und die darin zitierte Literatur). In Deutschland ist die Personalunion von Vorstands- und Aufsichtsratsmitgliedern dagegen verboten. Mitglieder im Aufsichtsrat sind häufig Großaktionäre oder Banken, die ein starkes Interesse an der Kontrolle des Managements haben. Deutsche Aufsichtsräte scheinen auf den ersten Blick eher geeignet und motiviert, Kontrolle auszuüben. Allerdings ist der Aufsichtsrat dabei auf Informationen angewiesen, die er in erster Linie vom Vorstand erhält.

Mit der Frage, ob und wie die Kontrolle des Managements in den Unternehmen abläuft, beschäftigt sich eine breite empirische Literatur. Beispielsweise wird untersucht, ob Topmanager für schlechte Leistungen sanktioniert werden. Beiträge hierzu stammen von Warner, Watts und Wruck (1988), Weisbach (1988), Jensen und Murphy (1990) und Murphy und Zimmermann (1993) jeweils für die USA, Kaplan (1994a) für die USA und Japan, sowie Kaplan (1994b) für die Bundesrepublik. Dabei wird getestet, ob die Wahrscheinlichkeit des Ausscheidens eines Topmanagers von verschiedenen Maßen für die Entwicklung des Unternehmenserfolges abhängt. Weitere erklärende Variablen, die allerdings nicht in allen genannten

Studien vorliegen, sind die Nähe der Manager zum Pensionsalter, die Dauer ihrer Beschäftigung im jeweiligen Unternehmen und die Dauer in ihrer Position als Topmanager. Findet man einen negativen Zusammenhang zwischen dem Ausscheiden des Managements und Erfolgsmaßen, ist dies konsistent mit der Vorstellung, daß ein Kontrollgremium als eine Form von corporate governance das Management diszipliniert und Erfolglosigkeit sanktioniert. Ist ein solcher Zusammenhang dagegen nicht beobachtbar, kann man daraus nicht den Umkehrschluß ziehen, daß das Kontrollgremium nicht effektiv arbeitet. Eine andere Erklärung für ein solches Ergebnis ist, daß das Anreizproblem nicht sehr gravierend ist. Außerdem besteht die Möglichkeit, daß das Anreizproblem zwar tatsächlich eine Rolle spielt, daß der einzelne Topmanager aber aus anderen Gründen ausscheidet. Aus Kaplans (1994a) Angaben ist ersichtlich, daß über 95% der japanischen und rund 80% der amerikanischen Manager, die ihre Position verlieren, weiterhin im Unternehmen bleiben. Diese Manager haben ihre Positionen wahrscheinlich unfreiwillig abgegeben. Bei den übrigen 5% der japanischen und 20% der amerikanischen Managern ist dies nicht klar. Auch aus den anderen empirischen Studien geht nicht hervor, ob die Manager durch das Kontrollgremium ihrer Stellung enthoben werden oder ob sie das Unternehmen freiwillig verlassen, beispielsweise weil sie eine attraktivere Stelle in einem anderen Unternehmen annehmen. Ein neues Stellenangebot könnte ein scheidender Topmanager deshalb erhalten, weil sein bisheriges Unternehmen sehr erfolgreich war und das neue Unternehmen diesen Erfolg auf den Einsatz des Managers zurückführt. In diesem Fall ist der zu erwartende Zusammenhang zwischen Ausscheiden eines Managers und Erfolgsmaßen positiv. Da der Grund des Ausscheidens nicht bekannt ist, kann zwischen den beiden Effekten nicht diskriminiert werden. Unabhängig von den methodischen Problemen zeigen Kaplans Ergebnisse ebenso wie die Ergebnisse der anderen zitierten Studien, daß das Ausscheiden von Managern tatsächlich mehr oder weniger stark negativ von Erfolgsmaßen abhängt. Interessant dabei ist, daß erstens häufig auch verzögerte Erfolgsmaße und zweitens ein Dummy für Verluste signifikant sind, was darauf hindeutet, daß Kontrollgremien auf eine die schlechte Performance zwar reagieren, aber erst mit Zeitverzögerung bzw. vor allem dann, wenn die wirtschaftliche Lage des Unternehmens bereits sehr schlecht ist.

Neben Kontrollgremien ist die Konzentration großer Anteile am Unternehmen in wenigen Händen ein Mechanismus, der dazu beitragen kann, daß Kontrollrechte wahrgenommen werden. Dabei wird argumentiert, daß sich das free rider-Problem, daß es sich für die Aktionäre oder Gesellschafter von Unternehmen in Streubesitz nicht lohnt, Zeit und Kosten für die Ausübung ihrer Kontrollrechte aufzuwenden, mit zunehmender Eigentümerkonzentration abschwächt. Große Eigentümer haben einen starken Anreiz, die Kosten der Informationsbeschaffung und der Überwachung des Managements auf sich zu nehmen, da sie auch zu einem großen Teil am damit verbundenen Ertrag beteiligt sind. Außerdem ist auch die Koordination zwischen großen Eigentümern leichter möglich als zwischen einer großen Zahl von Kleinaktionären. Neben dem Anreiz haben große Eigentümer auch die Macht, ihre Interessen durchzusetzen, da sie einen substantiellen Teil der Stimmrechte auf sich vereinigen (Shleifer und Vishny 1986). Mit einem Anteil von mehr als 50% können sie das Unternehmen vollständig kontrollieren.

Eigentümerkonzentration verursacht allerdings auch Kosten, die dann entstehen, wenn die Interessen der Großaktionäre bzw. -gesellschafter nicht mit denen der anderen Eigentümer übereinstimmen. Große Eigentümer haben dann die Macht, sich auf Kosten der übrigen Eigentümer zu bereichern. Diese zusätzlichen Erträge mächtiger Eigentümer werden in der Literatur als private benefits of control bezeichnet.

Als eine besondere Form der Machtausübung durch Eigentümerkonzentration werden Übernahmen interpretiert (Shleifer und Vishny 1997). Verhält sich das Management eines Unternehmens opportunistisch, entsteht für Außenstehende der Anreiz, einen großen Teil der Aktien am Markt aufzukaufen, die Kontrolle über das Unternehmen zu gewinnen und das bisherige Management zu ersetzen. Schon die latente Drohung eines Übernahmeangebots kann dazu führen, daß sich das Management stärker für die Interessen der Aktionäre einsetzt. Andererseits besteht die Gefahr, daß das Management die Ressourcen des Unternehmens für kostspielige Abwehrmaßnahmen einsetzt.

Eine Besonderheit des deutschen Systems der Unternehmenskontrolle stellt das Auftragsstimmrecht dar, das Aktionären das Recht gibt, ihr Stimmrecht bei Hauptversammlungen an Dritte zu übertragen. Die Stimmrechtsvertretung wird normalerweise von Banken wahrgenommen. Prowse (1995) stellt fest, daß die Eigentümerkonzentration in Deutschland im Vergleich zu anderen Ländern sehr hoch ist und daß bei den wenigen Unternehmen, deren Aktien breit gestreut sind, ein großer Teil der Stimmrechte durch Stimmrechtsvertretung auf Banken vereinigt sind. Auch wenn sie selbst nicht am Eigenkapital eines Unternehmens beteiligt sind, können Banken über den Weg der Stimmrechtsvertretung Kontrolle auf das Management ausüben. Stimmrechtsvertretung könnte somit ein Substitut für Eigentümerkonzentration als Kontrollinstrument darstellen. Ob Banken allerdings immer im Interesse der Aktionäre handeln, ist umstritten. Für eine Diskussion der Interessen von Banken und mögliche Interessenkonflikten mit anderen Aktionären vgl. Gorton und Schmid (1996).

Welche Rolle spielt die Eigentümerstruktur empirisch als Kontrollinstrument? Eine naheliegende Möglichkeit, diese Fragestellung anzugehen, besteht darin, die Analyse der Determinanten des Ausscheidens von Managern um Indikatoren für die Eigentümerstruktur zu erweitern. Wenn Eigentümerkonzentration eine stärkere Kontrolle des Managements ermöglicht, dann sollte der Zusammenhang zwischen dem Ausscheiden von Topmanagern und Erfolgsgrößen bei Unternehmen mit hoher Eigentümerkonzentration stärker sein als bei Unternehmen mit geringer Eigentümerkonzentration. Kang und Shivdasani (1995) prüfen diese Hypothese für ein sample japanischer Unternehmen, indem sie Indikatoren für Eigentümerkonzentration mit verschiedenen Maßen für Unternehmenserfolg interagieren. Als Indikatoren für Eigentümerkonzentration dienen zum einen die Zugehörigkeit zu einer Unternehmensgruppe (keiretsu) und zum andern der kumulierte Anteil der zehn größten Aktionäre. Die Schätzergebnisse sind mit der oben dargelegten Überlegung zur Wirkung von Eigentümerkonzentration konsistent. Kaplan (1994b) geht im letzten Teil seiner Studie zum Ausscheiden deutscher Vorstände ähnlich vor. Als Regressoren verwendet er ebenfalls Interaktionen zwischen Erfolgsgrößen und verschiedenen Konzentrationsmaßen sowie einem Indikator für die Stimmrechtsvertretung durch Banken. Er findet keinen Einfluß der Interaktionen, weist jedoch darauf hin, daß der Grund für dieses Ergebnis in der extrem kleinen Stichprobe (38 Unternehmen) liegen könnte.

Ebenso wie die Mehrzahl der empirischen Studien zu den Determinanten der Entlohnung von Managern berücksichtigen auch die hier vorgestellte Untersuchungen zu den Determinanten des Ausscheidens von Managern nicht, daß der Unternehmenserfolg als wichtigste erklärende Variable nicht exogen ist. Diese methodische Schwäche wird besonders deutlich angesichts der Tatsache, daß eine andere Vorgehensweise der empirischen Literatur zur Analyse von Eigentümerkonzentration den Unternehmenserfolg als endogene Variable behandelt und versucht, durch Eigentümerstrukturen (und zum Teil durch andere Variablen, wie Größe oder Branchendummies) zu erklären. Dieser Vorgehensweise liegt die Überlegung zugrunde, daß je konzentrierter das Eigentum am Unternehmen, desto weniger Freiraum haben Manager für opportunistisches Verhalten und desto besser sollte deshalb die Performance des Unternehmens sein. Verursacht die Konzentration von Eigentum auch Kosten, ist zu erwarten, daß die Beziehung zwischen Unternehmenserfolg und Eigentümerkonzentration nicht linear ist. Schmid (1996a, b) kommt für ein sample börsennotierter deutscher Aktiengesellschaften im Jahr 1985 zu dem Ergebnis, daß der Herfindahlindex des Aktienbesitzes und der Anteil der Stimmen, den die Banken im Rahmen des Auftragsstimmrechts wahrnehmen, jeweils einen positiven Einfluß auf den Unternehmenserfolg ausüben.

Wie bei den empirischen Arbeiten zur Anreizverträgen ist auch bei den Studien zu verschiedenen corporate governance-Instrumenten festzuhalten, daß sie die Analyse der Wirkung dieser Mechanismen auf die Verbesserung der Finanzierungsmöglichkeiten der Unternehmen vernachlässigen. Wie der folgende Überblick über die Literatur zur Unternehmensfinanzierung mit Fremdkapital zeigt, konzentrieren sich hier sowohl die theoretischen Ansätze als auch die empirischen Arbeiten in stärkerem Maß auf den Zugang der Unternehmen zu externem Kapital und die Bedingungen der Finanzierung.

3.4 Fremdkapital

Wie in Abschnitt 3.2 dargelegt, differenziert die Auszahlungsstruktur eines Schuldvertrags zwischen Solvenz- und Insolvenzfall. Diese Differenzierung führt zu Interessenkonflikten zwischen Gläubigern und Schuldnern in bezug auf das Projektrisiko. Während das Unternehmen als Schuldner im Solvenzfall von hohen Gewinnen profitiert, ist seine Haftung im Konkursfall nach unten begrenzt. Bei einem gegebenem erwartetem Projektertrag präferiert der Schuldner deshalb riskante Projekte, d.h. Projekte deren Ertrag eine hohe Varianz aufweist. Der Wechsel von einem Investitionsprojekt mit hoher Erfolgswahrscheinlichkeit und relativ geringem Ertrag im Erfolgsfall zu einem Projekt mit geringer Erfolgswahrscheinlichkeit und hohem Ertrag im Erfolgsfall steigert für den Schuldner den erwarteten Gewinn. Während der Kreditgeber die Kosten der erhöhten Konkurswahrscheinlichkeit trägt, genießt der Unternehmer die Ertragserhöhung im Erfolgsfall. Im Extremfall kann es für ein Unternehmen sogar lohnend sein, in ein Projekt mit negativem erwartetem Ertrag zu investieren. Die Interessenlage des Gläubigers liegt anders. Er profitiert nicht von Unternehmensgewinnen, die über den vereinbarten Rückzahlungsbetrag R hinausgehen und zieht folglich Projekte vor, die bei einem gegebenen erwarteten Projektertrag nur wenig riskant sind. Der folgende Abschnitt diskutiert, wie Interessenkonflikte in Bezug auf das Projektrisiko adverse selection- und moral hazard-Probleme auslösen und zur Kreditrationierung führen können. Im zweiten Abschnitt geht es darum, wie die Stellung von Sicherheiten das adverse selection- und das moral-hazard-Problem unter bestimmten Umständen lösen kann. Nimmt ein Unternehmen wiederholt Kredite auf, kann es eine Reputation oder enge Geschäftsbeziehungen zu einer Bank aufbauen. Wie diese beiden Möglichkeiten Informations- und Anreizprobleme abschwächen, wird im dritten Abschnitt vorgestellt. Der letzte Abschnitt diskutiert, wie die Kreditaufnahme bei mehreren Kreditgebern dazu beitragen kann, Anreizprobleme abzuschwächen. Dabei geht es um den Anreiz des Schuldners, die vereinbarte Rückzahlung nicht zu leisten, obwohl er eigentlich dazu in der Lage wäre.

3.4.1 Adverse Selection und Moral Hazard auf dem Kreditmarkt

Bei asymmetrischer Information vor der Vergabeentscheidung zwischen den beiden Marktseiten kann der Fremdkapitalgeber den Risikograd der Unternehmen nicht einschätzen und folglich riskante Unternehmen von der Kreditvergabe nicht ausschließen. Besteht asymmetrische Information nach der Kreditvergabe, kann der Fremdkapitalgeber nicht beobachten, welches Projekt das Unternehmen wählt und deshalb nicht verhindern, daß sich das Unternehmen für das riskanteste Projekt entscheidet, das ihm zur Verfügung steht. Eine Kompensation der Interessenkonflikte durch einen höheren Zinssatz wäre kontraproduktiv. Ein höherer Zinssatz verringert ceteris paribus den erwarteten Gewinn der Unternehmen. Relativ sichere Projekte werden somit unrentabel. Die Folge ist, daß risikoarme Unternehmen keine Kredite mehr nachfragen (adverse selection) und die Anreize für riskante Investitionen ansteigen (moral hazard). Dies sei anhand des folgenden einfachen Beispiels für adverse selection verdeutlicht.

Angenommen, es gibt N risikoneutrale Unternehmen $i = 1,\ldots,N$, die in jeweils ein Projekt investieren können. Die Unternehmen verfügen nicht über eigene Mittel, so daß der gesamte Investitionsbetrag, der auf 1 normiert sei, bei einem Fremdkapitalgeber aufgenommen werden muß. Der Ertrag aus dem Investitionsprojekt kann nur zwei Werte annehmen: Der Erfolgsfall tritt mit der Wahrscheinlichkeit p_i ein und bringt den Ertrag y_i, bei Mißerfolg ist der Projektertrag für alle Unternehmen gleich Null. Die Unternehmen unterscheiden sich in Bezug auf den Projektertrag im Erfolgsfall und die Wahrscheinlichkeit des Erfolgsfalls. Der erwartete Projektertrag $E\tilde{y}$ sei für alle Unternehmen gleich.

$$E\tilde{y} = p_i y_i = p_j y_j \qquad \forall i,j = 1,..,N \tag{3.6}$$

Dies impliziert, daß Unternehmen mit hoher Erfolgswahrscheinlichkeit im Erfolgsfall nur einen relativ geringen Ertrag y_i erzielen können und vice versa. Risiko wird durch die Erfolgswahrscheinlichkeit p_i gemessen. Geringe Erfolgswahrscheinlichkeit bedeutet ein hohes Projektrisiko. Der Rückzahlungsbetrag an den Fremdkapitalgeber ist im Erfolgsfall R und bei Mißerfolg Null. Alle Unternehmen, für die der erwartete Gewinn $E\pi_i^U$ mindestens gleich Null ist, möchten ihr Investitionsprojekt durchführen und sind im Kreditnehmerpool enthalten. Das Unternehmen, bei dem diese Bedingung mit Gleichheit erfüllt ist, sei als Grenzunternehmen bezeichnet.

$$E\pi_i^U = p_i\left(y_i - R\right) \geq 0 \Leftrightarrow y_i \geq R \tag{3.7}$$

Erhöht der Kreditgeber den Rückzahlungsbetrag R marginal, wird das Projekt des Grenzunternehmens unrentabel, das deshalb keinen Kredit mehr nachfragt. Verglichen mit den verbleibenden Unternehmen hat das Grenzunternehmen den kleinsten Projektertrag y_i und die größte Erfolgwahrscheinlichkeit p_i, da annahmegemäß die erwarteten Projekterträge aller Unternehmen gleich sind. Mit anderen Worten: die Teilnahmebedingung der Unternehmen ist nur für Unternehmen mit geringerer Erfolgswahrscheinlichkeit, d.h. mit höherem Risiko weiterhin erfüllt.[19] Mit steigendem R verändert sich der Kreditnehmerpool zugunsten riskanterer Unternehmen. Ein analoges Beispiel läßt sich auch für den moral hazard-Effekt konstruieren: Wenn alle Unternehmen gleich sind und sich zwischen alternativen Investitionsprojekten mit jeweils gleichem erwartetem Ertrag und unterschiedlichen Erfolgswahrscheinlichkeiten entscheiden müssen, läßt sich zeigen, daß die Unternehmen unter den getroffenen Annahmen das Projekt mit der kleinsten Erfolgswahrscheinlichkeit wählen.

Das Beispiel zeigt, daß der Zinssatz auf dem Kreditmarkt nicht die Rolle des Preises spielt, der die Knappheitsverhältnisse widerspiegelt, sondern eine Sortierungs- und Anreizfunktion übernimmt. Als Folge einer Erhöhung des Zinssatzes erhält der Gläubiger zwar einen höheren Zins, gleichzeitig ist jedoch die Wahrscheinlichkeit der Rückzahlung geringer. Wie Stiglitz und Weiss (1981) zeigen, reagiert der Kreditgeber, der sich dieses Effekts bewußt ist, bei hoher Nachfrage nicht unbedingt mit einer Anhebung des Zinssatzes, sondern mit der Rationierung einiger Nachfrager. Dies ist dann der Fall, wenn die negative Auswirkung des adverse selection- und/oder des moral hazard-Effekts auf den erwarteten Gewinn der Bank den direkten positiven Effekt höherer Zinsen überwiegt, d. h. wenn eine Zinserhöhung den erwarteten Bankengewinn reduziert. Rationierte Nachfrager erhalten keinen Kredit, obwohl sie bereit wären, einen höheren Zinssatz dafür zu entrichten und obwohl sie sich für den Kreditgeber nicht erkennbar von anderen Unternehmen unterscheiden, deren Nachfrage befriedigt wird.

Die Differenzierung zwischen Solvenz und Insolvenz in der Auszahlungsstruktur des Schuldvertrags verursacht weitere Interessenkonflikte zwischen Gläubiger und Schuldner. Ein Gläubiger muß damit rechnen, daß sein Schuldner bei Dritten weiteres Fremdkapital aufnimmt, dessen Bedienung im Konkursfall Vorrang vor der Bedienung der bereits existierenden Schulden hat. Dies erlaubt günstigere Konditionen als eine Schuldenaufnahme, die die Ansprüche der bestehenden Gläubiger unangetastet läßt. Dadurch verschlechtert sich die Position der Altgläubiger im Konkursfall. Droht der Konkursfall, so besteht für den Eigentümer des Unternehmens der Anreiz, einen möglichst großen Teil des Vermögens in Form von Dividen-

[19] De Meza und Webb (1987) konstruieren ein Gegenbeispiel. Nimmt man an, daß alle Unternehmen das gleiche Risiko aufweisen, sich aber in Bezug auf den erwarteten Projektertrag unterscheiden, fallen mit steigendem Zinssatz die riskanten Unternehmen aus dem Markt. Diese Annahme ist allerdings eher realitätsfern.

den und dem Rückkauf von Eigenkapital an sich selbst auszuschütten. Damit wird Vermögen vom Gläubiger zum Schuldner transferiert. Ist der Konkursfall unabwendbar, hat der Schuldner keinen Anreiz mehr, sich anzustrengen, da der Gläubiger Anspruch auf das gesamte Vermögen des Unternehmens hat. Ertragreiche Projekte, die im Solvenzfall durchgeführt würden, werden im Konkursfall nicht mehr unternommen.

3.4.2 Sicherheiten als Lösung des Adverse Selection- und des Moral Hazard-Problems

Ein Kreditgeber kann sich gegen den Ausfall seiner Forderung absichern, indem er neben der Entrichtung eines Zinses die Stellung von Sicherheiten fordert. Ist der Marktwert des Sicherungsguts genauso hoch wie der vereinbarte Rückzahlungsbetrag, ist das gesamte Ausfallrisiko für den Kreditgeber eliminiert. Aber auch über die Absicherungsfunktion hinaus kann die Erweiterung des Schuldvertrags um Sicherheiten vorteilhaft sein.

Bester (1985, 1987) diskutiert, wie Kreditgeber in einem kompetitiven Kreditmarkt durch das Angebot mehrerer Kreditverträge mit unterschiedlichen Kombinationen von Sicherheiten und Zinssatz Informationen über den Unternehmenstyp erhalten und die Anreize der Kreditnehmer verbessern können.[20] Bei unbeobachtbarem Risiko offenbart die Vertragswahl den Unternehmenstyp. „Gute" Unternehmen mit geringem Ausfallrisiko wählen einen Vertrag mit relativ hohen Sicherheiten und niedrigem Zinssatz, und „schlechte" Unternehmen präferieren geringe Sicherheitsforderungen und einen hohen Zinssatz. Der Grund hierfür ist intuitiv einleuchtend: „Schlechte" Unternehmen gehen auf hohe Zinsforderungen ein, da sie antizipieren, daß sie die Rückzahlung mit relativ hoher Wahrscheinlichkeit nicht leisten werden. „Gute" Unternehmen dagegen sind bereit, hohe Sicherheiten zu stellen, da sie antizipieren, daß sie sie nur mit einer geringen Wahrscheinlichkeit scheitern. Über die Selbstselektion der Unternehmen in einen bestimmten Vertragstyp wird ein Trennungsgleichgewicht (separating equilibrium) erreicht, bei dem kein Unternehmen rationiert wird. Dafür muß die Bank genauso viele unterschiedliche Vertragstypen anbieten, wie es Unternehmen unterschiedlicher Risikograde gibt. Allerdings unterstellt diese Überlegung, daß alle Unternehmen dieselbe Risikoeinstellung haben.

[20] Für ähnliche Modelle vgl. auch Chan und Kanatas (1985) und Besanko und Thakor (1987).

Weisen die Unternehmen dagegen unterschiedliche Risikopräferenzen auf, sind die „guten" Unternehmen nicht mehr unbedingt bereit, hohe Sicherheiten zu akzeptieren. In diesem Fall kann sich ein Verbundgleichgewicht ergeben (pooling equilibrium), d.h. unterschiedliche Unternehmen erhalten denselben Vertrag und Kreditrationierung ist möglich (Coco 1999). Dasselbe Ergebnis erhält man, wenn Unternehmen nicht über genügend Sicherheiten verfügen, um ihren Typ zu signalisieren.

Dieselbe Überlegung wie für den adverse selection- ist auch für den moral hazard-Fall möglich. Während ein höherer Zinssatz den Anreiz zu riskanten Projekten verstärkt, verringern höhere Sicherheiten diesen Anreiz. Höhere Sicherheiten machen riskante Projekte für Kreditnehmer weniger attraktiv. Im Gleichgewicht wird kein Unternehmen rationiert. Wie im adverse selection-Fall heben Beschränkungen in der Verfügbarkeit von Sicherheiten dieses Ergebnis auf. Boot, Thakor und Udell (1991) entwickeln ein Modell, in dem Kreditgeber weder den Unternehmenstyp noch dessen Projektwahl beobachten können und zeigen, daß Sicherheiten das adverse selection- und das moral hazard-Problem auch unter dieser Informationskonstellation lösen.

Offensichtlich ist die Stellung von Sicherheiten ein Instrument, um die Kreditverfügbarkeit für Unternehmen zu verbessern. Erstens reduzieren sie das Verlustrisiko der Banken. Zweitens verbessern sie im Fall von moral hazard die Anreize der Kreditnehmer und drittens erlauben sie, bei adverse selection den Risikograd der Unternehmen durch Selbstselektion zu offenbaren. Es stellt sich die Frage, warum Sicherheiten in der Realität dennoch kein Instrument darstellen, das Informations- und Anreizprobleme vollständig löst. Erstens setzt ein Selbstselektionsmechanismus voraus, daß die Zahl der unterschiedlichen angebotenen Vertragstypen genauso groß ist wie die Zahl der unterschiedlichen Unternehmenstypen. In der Realität mag es undurchführbar sein, eine so große Zahl an Verträgen zu formulieren. Zweitens haben nicht unbedingt alle Unternehmen dieselbe Risikopräferenz und drittens ist es möglich, daß die Unternehmen nicht über ausreichend Sicherheiten verfügen, um ihren Typ zu signalisieren. Dies ist vor allem bei jungen Unternehmen sowie bei Unternehmen mit intangiblen oder sehr unternehmensspezifischen Vermögenswerten der Fall, die sich nicht als Sicherheiten eignen.

3.4.3 Banken, Beziehungen und Reputation

Während die bisher vorgestellten Überlegungen auf statischen Modellen beruhen, beschäftigt sich dieser Abschnitt mit Mehrperiodenmodellen, die die dynamischen Aspekte der Beziehung zwischen Kreditgeber und Kreditnehmer diskutieren. Dabei geht es speziell um die Kreditvergabe durch Banken als Finanzintermediäre. Seit Beginn der neunziger Jahre ist eine beträchtliche Zahl theoretischer Arbeiten entstanden, die die Rolle von Bankbeziehungen für die Kreditvergabe unter asymmetrischer Information modellieren. Dieser Literatur folgen seit einigen Jahren auch einige empirische Beiträge, die die Implikationen der theoretischen Arbeiten vor allem mit Unternehmensdaten testen. Dieser Abschnitt gibt einen Überblick über die wichtigsten theoretischen und empirischen Beiträge dieser noch relativ jungen Literaturrichtung.

Kreditgeber können Informationsasymmetrien zumindest teilweise abbauen, indem sie die Kreditwürdigkeit der potentiellen Schuldner überprüfen (screening) und ihr Verhalten überwachen (monitoring). Diese Aktivitäten verursachen für die Gläubiger allerdings Kosten und sind nicht immer lohnend. Existieren bei der Informationsbeschaffung und -nutzung economies of scale oder scope, können diese Aktivitäten durch Finanzintermediäre, wie z.B. Banken effizienter wahrgenommen werden als durch individuelle Kreditgeber. Diamond (1984) modelliert Banken als von den Privatanlegern mit der Beschaffung von Information beauftragte Intermediäre (delegated monitors). Das Modell beruht auf der Idee, daß die Wahrnehmung der Kontrollfunktion durch eine Institution zu geringeren Kosten möglich ist als durch eine Vielzahl einzelner Anleger. Nimmt jedes Unternehmen einen Teil des benötigten Betrags direkt bei einer gewissen Anzahl Privatanleger auf, so muß jeder dieser Privatanleger für sich Kosten für die Kontrolle aufwenden. Die Übertragung dieser Aufgabe an große Institutionen als Finanzintermediäre, wie z.B. Banken vermeidet Doppelarbeit. Finanzintermediäre können somit als institutionelle Reaktion auf die Existenz von Informationsproblemen aufgefaßt werden und Bankkredite als eine Form der Kreditvergabe, die besonders geeignet ist, Informationsprobleme zu lösen. Eine Begründung für die Existenz von Finanzintermediären im allgemeinen und speziell eine Darstellung der Funktionen von Banken geht über den Anspruch dieses Abschnitts hinaus. Einen Überblick über diese Themen geben beispielsweise Bhattacharya und Thakor (1993), Thakor (1995) und Hellwig (1991).

Finden Geschäftskontakte zwischen einem Unternehmen und einer Bank wiederholt statt, wird eine Beziehung aufgebaut, im Rahmen derer das Unternehmen Information übermitteln kann. Wenn einmal beschaffte Information dauerhaft und nicht leicht an Dritte übertragbar ist, kann die Bank Information, die sie beispielsweise im Rahmen früherer Kreditvergabeentscheidungen gewonnen hat, für eine Bewertung des Unternehmens verwenden und damit die Kosten der Informationsbeschaffung reduzieren. Langfristige Beziehungen tragen so dazu bei, Informationsasymmetrien zwischen Bank und Unternehmen zu verringern. Neben der Dauer kann auch die Inanspruchnahme weiterer Dienstleistungen des Gläubigers ein wichtiges Element der Beziehung sein. Zum einen können die Kosten der Informationsbeschaffung auf mehrere Produkte verteilt werden. Außerdem erhält der Kreditgeber zusätzliche Informationen, die bei der Kreditwürdigkeitsprüfung nützlich sein können. Unterhält ein Unternehmen beispielsweise ein Geschäftskonto bei einer Bank, so erhält diese Informationen über Umsatz und cash flow des Unternehmens. Dies könnte auch als economies of scope zwischen Kreditvergabe und Depositengeschäft und damit als Begründung für die Vorteilhaftigkeit der Kreditvergabe durch Banken interpretiert werden.

Längerfristige Beziehungen sind für beide Seiten auch deshalb vorteilhaft, weil sie der Bank erlauben, Kreditvergabeentscheidungen und Vertragskonditionen zeitlich flexibel zu gestalten. Die theoretische Literatur befaßt sich mit der Frage, unter welchen Bedingungen Beziehungen entstehen können und wie sie sich im Zeitablauf auf die Kreditverfügbarkeit und auf Vertragselemente wie die Höhe des Zinssatzes oder auf die Stellung von Sicherheiten auswirken.[21] Diamond (1989) analysiert den Aufbau von Reputation auf einem Kreditmarkt mit adverse selection und moral hazard. In seinem Modell gibt es drei für die Bank ex ante nicht unterscheidbaren Typen von Unternehmen: Der erste Typ hat ein sicheres Investitionsprojekt mit hohem erwartetem Ertrag, der zweite Typ hat ein riskantes Projekt mit geringem erwarteten Ertrag aber mit einem hohen Ertrag im Erfolgsfall, und der dritte Unternehmenstyp kann zwischen beiden Projekten wählen. Im Laufe der Zeit erhält die Bank Informationen über die Schuldner: Unter denjenigen Unternehmen, die sich für zahlungsunfähig erklären, gehört ein hoher Anteil zu den riskanten Unternehmen oder zu denjenigen, die in das riskante Projekt in-

[21] Einen ausführlichen Überblick über die Literatur zu Bankbeziehungen bieten Ongena und Smith (1998).

vestiert haben. Unternehmen, die ihre Kredite in der Vergangenheit zurückgezahlt haben, sind mit geringerer Wahrscheinlichkeit riskant. Kreditvergabeentscheidungen werden vom Verhalten der Schuldner in der Vergangenheit abhängig gemacht. Ein einmal zahlungsunfähiges Unternehmen erhält in der Zukunft keinen weiteren Kredit mehr. Gleichzeitig senkt die Bank den geforderten Zinssatz in jeder Periode und reduziert somit für die verbleibenden Unternehmen den Anreiz, riskante Projekte zu wählen. Der Wert der Reputation, ein Unternehmen mit geringem Risiko zu sein, steigt, je weiter der Zins bereits gesunken ist. Je länger ein Unternehmen seine Schulden bedient hat, desto größer ist die Wahrscheinlichkeit, daß es sicher und vertrauenswürdig ist und desto geringer ist das Ausfallrisiko für den Gläubiger. In einem Zwei-Perioden-Modell analysiert Diamond (1991) die Wahl der Unternehmen zwischen einem Bankkredit und der direkten Fremdkapitalaufnahme über die Ausgabe von Anleihen. Beide Finanzierungsformen unterscheiden sich dadurch, daß die Bank die Projektwahl der Unternehmen unter Aufwendung von Kosten kontrolliert, während es bei der Finanzierung über Anleihen eine solche Kontrolle nicht gibt. Da die Bank die Kosten der Kontrolle an die Unternehmen weitergibt, sind Bankkredite teurer als Anleihenfinanzierung. Diamond (1991) zeigt, daß in der ersten Periode alle Unternehmen Bankkredite aufnehmen und daß sich in der zweiten Periode diejenigen Unternehmen, die ihre Schulden in der ersten Periode zurückgezahlt haben und so eine Reputation als gute Schuldner aufgebaut haben, in der zweiten Periode über Anleihen finanzieren. Dabei wird angenommen, daß zahlungsunfähige Unternehmen zwar liquidiert werden, aber nicht aus dem Markt ausscheiden. Die übrigen Unternehmen finanzieren sich in der zweiten Periode weiterhin über Bankkredite. Während in Diamond (1984) die Finanzierung über einen Intermediär vorteilhaft war, wird in diesem Modell gezeigt, daß intermediäre und direkte Finanzierungsformen gleichzeitig nebeneinander bestehen können.

Bei Boot und Thakor (1994) sind langfristige Beziehungen auch vorteilhaft, ohne daß die Bank lernt. In dem dynamischen moral hazard-Modell wird angenommen, daß das Anstrengungsniveau des Unternehmens die Rückzahlungswahrscheinlichkeit beeinflußt und von der Bank nicht beobachtet werden kann, so daß ein Vertrag darauf nicht konditionieren kann. Unternehmen und Bank schließen einen Vertrag über unendlich oft wiederholte Kreditaufnahme ab, der für jede Periode einen Zinssatz und Sicherheiten spezifiziert. Kann das Unternehmen die Rückzahlung in einer Periode nicht leisten, fallen die Sicherheiten an die Bank.

Das Unternehmen ist damit jedoch nicht aus dem Markt ausgeschieden, sondern fragt in der nächsten Periode einen neuen Kredit nach. Der optimale Vertrag sieht zu Beginn der Beziehung einen hohen Zinssatz und die Stellung von Kreditsicherheiten vor. Sobald das Unternehmen einen Projekterfolg nachweisen kann, muß es einen geringeren Zinssatz bezahlen und keine Sicherheiten mehr stellen. Durch das Versprechen zukünftig besserer Konditionen verbessern sich heute die Anreize des Unternehmens sich anzustrengen. Da angenommen wird, daß die Rückzahlungsgeschichte eines Unternehmens allen Banken bekannt ist und ein Unternehmen jederzeit kostenlos zu einer anderen Bank wechseln kann, ist die Bank gezwungen, sich nach einem Projekterfolg an den Vertrag zu halten und den geringeren Zinssatz auch tatsächlich zu gewähren.

Technisch gesehen bedeutet die zeitliche Flexibilität bei der Kreditvergabe und bei der Gestaltung der Konditionen, daß die Bank nicht in jeder Periode einen erwarteten Gewinn von mindestens Null erwirtschaften muß. Vielmehr gilt diese Bedingung über die gesamte Dauer einer Beziehung. Die Bank kann das Unternehmen in manchen Perioden subventionieren und sich früher oder später als Entlohnung für die Subvention einen Teil der Erträge des Unternehmens aneignen. Mayer (1988) führt als Beispiel ein Unternehmen an, das sich in einer Krisensituation befindet und eine Finanzspritze benötigt. Erhält es den benötigten Kredit, verbessern sich seine Ertragserwartungen langfristig wieder. Für beide Seiten ist es sinnvoll, wenn die Bank in einer schwierigen Situation Kredite gewährt und für dieses Engagement zu einem späteren Zeitpunkt kompensiert wird, wenn das Unternehmen wieder hohe Gewinne erwirtschaftet. Dasselbe gilt für jede Situation, in der Finanzierungsbedarf besteht, die aktuellen Erträge des Unternehmens gering sind und die Höhe der erwarteten Erträge von der Gewährung eines Kredits abhängt, z.B. zu Beginn eines langfristigen Investitions- oder Innovationsprojekts oder bei Gründung eines Unternehmens. Langfristige Verträge über die gesamte Projektdauer oder sogar Lebensdauer des Unternehmens, sind häufig jedoch nicht möglich, z.B. weil es zu schwierig ist, Vereinbarungen für alle möglichen Zustände der Welt in allen möglichen Perioden zu treffen oder weil der Zustand der Welt Dritten gegenüber nicht verifizierbar ist.

Eine Bank wird nur dann bereit sein, in „schwierigen Zeiten“ mit Krediten zur Verfügung zu stehen, wenn sie damit rechnen kann, in späteren Perioden dafür entlohnt zu werden. Das

Unternehmen sieht sich mit dem Problem der Zeitinkonsistenz konfrontiert. Während es ex ante dazu bereit ist, sich an eine Bank zu binden, um den benötigten Kredit zu bekommen, hat es ex post den Anreiz, bessere Angebote konkurrierender Banken wahrzunehmen. Es stellt sich die Frage, wie ein sich Unternehmen glaubhaft binden kann, die Bank an späteren Gewinnen teilhaben zu lassen. Mayer (1988) argumentiert, daß der Aufbau einer Beziehung zwischen Bank und Unternehmen einen Mechanismus darstellt, eine solche Bindung zu schaffen. Eine theoretische Begründung für einen Bindungsmechanismus liefert Fischer (1990). In seinem Zwei-Perioden-Modell mit adverse selection gibt es zwei Typen von Unternehmen: „gute" und „schlechte". In der ersten Periode herrscht zwischen den Banken Bertrand-Wettbewerb über den Zinssatz. Diejenige Bank, die ein Unternehmen in der ersten Periode finanziert, erfährt den Unternehmenstyp und hat in der zweiten Periode einen Informationsvorsprung vor den anderen Banken. Fischer (1990) bezeichnet den Erstkreditgeber als inside Bank und die übrigen Banken als outside Banken. Die inside Bank wird als die Hausbank eines Unternehmens interpretiert. Für die outside Banken, die in der zweiten Periode mit der inside Bank um die Kreditvergabe konkurrieren, entsteht aufgrund des Informationsvorsprungs die Gefahr des „Fluchs des Gewinners": Während die inside Bank die Rückzahlungswahrscheinlichkeit des Unternehmens in der zweiten Periode exakt kennt, können outside Banken nur einen Erwartungswert darüber bilden. Da die Kreditkonditionen von der tatsächlichen bzw. erwarteten Rückzahlungswahrscheinlichkeit abhängen, kann die inside Bank die outside Banken bei den „guten" Kunden immer unterbieten. Die außenstehenden Konkurrenten müssen damit rechnen, daß sie von den inside Banken nur die „schlechten" Unternehmen abwerben können.[22]

Durch den Informationsvorsprung des Erstkreditgebers ist der Wettbewerb zwischen inside und outside Bank in der zweiten Periode eingeschränkt, so daß das Unternehmen an die inside Bank gebunden ist. Entscheidende Eigenschaft in Fischers (1990) Modell ist, daß die Kompensation des Erstkreditgebers in der zweiten Periode nur dann möglich ist, wenn er eine Monopolstellung hat. Finanziert sich das Unternehmen in der ersten Periode über mehrere Banken, so haben diese in der zweiten Periode alle vollständige Information über den Unterneh-

[22] Dies kann offensichtlich kein Gleichgewicht sein. Fischer (1990) zeigt jedoch, daß ein Gleichgewicht in gemischten Strategien existiert.

menstyp. Die inside Banken treten deshalb in der zweiten Periode untereinander wieder in Bertrand-Wettbewerb und konkurrieren ihre Periodengewinne auf Null, so daß sie für mögliche Verluste der ersten Periode nicht kompensiert werden. Der Vorteil der Bindung eines Unternehmens ist folglich nur dann gegeben, wenn es nur eine einzige inside Bank gibt. Angesichts dieses Vorteils exklusiver Bankbeziehungen, stellt sich die Frage, warum sie in der Realität nur selten zu beobachten sind. Elsas und Krahnen (1998) beispielsweise verwenden für ihre empirische Arbeit zur Auswirkung von Bankbeziehungen ein sample mittlerer deutscher Unternehmen, die im Durchschnitt mit sechs Banken Beziehungen unterhalten. Die durchschnittliche Zahl der Bankbeziehungen der Unternehmen des in dieser Arbeit verwendeten Datensatzes liegt bei vier Geschäftsverbindungen.

Ausschließlichkeit ermöglicht einerseits eine Bindung des Unternehmens an die Bank, sie schafft jedoch ein anderes Problem, das Fischer (1990) zwar anspricht, in seiner Analyse aber nicht berücksichtigt. Durch ihr Informationsmonopol erhält die Bank eine außerordentlich starke Verhandlungsposition, wenn das Unternehmen weitere Kredite benötigt. Die fehlende Konkurrenz anderer Banken erlaubt es der inside Bank, Erträge des Unternehmens durch überhöhte Zinsen abzuschöpfen. Abhängigkeit des Unternehmens von der inside Bank entsteht nicht nur durch deren Informationsvorsprung. Bei Greenbaum, Kanatas und Venezia (1989) ist das Unternehmen deshalb an die inside Bank gebunden, weil es fixe Kosten für die Suche nach Kreditangeboten aufgewandt hat. Ein Unternehmen, das antizipiert, daß es sich durch eine enge Bindung an eine Bank in eine schwache Verhandlungsposition begibt, verzichtet deshalb möglicherweise auf eine Beziehung. Die Bank hat deshalb nicht unbedingt ein Interesse an einer allzu starken Position in der zweiten Periode. Die im folgenden vorgestellten Arbeiten modellieren, wie sich die inside Bank selbst binden kann bzw. wie in der zweiten Periode zumindest eingeschränkter Wettbewerb ihre Macht verringern kann.

Sharpes (1990) Modell unterscheidet sich von Fischer (1990) dadurch, daß auch die outside Banken Information darüber erhalten, ob Unternehmen, die bei anderen Banken einen Kredit aufgenommen haben, diesen zurückgezahlt haben. Allerdings erhalten sie diese Information nur in Form eines Signals, das mehr oder weniger präzise sein kann. Je präziser das Signal ausfällt, desto geringer ist die Verhandlungsmacht der inside Bank in der zweiten Periode. Sharpe (1990) erweitert sein Modell, indem er überlappende Generationen von Unternehmen annimmt, die jeweils zwei Perioden existieren. Neu in den Markt eintretende Unternehmen können beobachten, ob eine Bank ihre Versprechen einhält. Wenn für die Bank der erwartete Ertrag aus einem einmaligen Vertrauensbruch geringer ist als die diskontierten zukünftigen Erträge, die der Bank dadurch entstehen, daß sie neu eintretende Kunden anwerben kann, lohnt es sich für sie, die Reputation aufzubauen, eine vertrauenswürdige Bank zu sein. Die Reputation der Bank ermöglicht, zu Beginn der ersten Periode einen impliziten Vertrag über die Konditionen der zweiten Periode zu schließen, die auf die Information konditionieren, die die Bank in der ersten Periode erhält.[23]

In einem Zwei-Perioden-Modell mit adverse selection und moral hazard bezüglich der Wahl des Investitionshorizontes (kurz- oder langfristiges Projekt) zeigt von Thadden (1992), daß die Möglichkeit der inside Bank, die Konditionen der Kreditvergabe in der zweiten Periode zu diktieren, dazu führt, daß das Unternehmen in der ersten Periode das kurze Investitionsprojekt wählt, obwohl das langfristige Projekt mit einem höheren erwarteten Ertrag verbunden ist. Um dem Unternehmen den Anreiz zu geben, in das langfristige Projekt zu investieren, schränkt die inside Bank ihre Monopolmacht in der zweiten Periode freiwillig ein. In von Thaddens (1992) Modell geschieht dies, indem die inside Bank bereits in der ersten Periode weitere Banken in die Finanzierung mit einbindet.

Das Informationsmonopol der inside Bank reicht nicht immer aus, um ein Unternehmen zu binden. In Rajans (1992) Modell ist die Verhandlungsposition der inside Bank eingeschränkt, weil die Unternehmen sich statt über Bankkredite alternativ auch über die Ausgabe von Anleihen finanzieren können. Bei Petersen und Rajan (1995) hängen die Kreditvergabe und die Konditionen von der Marktmacht der Gläubigerbank ab. Würde die Bank für einen Kredit zu Beginn einer Beziehung einen dem Ausfallrisiko entsprechenden hohen Zinssatz fordern, hätte dies negative Auswirkungen auf die Anreize des Unternehmens (moral hazard). Möglicherweise würde das Unternehmen in diesem Fall sogar rationiert. Verlangt die Bank in der ersten Periode dagegen einen niedrigen Zinssatz, schafft sie bessere Anreize und kann die Erträge des Unternehmens in den Folgeperioden abschöpfen und so den Verlust der ersten Peri-

[23] Wie von Thadden (1998) nachweist, enthält Sharpes Arbeit einen formalen Fehler. Von Thadden zeigt, daß das von Sharpe berechnete Gleichgewicht in reinen Strategien kein Gleichgewicht sein kann und daß ein Gleichgewicht in gemischten Strategien besteht.

ode kompensieren. Petersen und Rajan (1995) argumentieren, daß die Möglichkeit, Erträge zwischen den Perioden zu verteilen, vom Wettbewerb zwischen den Banken abhängt. Ist die Bank Monopolist, kann sie sich die Erträge ihrer Investition in das Unternehmen in den Folgeperioden vollständig aneignen. Herrscht auf dem Kreditmarkt dagegen Wettbewerb, kann das Unternehmen, zu einer anderen Bank wechseln, die einen geringeren Zinssatz bieten kann. Petersen und Rajans (1995) Modell impliziert, daß Kreditverfügbarkeit positiv von der Marktmacht auf dem Kreditmarkt abhängt. Marktmacht einer Bank entsteht in diesem Modell nicht endogen durch ein Informationsmonopol, sondern ist modellexogen.

Die theoretische Literatur läßt insgesamt unklar, inwieweit die inside Bank Monopolmacht ausnutzen kann. Rajan (1992) bezeichnet den Wettbewerb unter den Banken als ein zweischneidiges Schwert: Einerseits verringert Wettbewerb die Möglichkeit der inside Bank, ihr Informationsmonopol auszunutzen und verbessert damit die Anreize des Unternehmens. Auf der anderen Seite verringert Wettbewerb die Möglichkeit der Banken, Investitionen in und Erträge aus einem Kreditgeschäft zeitlich flexibel zu verteilen. Damit verschlechtern sich für Unternehmen die Chancen, in „schlechten Zeiten" einen Kreditgeber zu finden.

Abschließend lassen sich die Argumente zum Zusammenhang zwischen Bankbeziehungen und Kreditgewährung wie folgt zusammenfassen: Erstens verringern mehrperiodige Beziehungen asymmetrische Information und senken die Informationsbeschaffungskosten der Kreditgeber. Zweitens kann im Rahmen dauerhafter Beziehungen Reputation für eine hohe Rückzahlungswahrscheinlichkeit aufgebaut werden. Drittens können Beziehungen die Form eines impliziten Vertrages annehmen, mit dem sich ein Unternehmen gegen Schwankungen seiner Rückzahlungsfähigkeit versichert und der durch ein beschränktes Maß an ex post Verhandlungsmacht der Kreditgeber ermöglicht wird. Die ersten beiden Punkte implizieren, daß die Existenz enger Bankbeziehungen die Kreditverfügbarkeit eines Unternehmens generell verbessert. Das dritte Argument bedeutet, daß enge Bankbeziehungen die Kreditverfügbarkeit ceteris paribus dann verbessern, wenn das Unternehmen vorübergehend geringe Erträge erwirtschaftet.

Die empirischen Untersuchungen zu Existenz und Auswirkungen von Bankbeziehungen lassen sich in zwei Richtungen einteilen: Die indirekte Vorgehensweise untersucht, ob das Investitionsverhalten von Unternehmen mit engen Bankbeziehungen weniger stark von cash flow-Variablen abhängt als von Unternehmen ohne Beziehungen. Die direkte Vorgehensweise testet den Einfluß enger Beziehungen auf Indikatoren für Kreditverfügbarkeit und Vertragselemente.

Zur indirekten Richtung zählt die Arbeit von Hoshi, Kashyap und Scharfstein (1990). Diese Autoren schätzen eine Q-Investitionsgleichung für ein sample japanischer Unternehmen in finanziellen Schwierigkeiten und stellen fest, daß die Investitionstätigkeit bei Unternehmen mit engen Bankbeziehungen weniger stark von Indikatorvariablen für Liquidität abhängen als bei Unternehmen ohne Bankbeziehungen. Albach und Elston (1995) kommen für ein sample deutscher Großunternehmen zu demselben Ergebnis, was darauf hindeutet, daß Bankbeziehungen auch für große Unternehmen vorteilhaft sein können. Beide Studien teilen die zugrundeliegende Stichprobe in zwei Teilstichproben - Unternehmen mit und ohne Bankbeziehungen - und führen die Schätzungen für beide Teilstichproben getrennt durch. Abgesehen von generellen Problemen bei der Schätzung von Q-Investitionsgleichungen[24] hat die indirekte Vorgehensweise den Nachteil, daß immer nur für eine Determinante der Kreditverfügbarkeit kontrolliert wird.

In der Literatur wird das Ergebnis von Hoshi, Kashyap und Scharfstein (1990) als Hinweis darauf gewertet werden, daß Unternehmen in finanziellen Schwierigkeiten von ihrer Hausbank mit Krediten unterstützt werden. Hall und Weinstein (1997) stellen diese Interpretation jedoch in Frage. Die Autoren wählen die direktere Vorgehensweise, indem sie ebenfalls für ein sample japanischer Unternehmen in wirtschaftlichen Schwierigkeiten untersuchen, ob das Engagement von Hausbanken und anderer Banken von verschiedenen Maßen für eine enge Beziehung abhängen und kommen zu dem Ergebnis, daß dies nicht der Fall ist. Hall und Weinstein (1997) sehen dies als Beleg dafür, daß der von Hoshi, Kashyap und Scharfstein (1990) festgestellte Zusammenhang nicht darauf zurückzuführen sein kann, daß Hausbanken in Krisensituationen ihr Engagement ausdehnen.

[24] Für eine ausführlichere Diskussion vgl. Kapitel 7.

Petersen und Rajan (1994) sowie Berger und Udell (1995) untersuchen den Einfluß von Bankbeziehungen auf Kreditverfügbarkeit und auf die Konditionen der Kreditvergabe. Beide Arbeiten verwenden Daten des National Survey of Small Business Finances (NSSBF), der Unternehmensbefragung, die die Small Business Administration 1988 im Kreis kleiner US-amerikanischer Firmen durchgeführt hat. Der Datensatz enthält unter anderem Angaben über Kreditvergabe und -konditionen, Charakteristika der Schuldner sowie Art und Dauer von Bankbeziehungen. Petersen und Rajan (1994) kommen zu dem Ergebnis, daß sowohl die Dauer der Beziehung zur Bank als auch die Inanspruchnahme weiterer Finanzdienstleistungen die Kreditverfügbarkeit verbessern. Die Zahl der Banken, mit denen ein Unternehmen in Kreditbeziehungen steht, hat dagegen einen negativen Einfluß. Diese Variable wird als ein Indikator für die Intesität der Beziehung interpretiert. Je geringer die Zahl der Banken ist, mit denen ein Unternehmen Geschäftskontakte hat, desto enger ist die Beziehung mit der einzelnen Bank. Während die Zahl der Kreditbeziehungen den geforderten Zinssatz signifikant erhöht, haben die Dauer der Beziehung und die Inanspruchnahme weitere Finanzdienstleistungen keinen signifikanten Einfluß auf den Zinssatz. Berger und Udell (1995) stellen einen negativen Zusammenhang fest zwischen der Dauer der Bankbeziehung und dem Zinssatz sowie der Wahrscheinlichkeit, Sicherheiten stellen zu müssen. Für ein sample kleiner italienischer Unternehmen stellen Angelini, di Salvo und Ferri (1998) einen positiven Zusammenhang zwischen der Dauer der Bankbeziehung und dem geforderten Zinssatz und einen negativen Zusammenhang zwischen der Anzahl der Bankbeziehungen und dem Zinssatz fest. Cole (1998) verwendet die Daten einer 1993 durchgeführten Nachfolgebefragung zum NSSBF und findet einen positiven Effekt der Existenz einer Geschäftsbeziehung sowie der Inanspruchnahme weiterer Dienstleistungen auf die Kreditverfügbarkeit und einen negativen Effekt der Zahl der Bankbeziehungen.

Ebenfalls mit den Daten des NSSBF aus dem Jahr 1988 testen Petersen und Rajan (1995) die Hypothese, daß Wettbewerb auf dem Kreditmarkt die positiven Effekte von Beziehungen abschwächt. Als empirischen Indikator für die Wettbewerbsintensität auf dem lokalen Markt, auf dem ein Unternehmen ansässig ist, verwenden sie den Herfindahlindex im Einlagengeschäft im jeweiligen Landkreis oder der jeweiligen Stadt. Die Schätzergebnisse zeigen, daß in höher konzentrierten Märkten die Kreditverfügbarkeit tatsächlich größer und der Zinssatz niedriger sind. Die Beziehungsvariablen Dauer und Inanspruchnahme weiterer Finanzdienstleistungen haben wie in Petersen und Rajan (1994) einen positiven Effekt, die Zahl der Kreditbeziehungen einen negativen. Die Arbeit ist in mehreren Punkten jedoch unbefriedigend: Erstens wird entgegen dem Anspruch der Autoren nicht getestet, ob Wettbewerb die Wirksamkeit von Bankbeziehungen abschwächt. Hierfür wären Interaktionsterme zwischen den Indikatoren für Bankbeziehungen und den Wettbewerbsverhältnissen als erklärende Variable der Kreditverfügbarkeit erforderlich. Zweitens erscheint der verwendete Indikator für Wettbewerbsverhältnisse selbst dann wenig geeignet wenn man außer acht läßt, daß im Kredit- und Einlagengeschäft nicht dieselben Wettbewerbsverhältnisse herrschen müssen. Bei der Ableitung ihres theoretischen Modells verwenden Petersen und Rajan (1995) den aus der Oligopoltheorie entlehnten markup als Maß für Marktmacht, d.h. das Verhältnis zwischen Preis und Grenzkosten. Auf den Kreditmarkt übertragen ist der markup das Verhältnis zwischen dem erwarteten Zinssatz und den Grenzkosten der Refinanzierung der Bank. Indem sie bei der empirischen Umsetzung die Konzentration als Indikator für Marktmacht heranziehen, berücksichtigen die Autoren nicht, daß ein Zusammenhang zwischen Konzentration und markup nicht allein auf kollusives Verhalten der Marktteilnehmer zurückzuführen ist, sondern auch auf Unterschiede in den Refinanzierungskosten der Banken. So zeigen Clarke und Davies (1982), daß der Herfindahlindex auch durch Kostendifferenzen der Unternehmen in einem Markt erklärt wird. Die Theorie bestreitbarer Märkte zeigt, daß die Markmacht auch in konzentrierten Märkten gering sein kann (vgl. Baumol, Panzar und Willig 1988). Der potentielle Wettbewerb durch den drohenden Neueintritt diszipliniert die Marktteilnehmer, so daß auch Unternehmen bzw. Banken mit großem Marktanteil ihre Position nicht ausnutzen können.[25] Die Diskussion um die korrekte Messung der Marktmacht zeigt, daß das von Petersen und Rajan (1995) verwendete Konzentrationsmaß nicht geeignet ist, da nicht eindeutig ist, was der Herfindahlindex wirklich mißt.

Für die Bundesrepublik liegen bislang wenige empirische Arbeiten zu den Determinanten von Kreditverfügbarkeit vor. Winker (1993) stellt für ein sample westdeutscher Unternehmen aller Größen aus dem Verarbeitenden Gewerbe fest, daß Reputation die Kreditverfügbarkeit ver-

[25] Die Theorie bestreitbarer Märkte nimmt kostenlosen Marktzutritt und -austritt an. Ein Argument gegen die Wirksamkeit potentiellen Wettbewerbs auf dem Kreditmarkt sind die mit der Regulierung des Bankensektors verbundenen Markteintrittsbarrieren. Für eine ausführliche Diskussion unterschiedlicher Konzepte zur empirischen Messung von Marktmacht vgl. Rottmann (1995) Kapitel 3.

bessert. Kreditverfügbarkeit wird dabei durch eine binäre Variable gemessen, die angibt, ob sich Unternehmen in ihren Innovationsaktivitäten durch Kapitalmangel behindert sehen. Die Unternehmensgröße dient als Proxy für das Alter und somit als Indikator für Reputation. Allerdings sind die Ergebnisse mit Vorsicht zu interpretieren, da zum einen das verwendete Maß für Kreditverfügbarkeit sehr subjektiv ist und zum anderen die Unternehmensgröße nur ein sehr grobes Maß für Reputation darstellt.

Mit Angaben aus einer Unternehmensbefragung bei kleinen und mittleren deutschen Unternehmen untersuchen Harhoff und Körting (1998b) die Einflußfaktoren von Kreditverfügbarkeit, Kreditzinsen und der Stellung von Sicherheiten. Die Intensität der Bankbeziehung wird durch drei Indikatoren gemessen: die Dauer der Beziehung, die Zahl der Gläubiger und einen Dummy, der angibt, ob zwischen Bank und Unternehmen ein Vertrauensverhältnis besteht. Die Schätzergebnisse zeigen, daß bei der Kreditverfügbarkeit die Zahl der Gläubiger einen negativen Einfluß hat. Beim Kreditzins ist dagegen der Dummy für gegenseitiges Vertrauen negativ signifikant und bei der Stellung von Sicherheiten haben alle drei Beziehungsvariablen den erwarteten Einfluß. Gegenseitiges Vertrauen und die Dauer der Beziehung verringern die Wahrscheinlichkeit, daß Sicherheiten gestellt werden, mit der Zahl der Gläubiger erhöht sich die Wahrscheinlichkeit.

Elsas und Krahnen (1998) untersuchen die Frage nach den Wirkungen von Bankbeziehungen mit einem Datensatz, der aus den Informationen deutscher Großbanken zur Höhe und den Konditionen von Kreditlinien an Unternehmen entstanden ist. Die Intensität der Beziehung wird durch eine Dummyvariable gemessen, die angibt, ob sich die jeweilige Bank als Hausbank des Unternehmens betrachtet. Die Autoren kommen zu dem Ergebnis, daß sich das durch die Hausbank gewährte Kreditvolumen erhöht, wenn sich das interne Kreditrating durch die Bank leicht verschlechtert. Banken, die sich selbst nicht als Hausbank betrachten, verändern ihr Engagement hingegen nicht. Bei einer starken Verschlechterung der Bonitätsbewertung besteht kein Unterschied zwischen Hausbanken und Nicht-Hausbanken: Beide verringern ihr Kreditvolumen. Beim geforderten Zinssatz unterscheiden sich Hausbanken und Nicht-Hausbanken dagegen nicht. Elsas und Krahnen (1998) interpretieren ihr Ergebnis als Bestätigung der Hypothese, daß die Hausbankbeziehung für ein Unternehmen die Funktion einer impliziten Versicherung gegen Schwankungen der Kreditwürdigkeit wahrnehmen. Die Entlohnung der Hausbank für diese Versicherungsleistung erfolgt nach Elsas und Krahnen (1998) allerdings nicht durch einen höheren Zinssatz. Problematisch an dieser Arbeit erscheint die Verwendung eines internen Kreditratings der Banken als Kontrollvariable für die Bonität, da ihre Endogenität bei der Schätzung nicht berücksichtigt wird.

Fast alle der zitierten Arbeiten weisen einen gravierenden methodischen Mangel auf. Die Gewährung von Krediten kann nur für diejenigen Unternehmen beobachtet werden, die einen Kredit nachgefragt haben. Dies stellt eine nicht zufällige Stichprobe dar. Werden Selektionsprozesse ignoriert, sind die Schätzergebnisse potentiell verzerrt. Bei Cole (1998) und Elsas und Krahnen (1998) bleibt dieses Problem unberücksichtigt. Angelini, di Salvo und Ferri (1998) stellt eigentlich keine Arbeit zu den Determinanten von Kreditverfügbarkeit dar. Die Autoren definieren zwar einen multinomialen Indikator für Kreditverfügbarkeit. Die eigentliche empirische Analyse beschränkt sich jedoch auf die Nachfrageentscheidung der Unternehmen. Die übrigen zitierten Arbeiten tragen dem Selektionproblem Rechnung, indem sie einen Indikator für Kreditverfügbarkeit verwenden, der für alle Unternehmen beobachtbar ist, unabhängig davon, ob sie einen Kredit nachgefragt haben.[26] Es sprechen zwar mehrere Gründe dafür, daß der verwendete Indikator tatsächlich Finanzierungsrestriktionen mißt, allerdings wird dies in den zitierten Arbeiten stets angenommen und nie empirisch überprüft. Zudem wird das Selektionsproblem bei sämtlichen Autoren, die Vertragselemente wie den Zinssatz oder die Stellung von Sicherheiten analysieren (Petersen und Rajan 1994, 1995, Harhoff und Körting 1998b, Berger und Udell 1995 sowie Angelini, di Salvo und Ferri 1998), ignoriert. Hier stellt sich ein doppeltes Selektionsproblem: Vertragselement sind nur beobachtbar, wenn erstens überhaupt ein Kredit nachgefragt wurde und zweitens wenn dieser gewährt wurde. Möglicherweise sind resultierende Verzerrungen der Schätzergebnisse der Grund für die uneinheitlichen empirischen Ergebnisse.

Ein weiterer Kritikpunkt der bestehenden empirischen Arbeiten betrifft die Hypothesen, die mit den Schätzungen getestet werden können. Mit Ausnahme der Studie von Elsas und Krahnen (1998) untersuchen die zitierten Arbeiten lediglich die generelle Wirkung von Bankbezie-

[26] Dieser Indikator ist die Inanspruchnahme von Handelskrediten. Eine Begründung für diesen Indikator führt an dieser Stelle zu weit. Er wird in Kapitel 7 ausführlich diskutiert.

hungen auf Kreditverfügbarkeit und Vertragselemente. Die aus der theoretischen Literatur ableitbare Hypothese, daß Beziehungen die Kreditverfügbarkeit von Unternehmen mit schwankender Bonität verbessern und daß sich Banken für diese Versicherungsleistung durch hohe Zinsen in „guten Zeiten" entlohnen lassen, wird in den gewählten Spezifikationen nicht zugelassen.

3.4.4 Verifizierbarkeit, unvollständige Verträge und multiple Kreditgeber

In den bisher vorgestellten informationsökonomischen Modellen bezog sich Informationsasymmetrie entweder auf relevante Eigenschaften des Schuldners vor Abschluß des Kreditvertrags oder auf die Handlungen des Schuldners nach Vertragsabschluß aber vor Realisierung des Investitionsprojekts. Eine andere Informationskonstellation liegen Townsend (1979) und Gale und Hellwig (1985) zugrunde. In diesen Arbeiten kann der Kreditgeber den realisierten Projektertrag bzw. Unternehmensgewinn nicht beobachten. Dies schafft für den Schuldner den Anreiz, sich für zahlungsunfähig zu erklären, auch wenn er seinen Verpflichtungen nachkommen könnte. Dieses moral hazard-Problem mit hidden information muß nicht bedeuten, daß der Kreditnehmer mit dem Geld davonläuft. In der Realität wird diese Form des moral hazard eher darin bestehen, daß der Kreditnehmer einen möglichst großen Teil des Vermögens an sich selbst ausschüttet, z.B. in Form von Dividenden und dem Rückkauf von Eigenkapital. Damit wird Vermögen vom Gläubiger zum Schuldner transferiert. Aus dieser Situation läßt sich in einem Ein-Perioden-Modell folgender Vertrag als optimal ableiten: Die Rückzahlung ist ein fixer Betrag. Kommt der Schuldner seinen Zahlungsverpflichtungen nach, interessiert sich der Kreditgeber nicht für die Höhe des realisierten Gewinns. Um dem Anreiz des Schuldners, sich für zahlungsunfähig zu erklären, entgegenzuwirken, verifiziert der Kreditgeber die Angaben des Schuldners immer, wenn sich dieser für zahlungsunfähig erklärt und alle Vermögensgegenstände gehen an den Gläubiger über. Folglich lohnt es sich für den Schuldner nicht, sich fälschlicherweise für zahlungsunfähig zu erklären. Für die Verifizierung muß der Gläubiger Kosten aufwenden, die als Kosten des Konkursverfahrens interpretiert werden können. Dieser Vertrag ist optimal, weil er bei gegebenem Rückzahlungsbetrag die erwarteten Verifizierungskosten minimiert. Allerdings ist dieser Vertrag nicht zeitkonsistent. Während es für den Kreditgeber ex ante optimal ist, jeden Fall von erklärter Zahlungsunfähigkeit zu kontrollieren, hat er diesen Anreiz ex post nicht mehr. Da der Vertrag anreizverträglich ist, weiß der Kreditgeber, daß das Unternehmen die Wahrheit gesagt hat. Deshalb könnte er auf ein teures Konkursverfahren verzichten. Dann aber hat das Unternehmen den Anreiz zu lügen.[27] Die erwarteten Verifizierungskosten hängen von der Wahrscheinlichkeit der Zahlungsunfähigkeit ab, die wiederum umso größer ist, je höher der geforderte Zinssatz ist. Ein höherer Zins bewirkt einen höheren Ertrag für den Kreditgeber pro zurückgezahltem Kredit, gleichzeitig sinkt jedoch die Rückzahlungswahrscheinlichkeit, und die erwarteten Verifizierungskosten steigen. Übersteigt der negative Effekt einer Zinserhöhung auf den erwarteten Gewinn des Kreditgebers den direkten positiven Effekt, werden bei Überschußnachfrage einige Unternehmen rationiert.

Während sich die bisher vorgestellten Arbeiten zur Fremdkapitalfinanzierung mit asymmetrischer Information zwischen Kreditgeber und -nehmer befassen, beruhen Ansätze unvollständiger Verträge auf der mangelnden Verifizierbarkeit bestimmter Tatbestände vor den Gerichten. Auch hier wird unterstellt, daß Kreditnehmer einen Anreiz zu opportunistischem Verhalten haben, sei es, weil sie den Rückzahlungsbetrag nicht leisten wollen oder weil die Ressourcen des Unternehmens für persönlichen Konsum verwenden. Der Kreditgeber kann das Verhalten des Kreditnehmers beobachten, aber vor Gerichten nicht verifizieren. Da deshalb Verträge, die auf das Verhalten des Kreditnehmers konditionieren, nicht möglich sind, müssen Kontrollstrukturen vereinbart werden, die festlegen, welche Partei in welcher Situation welche Rechte hat.[28] Diese Reglungen müssen einfach zu interpretieren sein und an Zustände anknüpfen, die auch von Außenstehenden verifiziert werden können. Kreditverträge sehen für den Gläubiger in der Regel das Recht vor, sich die gestellten Sicherheiten anzueignen oder den Konkurs des Unternehmens zu erzwingen, wenn ein Schuldner seinen Verpflichtungen nicht nachkommt, sei es, weil er über zu wenig liquide Mittel verfügt (liquidity default), oder weil er sich durch einen Konkurs einen höheren Gewinn verspricht (strategic default). Hart und Moore (1989) zeigen, daß diese Vertragsgestaltung optimal ist, wobei Konkurs den Übergang der Kontrollrechte über die Kapitalgüter des Kreditnehmers auf den Kreditgeber darstellt. Im

[27] Zeitkonsistenz wird erreicht, indem die Verifizierung bei erklärter Zahlungsunfähigkeit stochstisch erfolgt (Moore 1987). Stochastische Verifizierung erscheint allerdings eine realitätsferne Vertragsgestaltung.

[28] Einen Überblick über diese Literatur bietet Hart (1995).

Verlauf eines Konkursverfahrens werden die Vermögensgegenstände des Unternehmens liquidiert. Die Drohung der Liquidation setzen dem Unternehmen starke Anreize, einen fälligen Kredit zurückzubezahlen. Allerdings ist Liquidation der Kapitalgüter ex post nur dann effizient, wenn der Liquidationserlös größer ist als der erwartete Ertrag bei Weiterführung des Unternehmens. Ist die Liquidation ineffizient, kommt es zu Neuverhandlungen zwischen dem Unternehmen und dem Kreditgeber. Das Unternehmen kann dem Kreditgeber die Zahlung eines Betrags anbieten, der zwar kleiner ist als die ursprünglich vereinbarte Summe aber größer als der Liquidationserlös. Der Anreiz zu Nachverhandlungen wird von beiden Vertragspartnern antizipiert und unterminiert somit den Anreiz des Unternehmers, die vereinbarte Rückzahlung zu leisten. Die Folge ist, daß rentable Investitionsprojekte nicht finanziert werden. Eine mögliche Lösung dieses Problems zeigen Bolton und Scharfstein (1996) auf. Die Autoren analysieren in einem Zwei-Perioden-Modell, wie die Zahl der Gläubiger einen Ausgleich schafft zwischen der Verbesserung der Anreize für den Unternehmer und möglichst effizienter Liquidation. Nachverhandlungen sind in ihrem Modell für den Kreditnehmer umso teurer, je mehr Kreditgeber daran beteiligt sind. Mehrere Kreditbeziehungen verbessern deshalb die Anreize des Unternehmens, keinen strategic default zu begehen. Ist das Unternehmen jedoch tatsächlich nicht in der Lage, die Rückzahlung zu leisten (liquidity default), ist die Wahrscheinlichkeit ineffizienter Liquidation bei mehreren Kreditgebern größer. Bolton und Scharfstein (1996) zeigen, daß die optimale Zahl der Kreditgeber unter anderem von der Qualität des Unternehmens abhängt: für Unternehmen mit niedriger Erfolgswahrscheinlichkeit ist eine einzelne Bankbeziehung vorteilhafter, und für Unternehmen mit hoher Erfolgswahrscheinlichkeit sind mehrere Bankbeziehungen besser. Die Zahl der Bankbeziehungen kann als ein Signal für hohe Rückzahlungswahrscheinlichkeit interpretiert werden und sollte die Wahrscheinlichkeit der Kreditgewährung erhöhen. Diese Argumentation steht im Gegensatz zu den im vorigen Abschnitt angestellten Überlegungen, daß exklusive Bankbeziehungen generell vorteilhaft sind, da sie die Bindung des Unternehmen an eine Bank erleichtern.

Empirische Evidenz zur Zahl der Kreditbeziehungen findet sich teilweise in den oben zitierten Arbeiten zu den Auswirkungen von Bankbeziehungen. In diesen Arbeiten wird die Zahl der Kreditbeziehungen als Indikator für die Intensität der Bankbeziehungen verwendet, ohne, daß dabei allerdings explizit auf das Modell von Bolton und Scharfstein (1996) eingegangen wird. Wie oben dargestellt, finden Petersen und Rajan (1994, 1995), Cole (1998) und Harhoff und

Körting (1998b) einen negativen Einfluß der Zahl der Gläubiger eines Unternehmens auf die Kreditverfügbarkeit und einen positiven Einfluß auf den Kreditzinssatz. Diese Ergebnisse stellen eher Evidenz für die Vermutung dar, daß mehr Kreditbeziehungen ein Indikator für weniger enge Beziehungen sind. In einer weiteren Arbeit untersuchen Harhoff und Körting (1998a) zudem von welchen Faktoren die Zahl der Kreditbeziehungen abhängt, die ein Unternehmen unterhält. Die Autoren kommen zu dem Ergebnis, daß die Zahl der Kreditbeziehungen hauptsächlich durch das Alter und - wie zu erwarten ist - durch die Größe der Unternehmen erklärt wird. Daneben stellen Harhoff und Körting (1998a) unter anderem fest, daß Unternehmen mit einer geringeren Bonität (d.h. Unternehmen, die in den vergangenen Jahren finanzielle Schwierigkeiten hatten) mehr Kreditbeziehungen unterhalten. Dieses Ergebnis widerspricht dem Modell von Bolton und Scharfstein (1996). Signifikant mehr Kreditbeziehungen weisen außerdem diejenigen Unternehmen auf, bei denen sich eine der fünf deutschen Großbanken unter den Kreditgebern befindet. Harhoff und Körting (1998a) interpretieren ihre Ergebnisse als Evidenz dafür, daß die Zahl der Kreditbeziehungen zum einen ein negativer Bonitätsindikator ist und zum anderen von den Unternehmen als Schutzmechanismus gegen eine zu starke Verhandlungsposition einer oder weniger Banken eingesetzt wird. Allerdings begründen die Autoren nicht, warum Großbanken mehr Marktmacht haben sollten, als andere Banken.

3.5 Zusammenfassung und Kritik

Ziel dieses Kapitels war, einen Überblick über die informations- und vertragstheoretischen Ansätze sowie ihre empirischen Umsetzungen zu geben, die sich mit der Frage befassen, die Shleifer und Vishny (1997) als das zentrale Problem jeder Form der Kapitalüberlassung bezeichnen: Wie erreicht ein Finanzier, daß er sein eingesetztes Kapital zurückerhält und für die Bereitstellung entlohnt wird. Dabei wurde zwischen der Eigenkapital- und der Fremdkapitalvergabe differenziert, da beide Finanzierungsformen zum Teil mit unterschiedlichen Konflikten zwischen Kapitalgebern und -nehmern verbunden sind.

Die Informationsökonomik und die Vertragstheorie gewähren wichtige Einsichten in die Konsequenzen von Unvollkommenheiten auf Kredit- und Kapitalmärkten. Sie betonen insbesondere die Bedeutung asymmetrischer Information zwischen den Vertragsparteien und die mangelnde Verifizierbarkeit bestimmter Tatbestände gegenüber den Gerichten als Hindernisse bei der Unternehmensfinanzierung. Gleichzeitig zeigen sie, wie bestimmte Mechanismen Informationen übermitteln, Anreize verbessern und Kontrolle ausüben können und so dazu beitragen, Finanzierungsbedingungen zu verbessern oder den Zugang zu Finanzierung überhaupt erst zu ermöglichen. Trotz dieser Möglichkeiten bleibt externe Finanzierung teurer als interne Finanzierung, denn auch die diskutierten Mechanismen verursachen Kosten.

Vertragstheoretische Modelle sind insofern eleganter als informationsökonomische Ansätze als sie die Existenz bestimmter Vertragsformen als optimale Lösung von Informationsproblemen zwischen den Vertragsparteien endogen modellieren. Andererseits thematisiert die Vertragstheorie nicht die Interaktion auf Märkten, sondern die Interaktion zwischen einzelnen repräsentativen Individuen. Die Vertragstheorie ist deshalb nicht in der Lage, Marktergebnisse wie beispielsweise das Phänomen der Kreditrationierung zu erklären. Informationsökonomische Modelle nehmen Vertragsformen dagegen als exogen gegeben an. Die Trennung zwischen Eigen- und Fremdkapitalvergabe ist insofern künstlich, als die Wahl zwischen beiden Finanzierungsformen für die Unternehmen nicht endogen erklärt wird. Kritisch ist auch die Annahme eines kompetitiven Kreditmarkts, die praktisch der gesamten Kreditmarktliteratur zugrunde liegt und die durch die Nullgewinnbedingung der Banken formalisiert wird. Diese Annahme ist wenig realistisch. Hellwig (1997) stellt fest, daß gerade Länder mit einem bankdominierten Finanzsystem wie Deutschland eine lange Tradition der Kartellbildung im Bankwesen haben. Die Bedeutung von Marktmacht für die Funktion von Banken ist bislang relativ wenig erforscht.

Die in diesem Kapitel vorgestellten theoretischen Ansätze stellen kein umfassendes Theoriegebäude dar, sie beleuchten das Thema Unternehmensfinanzierung vielmehr aus verschiedenen Blickwinkeln. Die Modelle treffen recht unterschiedliche Annahmen über den zugelassenen Aktionenraum und den Zeithorizont der einzelnen Akteure, die Informationskonstellation sowie die Struktur des zeitlichen Ablaufs und - jedenfalls soweit es sich um informationsökonomische Ansätze handelt - über den Kapitalüberlassungsvertrag. Aus diesem Grund ist es nicht möglich, die verschiedenen Ansätze in ein allgemeines umfassendes Modell zu integrieren. Dies hat Konsequenzen für die empirische Umsetzung der Modelle. Es ist praktisch unmöglich, die Strukturparameter der einzelnen Modelle zu schätzen. In der empirischen Literatur wird daher meist pragmatisch vorgegangen und eine ad hoc Spezifikation gewählt. Dabei werden die Aussagen, die aus *verschiedenen* Modellen unter *verschiedenen* Annahmen abgeleitet wurden, in *einer* Spezifikation getestet. Liegt dem datengenerierenden Prozeß tatsächlich eines der zu testenden Modelle zugrunde, müßten die anderen Modelle streng genommen verworfen werden. Dies ist aber häufig nicht der Fall. Besonders deutlich wird dies beispielsweise an den Arbeiten zur Wirkung verschiedener Aktivitäten, mit denen Unternehmen ihre für Investoren unbeobachtbare Qualität signalisieren können (vgl. Abschnitt 3.3.2). Die zu testenden Hypothesen sind meist aus Modellen abgeleitet, die die Signalwirkung jeweils *einer* Aktivität modellieren. Empirisch getestet wird dagegen die Signalwirkung *mehrerer* Aktivitäten, indem die entsprechenden Signalaktivitäten als erklärende Variablen in den jeweiligen Schätzgleichungen eingefügt werden. Die Annahme eines linearen und additiven Zusammenhangs zwischen einzelnen Signalen und der jeweiligen endogenen Variablen ist jedoch theoretisch nicht unbedingt gerechtfertigt. Theoretische Modelle, die die Signalsetzung mit multiplen Signalen modellieren, könnten zu ganz unterschiedlichen Aussagen kommen. Bei den empirischen Arbeiten handelt es sich deshalb nicht um formale Tests unterschiedlicher Modelle gegeneinander. Die Verwendung von ad hoc-Spezifikationen sollte allerdings nicht als grundsätzliche Schwäche der empirischen Studien gewertet werden. Die isolierte Analyse einzelner Effekte ist in der Empirie nicht möglich, da die ceteris paribus-Annahmen der Theorie in der Realität nicht gegeben sind.

Ein wichtiger Kritikpunkt an der empirischen Literatur zur Eigenkapitalfinanzierung ist, daß sie die Nachfrage und den Zugang der Unternehmen zu externem Eigenkapital nur selten thematisiert, und diejenigen Arbeiten, die sich mit dieser Fragestellung beschäftigen, fokussieren auf börsennotierte Aktiengesellschaften, die - zumindest in Deutschland nur einen sehr geringen Anteil der Unternehmenspopulation ausmachen. In der Bundesrepublik gab es 1994 nach Angaben des Statistischen Bundesamtes (1994b) 2.253 Aktiengesellschaften. Das sind 0,1% aller steuerpflichtigen Unternehmen. Nur 523 Unternehmen waren zudem an der Börse notiert (Statistisches Bundesamt 1994a).[29] Gemessen am Umsatzanteil machten die Aktiengesell-

[29] Unternehmen, deren Stammaktien zum Amtlichen Handel oder zum Geregelten Markt zugelassen waren. Aktuellere Angeben sind nicht verfügbar, da das Statistische Bundesamt die Statistik der Aktienmärkte Ende Juni 1995 eingestellt hat.

schaften 19,6% aus.[30] Diese Zahl macht deutlich, daß es sich bei Aktiengesellschaften um eine spezielle Auswahl, nämlich um sehr große Unternehmen handelt. Dabei sind es gerade kleine und junge Unternehmen, von denen immer wieder behauptet wird, sie leiden unter einer „Eigenkapitallücke“ (vgl. z.B. Hax 1988, Kaufmann 1997). Die Beschränkung empirischer Arbeiten auf börsennotierte Unternehmen, die in der mangelnden Verfügbarkeit von Daten anderer Unternehmen begründet liegt, kann der Thematik folglich nicht gerecht werden.

In der empirischen Literatur zu Determinanten der Kreditverfügbarkeit finden kleine Unternehmen in der jüngsten Zeit zunehmend Beachtung. Dies ist vor allem darauf zurückzuführen, daß entsprechende Daten, meist aus Unternehmensbefragungen, verfügbar werden. Die überwiegende Mehrheit der Arbeiten beziehen sich jedoch auf die Verhältnisse in den USA. Für die Bundesrepublik existierte bis vor kurzem kein geeigneter Datensatz, der die Analyse des Zugangs von Unternehmen zu Kreditfinanzierung ermöglicht. Die Kritik an den empirischen Arbeiten zu den Determinanten von Kreditverfügbarkeit besteht in erster Linie in methodischen Schwächen. Dabei wird vor allem das Problem der nicht zufälligen Stichproben nicht oder nicht befriedigend gelöst.

Diese Arbeit versucht, einen Beitrag zur Schließung dieser Lücken zu leisten. Zu diesem Zweck wurde mit Hilfe einer schriftlichen Unternehmensbefragung eine Datenbasis geschaffen. Die gewählte Vorgehensweise bei der Datenerhebung und der entstandene Datensatz werden im nächsten Kapitel vorgestellt. Inwiefern die empirischen Analysen in dieser Arbeit über die existierende Literatur hinaus gehen und worin ihr Beitrag konkret besteht, wird jeweils in den Kapiteln 5 bis 7 im Zusammenhang erläutert.

[30] Nur Umsatz aus Lieferungen und Leistungen, d.h. ohne Eigenverbrauch.

Kapitel 4

4 Unternehmensbefragung zu Schaffung einer Datenbasis

Wie der Literaturüberblick im vorigen Kapitel deutlich macht, ist die Zahl der empirischen Arbeiten, die sich mit der Unternehmensfinanzierung unter Informationsasymmetrien in Deutschland befassen, sehr gering. Der wichtigste Grund hierfür liegt darin, daß bislang kaum entsprechende Daten zur Verfügung standen. Vor allem über nicht börsennotierte und kleine und mittlere Unternehmen ist der Datenlage sehr spärlich. Deshalb war die Schaffung eines geeigneten Datensatzes erforderlich. Zu diesem Zweck wurde eine schriftliche Befragung unter ost- und westdeutschen Unternehmen des Verarbeitenden Gewerbes und des Baugewerbes durchgeführt. Die Erhebung erfolgte mit finanzieller Unterstützung der Deutschen Forschungsgemeinschaft im Rahmen eines Teilprojekts des Schwerpunktprogramms „Industrieökonomik und Inputmärkte". In diesem Kapitel werden die Konzeption der Befragung und der resultierende Datensatz vorgestellt.

4.1 Stichprobe

Bei der Datenerhebung bot es sich an, soweit wie möglich auf bereits existierende Daten zurückzugreifen und diese durch zusätzliche Informationen zu erweitern. Dieses Vorgehen hat den Vorteil, daß bereits vorhandene Daten nicht doppelt beschafft werden müssen und somit mehr Ressourcen für die Beschaffung zusätzlicher Informationen zur Verfügung stehen. Eine geeignete Datenbasis stellt der Investitionstest dar, einer vom ifo Institut für Wirtschaftsforschung seit 1955 bundesweit (und seit 1991 auch die neuen Bundesländer mit einschließenden) durchgeführten schriftlichen Panel-Befragung, bei der regelmäßig aktuelle Informationen zur Investitionstätigkeit gewonnen werden.[31] Der Hauptvorteil des Rückgriffs auf das Panel des Investitionstests besteht darin, daß für die befragten Unternehmen bereits über eine längere Zeit hinweg umfangreiche Daten existieren. Es liegen sowohl quantitative Daten über Umsatz, Beschäftigte und Investitionstätigkeit als auch qualitative Angaben zu Erwartungen vor. Dies erlaubt es, sich im Fragebogen auf die konkreten Themenbereiche der Finanzierung zu konzentrieren, wodurch auch ein positiver Effekt auf die Antwortbereitschaft erwartet werden kann.

Der Adreßkreis des Investitionstests ist nicht repräsentativ im Sinn eines genauen Abbildes der betrachteten Wirtschaftsbereiche. Die Erhebung dient im ifo Institut zur Prognose der gesamtwirtschaftlichen Investitionstätigkeit dient. Um Aussagen zur Investitionstätigkeit in einzelnen Branchen bzw. Größenklassen machen zu können, findet eine Schichtung nach Branchen und Größe statt. Für die empirischen Analysen in dieser Arbeit ist diese Auswahl allerdings irrelevant. Da keine Lageparameter ermittelt und keine Rückschlüsse auf die Verteilung der Grundgesamtheit aller Unternehmen des Verarbeitenden Gewerbes und des Baugewerbes in Deutschland gezogen werden sollen, ist die Kenntnis der Wahrscheinlichkeiten der einzelnen Unternehmen, in der Stichprobe enthalten zu sein, nicht erforderlich. Ziel der empirischen Analysen in den folgenden Kapiteln sind vielmehr Aussagen über Zusammenhänge zwischen Variablen mittels Regressionsmodellen. Für die Schätzung von Regressionen ist entscheidend, ob die Schichtung nach endogenen Variablen oder nach exogenen Variablen erfolgt (Maddala 1983, Kapitel 6). Im ersten Fall erfordern konsistente Schätzungen die Berücksichtigung der Schichtung. Im linearen Regressionsmodell beispielsweise ist der einfache Kleinst Quadrate-Schätzer inkonsistent. Statt dessen muß der gewichtete Kleinst Quadrate-Schätzer angewandt werden, wobei die Gewichte die Kehrwerte der Auswahlwahrscheinlichkeiten sind. Erfolgt die Schichtung dagegen nach exogenen Variablen, ist die Berücksichtigung bei der Schätzung nicht erforderlich. Da der Adreßkreis des Investitionstests nach den Variablen Unternehmensgröße und der Branche ausgewählt ist, die beide nur als erklärende Variablen verwendet werden, spielt die Nicht-Zufälligkeit der Stichprobe für den Zweck dieser Arbeit keine Rolle. Ei-

[31] Eine ausführliche Beschreibung des Investitionstests findet sich in Oppenländer und Poser (1989), S.187ff.

nen Hinweis darauf, daß die Teilnehmer des Investitionstests in irgendeiner Weise nach dem Untersuchungsgegenstand ausgewählt sind, liegt nicht vor.

Der Investitionstest enthält keine Information darüber, ob es sich bei den befragten Unternehmen um selbständige Gesellschaften oder um Tochterunternehmen einer Muttergesellschaft handelt. Die Finanzierung von Tochterunternehmen erfolgt vermutlich in einigen Fällen über die Muttergesellschaft. Gegenstand dieser Arbeit ist jedoch die Interaktion von Kapitalnachfragern und -anbietern auf dem Kredit- und Beteiligungsmarkt und nicht von Mutter- und Tochterunternehmen. Aus diesem Grund, sowie um zu große Heterogenität in der Stichprobe zu vermeiden, wäre es vorteilhaft gewesen, nur selbständige Unternehmen zu befragen. Da jedoch keine a priori Information über die Selbständigkeit vorlag, war eine solche Auswahl nicht möglich. Für die Durchführung der Befragung wurde aus den Teilnehmern des Investitionstests per Zufallsauswahl eine Stichprobe von rund 4500 Unternehmen gezogen.

4.2 Fragebogen

Die Informationen des Investitionstests sollten um Informationen über die Nachfrageaktivitäten von Unternehmen nach Beteiligungs- und Fremdkapital, über den Erfolg dieser Aktivitäten sowie über potentielle Determinanten des Erfolgs bzw. Mißerfolgs ergänzt werden. Die m. W. nach einzige Erhebung mit einer ähnlichen Zielsetzung, die zum Zeitpunkt der Befragung vorlag, ist der National Survey of Small Business Finances (NSSBF), die im vorigen Kapitel zitierte Unternehmensbefragung, die die Small Business Administration 1988 und 1993 im Kreis kleiner U.S-amerikanischer Firmen durchgeführt hat.[32] Der Fragebogen des NSSBF konnte in vielen Details hilfreiche Anregungen bieten. In einigen Aspekten lehnte sich der im Rahmen dieser Arbeit formulierte Fragebogen bewußt an den NSSBF an, um damit einen Vergleich zu den zitierten amerikanischen Arbeiten zu ermöglichen. Es sei allerdings darauf hingewiesen, daß sowohl die Themenstellung als auch Umfang und Anspruch dieser Erhebung erheblich enger gefaßt sind als beim NSSBF. So wurde beispielsweise darauf verzichtet, Preise für beschafftes Kapital zu erheben, da dies einen unverhältnismäßig hohen Aufwand

[32] Eine Darstellung des Befragungsdesigns findet sich in Cox, Elliehausen und Wolken (1989).

bedeutet hätte. Um beispielsweise den Effektivzins eines Kredits zu erheben, hätte man eine Vielzahl von Informationen benötigt, z.B. wie hoch das Disagio ist, ob es sich um einen fix oder variabel verzinslichen Kredit handelt, an welchen Referenzzinssatz ein variabel verzinster Kredit gebunden ist, um welchen Prozentsatz der geforderte Zinssatz über dem Referenzzinssatz liegt, usw. Angesichts der zur Verfügung stehenden Ressourcen schien der Erhebungsaufwand zu hoch. Um einen die spezifischen Bedingungen der deutschen Finanzierungspraxis berücksichtigenden Fragebogen zu konzipieren, wurden bei der Fragebogenkonstruktion Experten von Banken und Kapitalbeteiligungsgesellschaften aus dem Bereich der Unternehmensfinanzierung konsultiert.

Der fertiggestellte Fragebogen wurde einem ausführlichen Pretest unterzogen, der in zwei Phasen erfolgte. In einer ersten Welle wurde der Fragebogenentwurf von 12 Unternehmen aus dem Großraum München ausgefüllt und anschließend jeweils in einem ausführlichen persönlichen Gespräch diskutiert. Die Auswertung der ersten Welle erbrachte einige wichtige Erkenntnisse. Beispielsweise zeigte sich, daß viele Unternehmen, vor allem kleinere, nicht bereit waren, konkrete Angaben zur finanzwirtschaftlichen Situation zu machen. Auf Basis der gewonnenen Erkenntnisse wurde der Fragebogen modifiziert. Um z.B. trotz der Zurückhaltung der Unternehmen Informationen zur finanzwirtschaftlichen Situation zu erhalten, wurden die Wertebereiche einiger zentraler Variablen in mehrere Kategorien unterteilt, so daß die Beantworter des Fragebogens nur angeben mußten, zu welcher Kategorie ihr Unternehmen gehört. In einer zweiten Welle wurde der modifizierte Fragebogen bundesweit an am Investitionstest teilnehmende Unternehmen verschickt. Nach Rücklauf der ausgefüllten Fragebögen wurden die 57 Teilnehmer der zweiten Pretest-Welle telefonisch zu ihren Erfahrungen beim Ausfüllen des Fragebogens befragt. Auf Basis der dadurch gewonnenen Informationen wurde der Fragebogen nochmals überarbeitet.

Der Fragebogen befindet sich zusammen mit dem Anschreiben im Anhang. Er gliedert sich in vier Themenkomplexe. In einem ersten Teil werden Fragen zu den Eigentums- und Kontrollverhältnissen im Unternehmen gestellt. Der zweite und dritte Teil befassen sich mit der Nachfrage und der Beschaffung von Eigen- und Fremdkapital. Die Fragen beziehen sich auf die jeweils jüngsten Aktivitäten, die die Unternehmen zur Beschaffung von Fremd- bzw. Beteiligungskapital unternommen haben. Da insbesondere die Aufnahme externen Eigenkapitals nur mit relativ großen Zeitabständen erfolgt, schien ein jährlicher Befragungshorizont zu kurz. Deshalb beziehen sich die Fragen im zweiten und dritten Abschnitt auf den gesamten Zeitraum von 1992 bis 1996. Im abschließenden vierten Themenbereich werden Daten zur aktuellen und zur vergangenen wirtschaftlichen Situation der Unternehmen erhoben.

4.3 Rücklauf

In der Woche vom 12.5. bis 16.5.1997 wurden die Fragebögen an die per Zufallsauswahl aus dem Investitionstest ausgewählten Unternehmen versandt. Die Unternehmen wurden gebeten, die Fragebögen bis 6.6.1997 zurückzusenden. In die Datenauswertung wurden dessen ungeachtet alle Fragebögen mit einbezogen, die bis zum 30.9.1997 zurückgesandt wurden. Die Rücklaufquote errechnet sich wie folgt:

Tabelle 4.1

Berechnung der Rücklaufquote

Brutto-Ausgangsstichprobe	4443
-stichprobenneutrale Ausfälle (z. B. unbekannt verzogen, erloschen)	-70
bereinigte Stichprobe	4373
rückgelaufene Fragebögen	1830
Rücklaufquote	**41,85 %**

Unter den Ausfällen befinden sich 70 Unternehmen, die bereits vor dem Versand der Fragebögen erloschen oder unbekannt verzogen waren. Bei der Berechnung der Rücklaufquote wurden sie als stichprobenneutrale Ausfälle behandelt, da die Befragung sich nur an bei Erhalt des Fragebogens existierende Unternehmen richtete.

Die Rücklaufquote von 41,85 % ist für eine Unternehmensbefragung erfreulich hoch ausgefallen.[33] Daneben ist auch die Qualität der ausgefüllten Fragebögen sehr gut. Nur relativ we-

[33] Um das Panel zu schonen, mußte auf eine Mahnaktion verzichtet werden.

nige Antworten wurden verweigert. Auch die auf vertrauliche Daten abzielenden Fragen nach der Eigenkapitalquote und Umsatzrendite des Jahres 1996 wurden von jeweils 94,9 bzw. 94,4 % der Unternehmen beantwortet. Zudem ist der weitgehend fehlerfreie Umgang mit der Filterführung hervorzuheben. Größere Antwortverweigerungen gab es nur bei der Frage nach Angaben aus der Bilanz. Die Unternehmen wurden gebeten, ein vereinfachtes Bilanzschema des letzten verfügbaren Geschäftsjahres auszufüllen. Offenbar waren diese Angaben den meisten Unternehmen zu vertraulich.

Im nächsten Schritt wurde der erhobene Datensatz mit den Angaben derselben Unternehmen aus dem Investitionstest aus den Jahren 1989 bis 1996 verknüpft und aufbereitet. Um zu prüfen, ob das Antwortverhalten der Unternehmen systematisch verzerrt ist, wurden anschließend die Verteilungen einiger zentraler Variablen (Umsatz, Beschäftigte, Wirtschaftsbereich) für die angeschriebenen und für die antwortenden Unternehmen gegenübergestellt. Dabei wurde jeweils auf Daten des Jahres 1996 zurückgegriffen. Die Ergebnisse sind in den Abbildungen 4.1 bis 4.3 dargestellt. Bei den Umsatzgrößenklassen bestehen leichte Verschiebungen. Große Unternehmen mit mehr als 100 Millionen DM Umsatz haben unterdurchschnittlich oft geantwortet. Bei den Beschäftigtengrößenklassen und bei den Wirtschaftsbereichen sind dagegen keine nennenswerten Abweichungen festzustellen. Die Anteile der angeschriebenen und der antwortenden Unternehmen liegen nah beieinander. Da die Wirtschaftsbereiche eine sehr hohe Aggregationsebene darstellen, und um auch eventuelle Verzerrungen innerhalb der einzelnen Wirtschaftsbereiche zu überprüfen, enthält Tabelle A3 des Anhangs die Branchenverteilungen auf der Zwei Steller-Ebene der Systematik des Produzierenden Gewerbes (Sypro) an. Ein Blick auf die einzelnen Branchen zeigt, daß sich die jeweiligen Anteile der angeschriebenen und der antwortenden Unternehmen weitgehend entsprechen.

Abbildung 4.1

Antwortverhalten nach Umsatzgrößenklassen

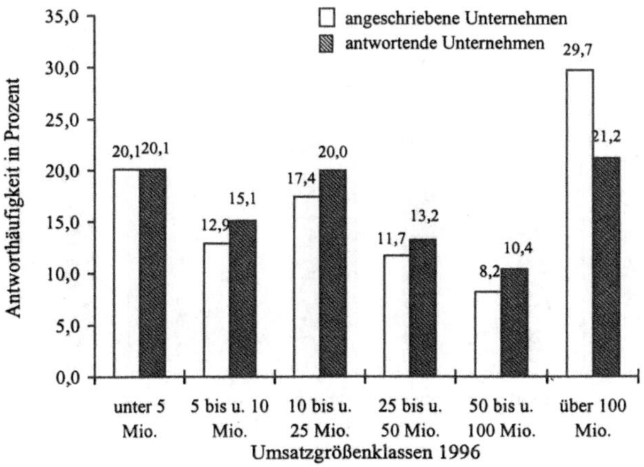

Abbildung 4.2

Antwortverhalten nach Beschäftigtengrößenklassen

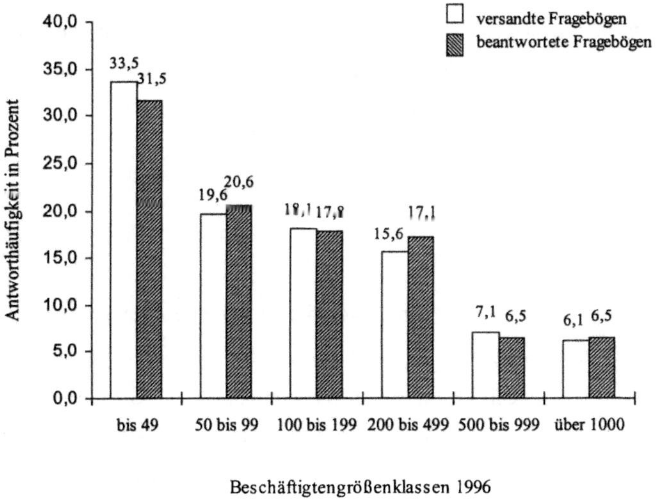

Abbildung 4.3

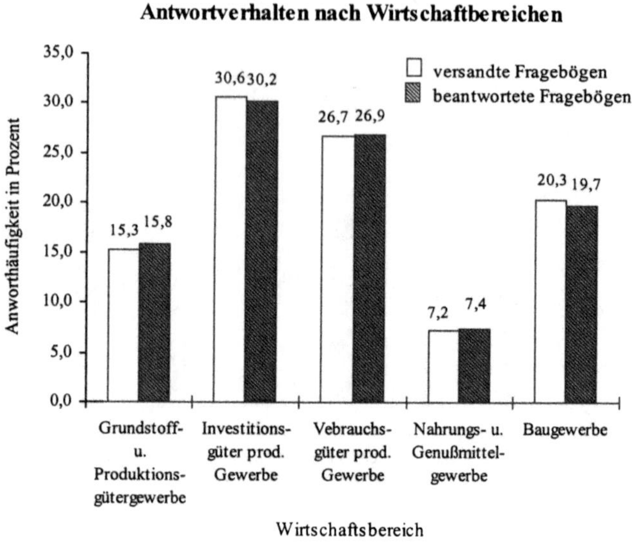

Sieht man von den leichten Abweichungen in bezug auf den Umsatz ab, sind keine Anzeichen für ein selektives Antwortverhalten festzustellen. Die Differenzen beim Umsatz sind für den weiteren Gang dieser Arbeit jedoch nicht weiter gravierend, da der Umsatz in dieser Arbeit nicht als abhängige Variable erklärt werden soll.

4.4 Deskriptive Statistiken

Der gesamte Ablauf der Datenbeschaffung von der Ziehung der Stichprobe bis zur Verknüpfung mit den Investitionstestdaten ist in Abbildung 4.4 noch einmal graphisch dargestellt. Rund 28,2% der antwortenden Unternehmen gaben an, in einem Tochterverhältnis zu stehen. Etwas mehr als die Hälfte der Tochterunternehmen gab weiter an, daß ihre Finanzierung in erster Linie durch die Muttergesellschaft erfolgt. Diese Unternehmen wurden von allen Analysen dieser Arbeit ausgeschlossen. Damit reduzierte sich die Zahl der Antworten auf 1567.

Abbildung 4.4

Konstruktion des Datensatzes

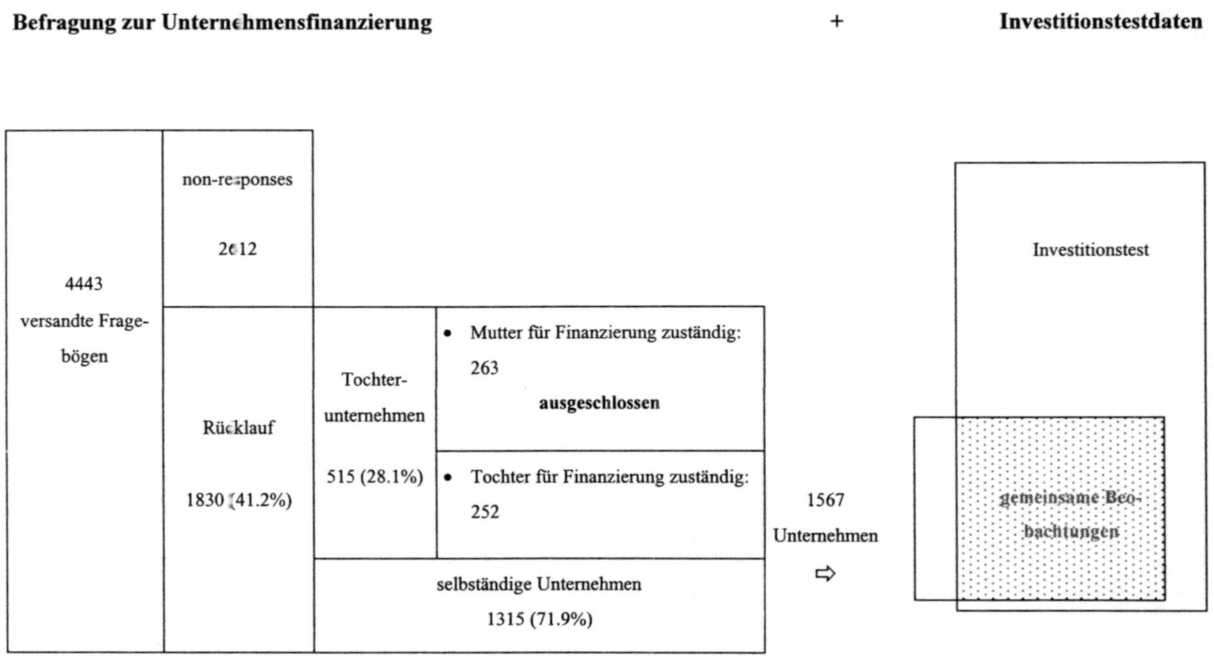

Durch die Verknüpfung mit den Daten des Investitionstests verringerte sich die Zahl der Beobachtungen weiter, da zum einen nicht jedes Unternehmen im gesamten Zeitraum 1989 bis 1996 am Investitionstest teilgenommen hat und zum anderen auch wenn ein Unternehmen den Fragebogen des Investitionstest zurückgeschickt hat, wurden nicht immer alle Fragen beantwortet. Die Zahl der gemeinsamen Beobachtungen im verknüpften Datensatz hängt somit davon ab, welche Variablen berücksichtigt werden sollen.

Um einen ersten Eindruck über die Unternehmen des verknüpften Datensatzes zu erhalten, werden in diesem Abschnitt die relativen Häufigkeiten derjenigen Variablen betrachtet, die für jede der empirischen Analysen in den Kapiteln 5, 6 und 7 relevant sind. Die Darstellung berücksichtigt aus zwei Gründen nicht alle in dieser Arbeit verwendeten Variablen. Erstens ist eine Erläuterung der Motivation und der Konstruktion bestimmter Variablen nur im Kontext der zugehörigen empirischen Analyse sinnvoll und erfolgt deshalb jeweils in dem Kapitel, in dem diese Variablen eine Rolle spielen. Zweitens werden nicht für alle empirischen Arbeiten dieselben Variablen verwendet. Daraus ergibt sich, daß auch nicht für jede Schätzung dieselbe Zahl an Beobachtungen zur Verfügung steht. Insbesondere wenn für eine Schätzung aufgrund verzögerter Werte Angaben aus verschiedenen Perioden vorliegen müssen, reduziert sich die Zahl der Beobachtungen. Deshalb enthalten die Kapitel 5 bis 7 ausführliche deskriptive Statistiken aller jeweils verwendeten Variablen, die sich auf die in dem jeweiligen Kapitel verwendete Stichprobe beziehen.

Tabelle 4.2 gibt einen Überblick über allgemeine Unternehmenscharakteristika. Zugrunde liegen 1371 gemeinsame Beobachtungen. Die Differenz von 196 zu den 1567 Beobachtungen, die nach Abzug derjenigen Unternehmen verbleiben, bei denen die Muttergesellschaft für die Finanzierung zuständig ist, ergibt sich aufgrund fehlender Werte bei einzelnen Variablen entweder aus im Investitionstest oder in der Finanzierungsbefragung. Alle Angaben beziehen sich auf das Jahr 1996.

Tabelle 4.2

Charakterisierung der antwortenden Unternehmen

	Zahl der Unternehmen	Anteil in %
Konzernzugehörigkeit		
Unabhängige Unternehmen	1147	83,7
Tochterunternehmen	224	16,3
Herkunft		
alte Bundesländer	840	61,3
neue Bundesländer	531	38,7
Rechtsform		
Einzelunternehmen	57	4,2
OHG	16	1,2
KG	73	5,3
GmbH	789	57,6
GmbH&Co KG	353	25,8
AG/KGaA	63	4,6
Sonstige	20	1,5
Alter		
bis 5 Jahre	67	4,9
6 bis 10 Jahre	487	35,5
11 bis 30 Jahre	46	3,4
über 30 Jahre	771	56,2
Beschäftigtengrößenklassen		
bis 50	472	34,4
50 bis 100	313	22,8
100 bis 200	251	18,3
200 bis 500	204	14,9
500 bis 1000	69	5,0
1000 und mehr	62	4,5

Fortsetzung Tabelle 4.2

Umsatzrendite		
bis unter 3%	697	50,8
3% bis unter 7%	381	27,8
7% bis unter 10%	165	12,0
10% und mehr	128	9,3
Eigenkapitalquote		
bis unter 5%	153	11,2
5% bis unter 10%	193	14,1
10% bis unter 25%	362	26,4
25% und mehr	663	48,4

Fast 84% der Unternehmen selbständig in dem Sinn, daß sie sich nicht einem Konzern oder einer Muttergesellschaft zugehörig fühlen. Der relativ geringe Anteil der Tochterunternehmen im Datensatz ist für die Zielsetzung der Arbeit positiv zu bewerten. Diejenigen Unternehmen, die angaben, daß das Mutterunternehmen für die Finanzierung zuständig ist, sind zwar bereits ausgeschlossen. Es ist jedoch trotzdem nicht auszuschließen, daß auch bei den verbleibenden Tochterunternehmen die Muttergesellschaften zumindest Einfluß auf Finanzierungsangelegenheiten haben. Aufgrund des geringen Anteils der Tochterunternehmen ist jedoch zu erwarten, daß sie die Schätzergebnisse nicht allzu stark beeinflussen. In bezug auf die regionale Herkunft ist der Datensatz ausgewogen. Gut 60% der Unternehmen sind aus den alten Bundesländern, knapp 40% aus den neuen Bundesländern. Eng mit der regionalen Herkunft korreliert ist das Alter der Unternehmen. Der Datensatz enthält überwiegend Unternehmen, die mehr als 30 Jahre alt sind. Unter den jüngeren Unternehmen bis 5 Jahre oder bis 10 Jahre stammt ein überdurchschnittlich hoher Anteil aus Ostdeutschland.

Als ein Vorteil des Datensatzes ist die Heterogenität bei den Rechtsformen und der Unternehmensgröße zu bewerten. Während sich die meisten empirischen Studien auf Aktiengesellschaften oder auf ein bestimmtes Größensegment beschränken, sind hier Unternehmen aller

Größenklassen und unterschiedlicher Rechtsformen vertreten.[34] Den Schwerpunkt in bezug auf die Unternehmensgröße bilden kleine und mittlere Unternehmen. Rund ein Drittel haben unter 50 Beschäftigte, bei fast 60% sind es unter 100 Mitarbeiter. Ungeachtet der Dominanz mittelständischer Betriebe sind auch große Unternehmen vertreten. Knapp ein Zehntel hat 500 Beschäftigten und mehr, und der Anteil der Unternehmen mit 1000 Beschäftigten liegt bei 4,5%.[35] Bei den Rechtsformen dominieren die Kapitalgesellschaften. Rund 58% der Unternehmen sind Gesellschaften mit beschränkter Haftung (GmbH), gut ein Viertel GmbH&Co KGs. Aktiengesellschaften (AG) und Kommanditgesellschaften auf Aktien (KGaA) spielen eine untergeordnete Rolle. Gemeinsam machen sie weniger als 5% aus. Der Anteil der Personengesellschaften liegt bei insgesamt rund 10%, davon sind die Hälfte Kommanditgesellschaften (KG).

Die finanzwirtschaftliche Situation der Unternehmen wird durch die Umsatzrendite und die Eigenkapitalquote des Jahres 1996 abgebildet. Die Umsatzrendite gibt den Gewinn pro umgesetzter DM an und ist ein Maß für die Profitabilität eines Unternehmens. Die Eigenkapitalquote ist der Anteil des Eigenkapitals am Gesamtkapital und gilt als ein Maß für die finanzielle Stabilität eines Unternehmens. Rund die Hälfte der Unternehmen hat eine Umsatzrendite von bis zu 3%. Die größte Kategorie mit einer Umsatzrendite von 10% und mehr erreicht nur knapp ein Zehntel. Fast die Hälfte der Unternehmen weist eine Eigenkapitalquote von 25% und mehr auf. Unternehmen mit weniger als 5% Eigenkapitalquote machen nur gut ein Zehntel der Stichprobe aus.

Auch in bezug auf die vertretenen Branchen ist der Datensatz heterogen. Tabelle 4.3 gibt die Branchenverteilung auf der zweistelligen Sypro-Ebene an. Wenn einzelne Branchen sehr dünn besetzt sind, wurden sie mit verwandten Branchen zusammengefaßt. Das Baugewerbe macht

---

[34] Arbeiten, in denen Q-Gleichungen geschätzt werden (z. B, Hoshi, Kashyap und Scharfstein 1990 und Albach und Elston 1995), müssen sich auf börsennotierte und damit meist auf große Unternehmen beschränken. Die Arbeiten, die auf die Daten des NSSBF zurückgreifen (Petersen und Rajan 1994, 1995, Berger und Udell 1995, Cole 1998), berücksichtigen nur kleine Unternehmen. Dasselbe gilt für Harhoff und Körting (1998a, b), und Elsas und Krahnen (1998) verwenden ausschließlich mittlere Unternehmen.

[35] Die im Vergleich zu Abbildung 4.2 leicht differierenden Anteilswerte sind dadurch bedingt, daß hier nur Unternehmen berücksichtigt sind, bei denen Angaben zu allen betrachteten Variablen vorliegen, während dies in Abbildung 4.2 nicht der Fall ist.

rund ein Fünftel aus, vier Fünftel der Unternehmen sind dem Verarbeitenden Gewerbe zuzuordnen. Innerhalb des Verarbeitenden Gewerbes bilden Maschinenbau, Büromaschinen und EDV sowie Holzbe- und -verarbeitung und Papiererzeugung und -verarbeitung Schwerpunkte.

Tabelle 4.3

Branchenzugehörigkeit der antwortenden Unternehmen

SYPRO Klassifikation	Branche	Zahl der Unternehmen	Anteil in %
22,40	Mineralölverarbeitung, Chemie	37	2,7
58, 59	Kunststoffwaren, Gummiverarbeitung	54	3,9
25, 51, 52	Steine u. Erden, Feinkeramik, Glas	93	6,8
27, 28, 29	Eisenschaffende Industrie, NE-Metalle, Gießerei	34	2,5
30, 31	Stahlverformung, Ziehereien, Stahlbau	105	7,7
32, 50	Maschinenbau, Büromaschinen, EDV	128	9,3
33, 34, 35	Straßenfahrzeugbau, Schiffbau, Luft- und Raumfahrtzeugbau	22	1,6
36, 37	Elektronik, Feinmechanik, Optik	83	6,1
38, 39	EBM-Waren, Musikinstrumente	83	6,1
53-56	Holzbearbeitung u. Holzverarbeitung, Papiererzeugung und -verarbeitung	157	11,5
57	Druckerei	88	6,4
61-64	Leder, Textil- und Bekleidungsgewerbe	114	8,3
68, 69	Ernährungsgewerbe, Tabakverarbeitung	87	6,4
80	Baugewerbe	286	20,9

Kapitel 5

5 Autonomiestreben und die Nachfrage nach Eigenkapital

Die Darstellung der gesamtwirtschaftlichen Finanzierungsströme in Kapitel 2 hat gezeigt, daß die Beschaffung externen Eigenkapitals bei der Unternehmensfinanzierung eine vernachlässigbare Rolle spielt. Diese Beobachtung ist unabhängig davon, ob man die traditionelle oder die modifizierte flow of funds-Darstellung heranzieht. Um die Eigenkapitalfinanzierung der Unternehmen wird in Deutschland seit vielen Jahren eine kontroverse Diskussion geführt. Viele Autoren sind der Ansicht, den Unternehmen stehe zu wenig Eigenkapital zur Verfügung. Häufig wird sogar von „Eigenkapitalmangel“ oder einer „Eigenkapitallücke“ gesprochen (vgl. z.B. Jahresgutachten 1995/96 des Sachverständigenrates, Ziffer 282). Dieses Kapitel geht der Frage nach, inwiefern Unternehmen Restriktionen bei der Beschaffung von Beteiligungskapital unterliegen. Der erste Abschnitt resümiert den Stand der in erster Linie wirtschaftspolitischen Diskussion um eine Eigenkapitallücke. In dieser Diskussion werden vor allem institutionelle Hemmnisse als Gründe für ein beschränktes Angebot an Beteiligungskapital erachtet und Vorschläge zur Beseitigung der Hemmnisse formuliert. Allerdings greift diese Argumentation zu kurz. Abschnitt 5.2 stellt komplementäre Erklärungen für die geringe Attraktivität von externem Beteiligungskapital vor: die Offenbarung von Informationen an Investoren und die Gewährung von Stimmrechten für neue Anteilseigner stellen zwar mögliche Lösungen der Informations-, Anreiz- und Verifizierungsprobleme dar, sie können für das Unternehmen bzw. seine bisherigen Anteilseigner jedoch mit gravierenden Nachteilen oder Kosten verbunden sein. Diese Kosten machen die externe Eigenkapitalaufnahme zu einer teuren und unattraktiven Finanzierungsform, unabhängig davon, ob institutionelle Hemmnisse bestehen und können als eine Form von Finanzierungsrestriktionen interpretiert werden. Ziel des dritten Abschnitts ist es, dieses Argument auf Basis der Umfragedaten empirisch zu überprüfen. Der vierte Abschnitt faßt die Ergebnisse dieses Kapitals zusammen.

5.1 Die These einer Eigenkapitallücke

Das folgende Resümee der Diskussion um die These einer Eigenkapitallücke stellt die in diesem Zusammenhang genannten Funktionen von Eigenkapital, die empirische Illustration für die Existenz von Eigenkapitalmangel sowie mögliche Gründe hierfür vor. Der Abschnitt endet mit einer Kritik, die begründet, warum die Diskussion um die Eigenkapitallücke zu kurz greift.

5.1.1 Die Funktionen von Eigenkapital

Eigenkapital übernimmt im Verlustfall die Haftungsfunktion und verringert so die Gefahr der Insolvenz. Eng damit verbunden ist die Bedeutung der Eigenkapitalausstattung für die Beschaffung von Fremdkapital: Je höher die Eigenkapitalquote, desto geringer ist das Ausfallrisiko für die Fremdkapitalgeber und desto leichter ist deshalb die Beschaffung von Fremdkapital. Darüber hinaus ist Eigenkapital auch für die Finanzierung besonders riskanter Projekte wichtig, wie z.B. zur Finanzierung innovativer Unternehmensgründungen. Innovative und junge Unternehmen sind in besonderem Maß auf Beteiligungskapital angewiesen, da sie aufgrund mangelnder Sicherheiten oft nur begrenzten Zugang zu Fremdkapital haben. Häufig besteht ihr gesamter Wert aus ihren Zukunftsaussichten. Da Fremdkapitalgeber zwar das Risiko des Zahlungsausfalls tragen, im Erfolgsfall jedoch nicht am Gewinn beteiligt sind, ist ihre Bereitschaft zur Finanzierung riskanter Projekte ohnehin relativ gering. Wie in Kapitel 3 diskutiert, können sie erhöhte Risiken aufgrund von adverse selection- und moral hazard-Effekten auch nicht über höhere Zinsforderungen kompensieren. Zweitens müssen junge und innovative Unternehmen in der Anlaufphase häufig hohe Verluste tragen, die bei Kreditfinanzierung zum Konkurs führen würden. Mangelndes Eigenkapital gilt deshalb als Grund für die Krisenanfälligkeit von Unternehmen und als ein wichtiges Hemmnis für Unternehmensgründungen und die Durchführung von Innovationsprojekten (Kaufmann 1997, Deutsche Bundesbank 1994a).

5.1.2 Empirische Illustration von Eigenkapitalmangel

Die Begriffe „Eigenkapitalmangel“ oder „Eigenkapitallücke“ legen die Vorstellung einer Rationierungssituation, d. h. einer unbefriedigten Nachfrage nahe. Die Identifikation einer „eigentlich gewünschten“ im Vergleich zur tatsächlich realisierten Menge an Eigenkapital ist jedoch nur schwer möglich, denn die Gestaltung von Bilanzrelationen ist eine unternehmerische Entscheidung. Die häufig dargestellte (vgl. z.B. Kaufmann und Kokalj 1996, Kaufmann 1997) rückläufige Tendenz der Eigenkapitalquoten westdeutscher Unternehmen (Abbildung 5.1) sowie die im Vergleich mit Großunternehmen geringere und abnehmende Eigenkapitalausstattung kleiner und mittlerer Unternehmen (Abbildung 5.2) ist deshalb mehr als Illustration denn als Beleg zu werten.[36] Eigenkapitalquoten reflektieren die tatsächlich vorhandene Menge an Eigenkapital in den Unternehmen. Sie lassen keine Aussagen über das Verhältnis von Angebot und Nachfrage zu. Schließlich werden als Illustration der Existenz einer Eigenkapitallücke bei deutschen Unternehmen auch internationale Vergleiche herangezogen. Auf Basis der OECD Finanzstatistiken kommt Hax (1988) zu dem Ergebnis, daß die Eigenkapitalquoten in Großbritannien und vor allem in den USA bei weitem höher sind als in Deutschland. Gleichzeitig weist Hax (1988) jedoch auch darauf hin, daß internationale Vergleiche aufgrund der unterschiedlichen Rechnungslegungsvorschriften und unterschiedlicher Definitionen von Eigenkapital in den jeweiligen Ländern wenig aussagekräftig sind.

[36] Datengrundlage ist die Unternehmensbilanzstatistik der Deutschen Bundesbank. Abbildungen 5.1 und 5.2 sind nicht direkt miteinander vergleichbar, da sie auf unterschiedlichem Datenmaterial beruhen. Während die in Abbildung 5.1 verwendeten Daten auf allen bei der Bundesbank eingegangenen Jahresabschlüsse basieren, handelt es sich bei Abbildung 5.2 ausschließlich um diejenigen Unternehmen, für die der Bundesbank Jahresabschlüsse jedes Jahres zwischen 1987 und 1996 vorliegen. Größenspezifische Angaben macht die Bundesbank nur für unverändert bleibende Berichtskreise. Für Ostdeutschland werden aufgrund zu geringer Fallzahlen keine Hochrechnungen durchgeführt.

Abbildung 5.1

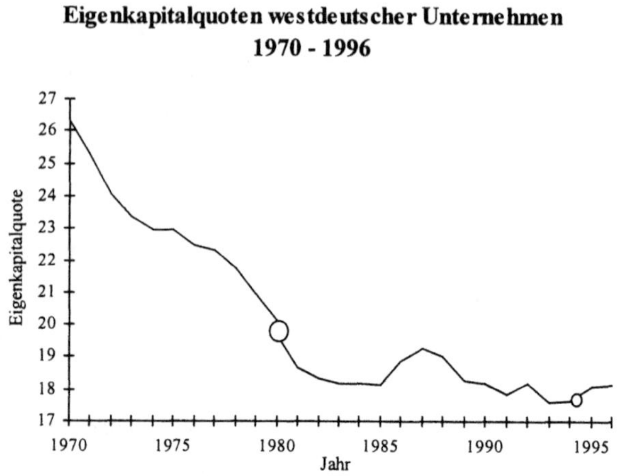

O Bruch aufgrund Änderung des Hochrechnungsverfahrens
Quelle: Deutsche Bundesbank (1997b)

Abbildung 5.2

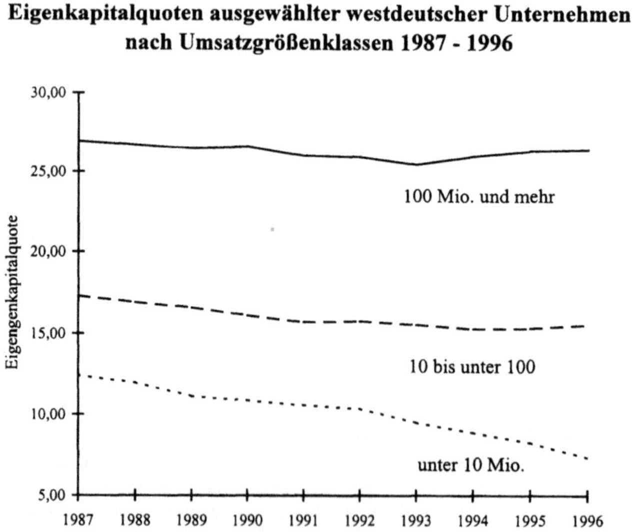

Quelle: Deutsche Bundesbank (1998)

Die Bundesbank (1994a) unternimmt einen Vergleich der durchschnittlichen Eigenkapitalquoten in Deutschland, Frankreich, Italien und Spanien und versucht dabei, diese Unterschiede soweit wie möglich zu eliminieren. Die Studie kommt zu dem Ergebnis, daß bei Neutralisierung der nationalen Unterschiede in der Rechnungslegung die Eigenkapitalausstattung westdeutscher Unternehmen nicht hinter denen der Vergleichsländer zurückbleibt. Die Einbeziehung aller Rechtsformen und Branchen in den Vergleich ist allerdings nicht möglich. Insofern bleibt auch die Aussagefähigkeit der Studie der Bundesbank beschränkt.

5.1.3 Hemmnisse bei der Eigenkapitalbeschaffung

Die Literatur macht eine Reihe von Hemmnissen aus, die die Beschaffung externen Beteiligungskapitals in Deutschland behindern und die vor allem mit der Beobachtung geringerer Eigenkapitalquoten kleinerer Unternehmen konsistent sind. Ob sie auch Gründe für den Rückgang der Eigenkapitalausstattung im Zeitablauf darstellen könnten, wird in der Literatur dagegen nicht diskutiert.

- Der Zugang zur Börse als wichtigstem Markt für die Beschaffung von Eigenkapital ist mit hohen Transaktionskosten verbunden, wie z.B. den Kosten für die Erstellung und Prüfung des Emissionsprospekts. Die Monopolkommission (1998) nennt in ihrem Sondergutachten zu einem funktionsfähigen Finanzsystem Emissionskosten von 6% bis 8% des Ausgabekurswertes. Hinzu kommen laufende Kosten vor allem zur Erfüllung der Rechnungslegungs- und Publizitätsanforderungen. Soweit die Kosten unabhängig vom Emissionsvolumen sind, treffen sie kleine Unternehmen in stärkerem Maß als große Unternehmen. In einem Gutachten zum Thema Wagniskapital beziffert der wissenschaftliche Beirat beim Bundeswirtschaftsministerium (1997) die Mindestkosten der Banken für die Emissionsbegleitung auf 500000 DM.

- Zudem stellen Emissionsbanken Kriterien an die Börsenreife emissionswilliger Unternehmen - meist in Bezug auf Umsatz und Rentabilität -, die über die gesetzlichen Börsenzulassungsvoraussetzungen noch hinaus gehen (Wissenschaftlicher Beirat beim Bundesministerium für Wirtschaft 1997, Gerke et al. 1995) und so den Börsengang kleinerer und weniger renditestarker Unternehmen verhindern. Ein wichtiger Grund für die restriktive Praxis sind die Risiken, die den Emissionsbanken aus der Prospekt- und Beratungshaftung gegenüber den Anlegern entstehen.

- Als ein weiteres institutionelles Hemmnis wird die steuerliche Benachteiligung von Eigenkapital gegenüber Fremdkapital gesehen. Die Steuerbelastungsanalyse in Gerke et al. (1995) zeigt, daß die Finanzierung mit Fremdkapital nicht nur auf der Ebene des Unternehmens vorteilhafter ist als die Finanzierung mit Eigenkapital, sondern auch auf der Ebene des Anteilseigners.

- Asymmetrische Information zwischen einem kapitalnachfragenden Unternehmer und einem potentiellen Investor über die Ertragsaussichten und damit über den wahren Wert der Beteiligung behindern die Aufnahme externen Eigenkapitals. Wenn Investoren den wahren Wert einer Beteiligung nicht kennen, bewerten sie sie mit einem Durchschnittspreis. Wird ein Unternehmen von den Investoren unterbewertet, erhält es für eine Beteiligung weniger als dem wahren Wert entspricht. Hierdurch verringert sich der Anreiz zur Eigenkapitalaufnahme. Auf dieses Argument wurde in Abschnitt 3.1.3 ausführlich eingegangen.

- Schließlich wird argumentiert, mangelnde Kontrollmöglichkeiten der Anteilseigner verhinderten, daß diese ihre Interessen gegenüber Managern bzw. dem Unternehmer wirksam durchsetzen können und senkten deshalb ihre Bereitschaft, Kapital zur Verfügung zu stellen. Als Grund hierfür wird die im Vergleich zu den USA und Großbritannien weniger starke Orientierung an Aktionärsinteressen (Shareholder Value System) und die stärkere Berücksichtigung von Arbeitnehmerinteressen (Stakeholder Value System) gesehen (Hax, 1988). Um für das Risiko opportunistischen Verhaltens des Managements kompensiert zu werden, können Investoren eine Risikoprämie in Form eines Abschlags auf den Preis einer Beteiligung verlangen.

Die aufgeführten Hemmnisse begründen, warum das Angebot an Beteiligungskapital gering und der Preis dafür deshalb relativ hoch ist. Je gravierender die Hemmnisse sind, desto höher - so wird argumentiert - sind die Eigenkapitalkosten und desto geringer fällt deshalb die Nachfrage der Unternehmen nach Eigenkapital aus.

In der Hauptsache sind die angeführten Hemmnisse institutioneller Art. Gegen sie wurden in jüngster Zeit wirtschaftspolitische Maßnahmen ergriffen. Durch das am 1. April 1998 in Kraft getretene Dritte Finanzmarktförderungsgesetz beispielsweise ist die Dauer der Prospekthaftung auf drei Jahre beschränkt worden. Bislang war der Veräußerungsgewinn von Unternehmensbeteiligungsgesellschaften nur dann steuerfrei, wenn die Beteiligung sechs Jahre lang gehalten wurde. Da dies ein Hemmnis ist, Beteiligungen einzugehen, wurde die Frist auf ein Jahr verkürzt. Diese Maßnahme soll die Attraktivität der Unternehmensbeteiligungsgesellschaften erhöhen, die bei der außerbörslichen Eigenkapitalbeschaffung die Funktion von Finanzintermediären einnehmen. Mit der Einführung von Investmentfonds in der Rechtsform der Aktiengesellschaft sollen breitere Anlegerkreise für eine indirekte Beteiligung an risikoreichen jungen Unternehmen gewonnen werden. Mit diesen Maßnahmen ist die frühere Bundesregierung im wesentlichen den Empfehlungen gefolgt, die der wissenschaftliche Beirat im Bundeswirtschaftsministerium im Rahmen seines Gutachtens (1997) gegeben hat.

Mit dem Neuen Markt in Frankfurt, dem Prädikatsmarkt in München oder dem Mittelstandsmarkt Bremen sind in den letzten Jahren neue Börsensegmente eingeführt worden, über die sich speziell junge und technologieorientierte bzw. mittelständische Unternehmen Eigenkapital beschaffen können. Informationsbörsen zum Abbau von Informationsasymmetrien, z.B. das von der Kreditanstalt für Wiederaufbau und der Deutschen Börse AG initiierte Deutsche Eigenkapitalforum oder Informationszentralen bei Industrie- und Handelskammern und Verbänden sollen dazu beitragen, asymmetrische Information zwischen Investoren und kapitalsuchenden Unternehmen abzubauen.

Außerdem ist mit Wegfall der Vermögensteuer die steuerliche Diskriminierung von Eigenkapital reduziert worden. Ungleichbehandlung besteht damit nur noch in bezug auf die Gewerbesteuer vom Ertrag.[37] Die Bedeutung der steuerlichen Benachteiligung ist ohnehin fraglich. So war Beteiligungsfinanzierung in den USA und in Großbritannien auch vor der Abschaffung der Vermögenssteuer in Deutschland gegenüber Fremdfinanzierung sowohl auf der Ebene des Unternehmens als auch auf der Ebene der Anteilseigner wesentlich stärker diskri-

[37] Bei Kapitalgesellschaften unterliegt der Gewinn im Fall von Eigenkapitalfinanzierung in voller Höhe der Gewerbesteuer vom Ertrag. Bei Fremdfinanzierung hingegen unterliegen die langfristigen Zinsen nur zur Hälfte der Gewerbesteuer vom Ertrag .

miniert als in Deutschland (Hax 1988 und Gerke et al. 1995). Während in Deutschland die vom Unternehmen entrichtete Körperschaftsteuer bei der Besteuerung der Dividendenzahlungen auf der Ebene des Kapitalanlegers anrechenbar ist, existiert eine solche Regelung in anderen Ländern nicht, so daß Kapitalerträge dort einer Doppelbesteuerung unterliegen.

Die erwähnten Initiativen und wirtschaftspolitischen Änderungen sind noch sehr jung, zum Teil sind die Maßnahmen erst im Laufe des Jahres 1998 eingeführt worden. Welchen Einfluß sie auf die Eigenkapitalausstattung der Unternehmen haben, wird sich erst in Zukunft zeigen.

5.1.4 Kritik

Während weitgehend Einigkeit darüber herrscht, daß Eigenkapital erstens die Krisenanfälligkeit von Unternehmen verringert und zweitens zur Finanzierung junger Unternehmen und risikoreicher Investitionsprojekte wichtig ist, findet sich in der Literatur zur Eigenkapitallücke keine Identifikation eines gesamtwirtschaftlichen oder unternehmerischen optimalen Niveaus an Eigenkapital. Folglich läßt sich auch kein wirklicher empirischer Beleg für einen Mangel an Eigenkapital finden. Diese Kritik möchte die Existenz der angeführten institutionellen Hemmnisse und den Sinn der wirtschaftspolitischen Maßnahmen dagegen nicht in Zweifel ziehen, allerdings vernachlässigt die Diskussion einen wichtigen Aspekt: Potentielle Investoren benötigen erstens umfangreiche Informationen, um eine Entscheidung über die Vergabe von Eigenkapital treffen zu können und zweitens räumt ein Unternehmen einem neuen Anteilseigner nicht nur einen Anspruch auf Gewinnbeteiligung ein, sondern auch Stimmrechte. Der folgende Abschnitt diskutiert, welche Nachteile den Eigentümern der Unternehmen durch die Offenlegung von Informationen und die Gewährung von Stimmrechten entstehen können und stellt die Hypothese auf, daß diese Nachteile Gründe für die geringe Attraktivität von Beteiligungskapital darstellen. Der dritte Abschnitt testet diese Hypothese empirisch. Damit soll die Diskussion um die Eigenkapitalausstattung der Unternehmen um einen Aspekt ergänzt werden, der in der Literatur wenig Beachtung erfährt.

5.2 Nachteile aus der Offenbarung von Informationen und der Gewährung von Stimmrechten

Investoren benötigen Informationen über die Ertragserwartungen eines Unternehmens, um die Vorteilhaftigkeit eines Engagements beurteilen zu können. Haben sie ihr Kapital in ein Unternehmen investiert und sind zu Anteilseignern geworden, benötigen sie Informations- und Stimmrechte, mit denen sie das Verhalten derjenigen kontrollieren, die im Unternehmen die Entscheidungen treffen. Informationen und Mitspracherechte sind die Voraussetzung dafür, daß Eigenkapitalgeber überhaupt bereit sind zu investieren. Kapitalsuchende Unternehmen müßten deshalb eigentlich freiwillig bereit sein, Finanziers Informationen zur Verfügung zu stellen und ihnen Stimmrechte einzuräumen. In der Realität ist allerdings zu beobachten, daß Unternehmen häufig großen Wert darauf legen, dies zu vermeiden. Eine Befragung von beteiligungskapitalsuchenden Unternehmen einerseits und von potentiellen Kapitalgebern andererseits zeigte beispielsweise, daß zwischen der Informationsbereitschaft der kapitalsuchenden Unternehmen und dem Informationsbedarf der Investoren eine erhebliche Diskrepanz besteht (Gerke, van Rüth und Schöner 1992). Außerdem waren viele der befragten Unternehmen eher bereit, finanzierungsbedingte Risiken durch eine hohe Verschuldung hinzunehmen, als eine fremde Mitsprache im Unternehmen. Häufig wird die ablehnende Haltung gegen Dritte den Inhabern kleiner und mittelständischer Unternehmen zugeschrieben (Gerke et al. 1995). Kaufmann und Kokalj (1996) vermuten, daß die Aufnahme externen Eigenkapitals und damit der Verkauf eines Teils des Unternehmens als ein Signal der Schwäche interpretiert und gesellschaftlich als Scheitern gewertet wird. Eine systematische Analyse der Gründe steht bislang aus. Im folgenden wird argumentiert, daß hinter dem, was manchmal nebulös als „Herr im Haus-Mentalität" oder „patriarchalische Einstellung" der Unternehmen bezeichnet wird, Nachteile oder Kosten stehen können, die den Unternehmen bzw. ihren Eigentümern durch die Offenlegung von Informationen und die Gewährung von Stimmrechten entstehen. Wenn diese Nachteile oder Kosten auch keine eigentliche Beschränkung des Zugangs zu externem Eigenkapital darstellen, können sie doch als eine Form von Finanzierungsrestriktionen interpretiert werden, denn hätten Investoren vollständige Information und bestünden keine Anreiz- und Verifizierungsprobleme, wären die Preisgabe von Informationen und die Gewährung von Stimmrechten überflüssig und die damit verbundenen Kosten fielen nicht an.

5.2.1 Der Verlust von Innovationsrenten

Um überhaupt neue Anteilseigner zu gewinnen, muß ein Unternehmen potentielle Kapitalgeber zunächst umfassend informieren. Die Offenbarung von Informationen kann jedoch vor allem für innovative Unternehmen nachteilig sein. Die Erträge einer Innovation, z.B. aus der Einführung eines neuen Produkts, hängen in der Regel von einem zeitlichen Vorsprung gegenüber den Konkurrenten ab. Die Offenlegung von Informationen zur Beschaffung externen Eigenkapitals kann den zeitlichen Vorsprung gefährden, den ein Innovator zur Erzielung temporärer Renten auf dem Gütermarkt benötigt. Die offenbarte Information kann den Konkurrenten des Unternehmens bekannt werden, beispielsweise, wenn ein Investor auch Anteilseigner eines Konkurrenzunternehmens ist. Erhält ein Konkurrent früh Informationen über das Innovationsprojekt, kann er rechtzeitig darauf reagieren, im Fall einer Produktinnovation indem er das neue Produkt imitiert. Imitationen erhöhen das Angebot des neuen Produkts und senken bei gegebener Nachfrage den erzielbaren Preis, so daß die Innovationsrenten verschwinden. Den antizipierten Verlust von Innovationsrenten diskutieren beispielsweise Bhattacharya und Chiesa (1995) und Yosha (1995). Daß Unternehmen den Verlust von Innovationsrenten tatsächlich als Gefahr und als Nachteil der Beschaffung von Beteiligungskapital wahrnehmen zeigt die Befragung von Gerke, van Rüth und Schöner (1992), die ergab, daß viele Unternehmen fürchten, „Ziel zahlreicher Kapitalgeber ist die verdeckte Betriebsspionage für die Konkurrenz". Innovative Unternehmen, die Eigenkapital beschaffen möchten, stehen vor einem Dilemma: Offenbaren sie Investoren die Informationen, die zur Einschätzung ihrer Ertragserwartungen erforderlich sind, gefährden sie diese erwarteten Erträge. Wie Krahnen (1994) zeigt, ist die Folge, daß innovative Unternehmen, deren Erträge in besonderem Maß von Geheimhaltung abhängen, auf die Beschaffung von externem Eigenkapital verzichten.

5.2.2 Der Verlust von Private Benefits of Control

Stimmrechte für Anteilseigner sind ein Instrument, mit dem sich Kapitalgeber gegen opportunistisches Verhalten des Managements schützen. Ein Unternehmen, das externes Eigenkapital beschaffen möchte, muß deshalb nicht nur dazu bereit sein, Informationen zu offenbaren, sondern auch Mitspracherechte zu gewähren. Allerdings garantieren Stimmrechte allein noch keine effiziente Kontrolle. Für einzelne kleine Anteilseigner lohnt es sich nicht, Zeit und Kosten für die Wahrnehmung ihrer Kontrollfunktionen aufzuwenden. Wie im Literaturüberblick in Kapitel 3 dargestellt, ist die Konzentration von Stimmrechten ein Mechanismus, der dazu beiträgt, daß tatsächlich Kontrolle ausgeübt wird. Da ein großer Eigentümer einen beträchtlichen Teil der Stimmrechte auf sich vereinigt, hat er die Macht, die Interessen der Anteilseigner durchzusetzen. Darüber hinaus kann die Machtstellung dem kontrollierenden Anteilseigner jedoch auch andere Vorteile bieten. Diese zusätzlichen Vorteile werden in der Literatur als private benefits of control bezeichnet und sind an die Machtposition gebunden, d.h., sie wachsen nur demjenigen zu, der Kontrolle über das Unternehmen ausübt. Private benefits of control können als der Teil des Unternehmensertrags angesehen werden, der Dritten gegenüber nicht verifizierbar ist, während der verifizierbare Teil der auszuschüttende Gewinn ist, der unter allen Anteilseignern entsprechend ihren Anteilen am Unternehmen aufgeteilt wird (Zingales 1994). Zum einen können private benefits of control den verifizierbaren Teil des Unternehmensertrags verringern, z.B. in Form von Eigenkonsum aus den Ressourcen des Unternehmens oder von teuren Privilegien. Zum anderen sind damit nichtpekuniäre Vorteile gemeint, die den übrigen Anteilseignern nicht schaden, wie z. B. Prestige. Die kontrollierende Machtposition und damit der Genuß von private benefits of control erfordern nicht unbedingt die Stimmenmehrheit des großen Anteilseigners. Solange die übrigen Anteile relativ breit gestreut sind, ist die Wahrscheinlichkeit der Koalitionsbildung unter den kleinen Anteilseignern gering, so daß dem großen Eigentümer auch ein Anteil unter 50% ausreichen kann, um das Unternehmen zu dominieren.

Der Verlust von private benefits of control könnte ein Grund für die geringe Attraktivität von Beteiligungskapital sein. Die Beschaffung von Eigenkapital verändert nicht nur die Kapitalstruktur, sondern auch die Eigentümerstruktur und somit das Machtgefüge im Unternehmen. Neues Eigenkapital führt für den kontrollierenden Anteilseigner möglicherweise zum Verlust der private benefits of control. Solange er dafür entschädigt wird, stellt dieser Verlust keinen Hinderungsgrund für neues Eigenkapital dar. Wahrscheinlich ist dies jedoch nicht der Fall: Es liegt in der Natur von private benefits of control, daß sie nur schwer verifizierbar sind, vor allem wenn es sich um nichtpekuniäre Vorteile wie Prestige handelt. Der mächtige Alteigentümer kann einen potentiellen Investor nicht unbedingt von ihrer Höhe überzeugen. Außerdem kann der neue kontrollierende Eigentümer andere Präferenzen haben und z.B. aus Prestige keinen Nutzen ziehen. Wird der Alteigentümer für den Verlust seiner private benefits of control nicht kompensiert, kann es rational sein, auf die Aufnahme neuer Gesellschafter zu verzichten, selbst wenn dies den Verzicht auf die Durchführung rentabler Investitionsprojekte bedeutet.[38] Im Prinzip liegt dieser Überlegung die Idee des Modells von Myers und Majluf (1984) zugrunde, das in Unterabschnitt 3.3.1 ausführlich diskutiert wurde. In diesem Modell wird angenommen, daß zwischen den Investoren und dem Unternehmen asymmetrische Information über den wahren Wert der Beteiligung besteht. Eine der wichtigsten Aussagen des Modells ist, daß ein Unternehmen, dessen Aktien unterbewertet sind, auf die Beschaffung zusätzlichen Eigenkapitals zur Finanzierung eines rentablen Investitionsprojekts verzichtet, wenn der Vermögenstransfer an die neuen Eigentümer den Anteil der Alteigentümer am Ertrag des Investitionsprojekts überwiegt. Im Unterschied zum Modell von Myers und Majluf geht es hier nicht darum, wie sich die Ansprüche der Gesamtheit der Alteigentümer durch die Aufnahme neuer Gesellschafter verändern. Entscheidend ist vielmehr nur, ob der mächtige Eigentümer seine Macht und damit seine private benefits of control verliert.

Daß private benefits of control tatsächlich existieren, zeigt der folgende kurze Überblick über die in der Literatur gefundene empirische Evidenz. Barclay und Holderness (1989) untersuchen für 63 US-amerikanische Unternehmen, ob sich der in privaten Verhandlungen ausgehandelte Preis für den Verkauf großer Aktienpakete vom Börsenkurs der jeweiligen Unternehmen unterscheidet. Dahinter steht die Überlegung, daß der Preis für große Anteile nicht nur den Wert der zukünftigen Dividendenzahlungen widerspiegelt, der allen Aktionären anteilsmäßig zusteht, sondern darüber hinaus den Wert der private benefits of control, die dem Käufer mit dem Erwerb eines großen Anteils zufallen. Die Autoren stellen fest, daß der Preis, zu dem große Aktienpakete (größer als 5% des Aktienkapitals) gehandelt werden, im Durchschnitt um 20% über dem Börsenkurs lagen, der sich nach der Ankündigung des Handels einstellt und argumentieren, daß diese Prämie die private benefits of control reflektieren.

Alternativ zum Kauf eines großen Pakets kann ein Investor auch versuchen, die Kontrolle über ein Unternehmen durch den Ankauf vieler kleiner Anteile zu gewinnen. Zingales (1995)

[38] Dabei wird vorausgesetzt daß der große Alteigentümer genügend Macht hat, um den Beschluß einer Kapitalerhöhung auch gegen die Stimmen kleinerer Anteilseigner zu verhindern.

argumentiert, daß dann auch der Börsenkurs der Aktien des entsprechenden Unternehmens eine „Stimmrechtskomponente“ enthält. Dies wird daran erkennbar, daß Stamm- und Vorzugsaktien börsennotierter Unternehmen zu unterschiedlichen Kursen notieren. Vorzugsaktionäre haben im Gegensatz zu den Stammaktionären in der Hauptversammlung kein Stimmrecht. In vielen Ländern wird beobachtet, daß die mit Stimmrecht ausgestatteten Stammaktien im Durchschnitt höher notieren als Vorzugsaktien. Dies ist selbst dann der Fall, wenn Vorzugsaktien mit dem Recht auf höhere Dividenden ausgestattet sind als Stammaktien. Diese Differenz wird als Stimmrechtsprämie (voting premium) bezeichnet. Sie nimmt durchschnittliche Werte zwischen 5% in den USA (Lease, McConnell und Mikkelson 1983) und 82% in Italien an (Zingales 1994). Dazwischen liegen beispielsweise Großbritannien mit 13% und 20% in der Schweiz (vgl. Rydqvist 1992 und Zingales 1994 sowie die darin zitierte Literatur). Die großen internationalen Unterschiede werden mit unterschiedlich stark ausgeprägten Regelungen des Minderheitenschutzes in den einzelnen Ländern erklärt. Je schlechter die Minderheitsaktionäre geschützt sind, desto mehr private benefits of control haben die Großaktionäre.[39] Die Höhe der Stimmrechtsprämie von Stammaktien hängen zum einen von der Höhe der private benefits of control ab (Grossman und Hart 1988, Harris und Raviv 1988) zum anderen von der Wahrscheinlichkeit, daß ein Machtwechsel bevorsteht (Zingales 1995). Ist ein Machtwechsel unwahrscheinlich, hat das Stimmrecht für einen potentiellen Käufer keinen großen Wert.

5.3 Empirische Analyse des Autonomiestrebens

Ziel dieses Abschnitt ist die empirische Analyse der Frage, inwieweit der potentielle Verlust von Innovationsrenten und von private benefits of control durch den bisherigen kontrollierenden Anteilseigner Gründe für die geringe Attraktivität der Beschaffung von Eigenkapital darstellen. Im Prinzip ist dies durch eine Analyse der Determinanten der Nachfrage nach Beteiligungskapital möglich. Allerdings wird die Nachfrage nicht nur durch den erwarteten Verlust von Innovationsrenten und private benefits of control bestimmt, sondern auch durch andere

[39] Berücksichtigt man, daß die Höhe der Stimmrechtsprämie auch vom Anteil der Stammaktien an allen Aktien abhängt und korrigiert die Werte entsprechend, relativieren sich die extrem großen Unterschiede zwischen den einzelnen Ländern etwas (Rydqvist 1992).

Faktoren, wie die Kosten und den Bedarf an zusätzlichem Eigenkapital. Die genannten Determinanten der Eigenkapitalnachfrage sind nicht direkt beobachtbar, sondern hängen selbst wieder von verschiedenen Faktoren ab. Dabei sind diejenigen Variablen im Datensatz, die die Kosten und den Bedarf an Eigenkapital beeinflussen, teilweise identisch sind mit den Variablen, von denen der Verlust von Innovationsrenten und von private benefits of control abhängen. Eine Analyse des Nachfrageverhaltens erlaubt deshalb keine Identifikation der Effekte von Informations- und Stimmrechten. Anstelle der Nachfrage wird deshalb die Variable Autonomiestreben der Unternehmen analysiert. Das Autonomiestreben gibt die Einstellung gegenüber neuen Gesellschaftern an. Die Unternehmen wurden gefragt, ob sie die Mitsprache neuer Gesellschafter ablehnen. Der Vorteil dieser Variable besteht darin, daß sie sich konkret auf die Einflußnahme neuer Anteilseigner bezieht. Deshalb kann davon ausgegangen werden, daß sie in erster Linie von den Nachteilen aus der Gewährung von Informationen und Stimmrechten abhängt und nicht von anderen Determinanten der Eigenkapitalnachfrage. Im folgenden werden zunächst kurz die Variablen vorgestellt, die in der empirischen Analyse genutzt werden. Anschließend werden Hypothesen über die Determinanten des Autonomiestrebens formuliert und das gewählte Schätzverfahren vorgestellt. Nach den Regressionsergebnissen werden im letzten Abschnitt Simulationsergebnisse vorgestellt.

5.3.1 Deskriptive Statistiken

Tabelle 5.1 enthält eine Beschreibung und die deskriptiven Statistiken der in der empirischen Analyse verwendeten Variablen. Nach Eliminieren der unvollständigen Beobachtungen standen 883 vollständige Beobachtungen für die Analyse zur Verfügung.

Autonomiestreben wird durch die binäre Variable *autonom* gemessen, die den Wert eins annimmt, wenn neue Eigentümer im befragten generell Unternehmen abgelehnt werden und null sonst. Die Variable *autonom* wurde nur von denjenigen Unternehmen erfragt, die angaben, kein Eigenkapital nachgefragt zu haben. Ob ein Unternehmen externes Eigenkapital nachgefragt hat, wird durch die binäre Variable *nodem* gemessen. Aus schätztechnischen Gründen ist *nodem* so definiert, daß die Variable den Wert eins annimmt, falls ein Unternehmen kein Eigenkapital nachgefragt hat und null sonst. Da sich schon im Verlauf des Pretests zeigte, daß die Beschaffung von Beteiligungskapital in einem Unternehmen nur sehr selten stattfindet, bezogen sich die Fragen zu diesem Themenkomplex auf den relativ langen Zeitraum von 1992 bis 1996. Unabhängig davon bezogen die befragten Unternehmen auch das Jahr 1997 in ihre Antworten mit ein. *Autonom* und *nodem* beziehen sich deshalb beide auf den gesamten Zeitraum 1992 bis 1997. Das Interesse der befragten Unternehmen an der Aufnahme externen Eigenkapitals war insgesamt sehr gering. Nur knapp 13% fragten zwischen 1992 bis 1997 externes Eigenkapital nach.[40] Von denjenigen, die kein externes Eigenkapital nachfragten, gaben 42% an, daß sie die Aufnahme neuer Gesellschafter ablehnen.

Legal gibt die Rechtsform der Unternehmen an, die in mehrere Gruppen zusammengefaßt wurden. Am häufigsten sind GmbHs vertreten, die mehr als die Hälfte der Unternehmen ausmachen, gefolgt von KGs und GmbH&Co KGs mit einem Drittel. Der Anteil der Einzelunternehmen und OHGs liegt zusammen bei 6%, Aktiengesellschaften machen 5% aus. Die Trennung von Eigentum und Management im Unternehmen wird durch die Dummyvariable *ownermanaged* gemessen, die den Wert eins annimmt, wenn der Haupteigentümer am Management des Unternehmens beteiligt ist und null sonst.

[40] Da es hier nur um die Beschaffung externen Eigenkapitals geht, wurden Unternehmen, die Eigenkapital im bestehenden Gesellschafterkreis nachfragten, von der Analyse ausgeschlossen.

Tabelle 5.1

Variablenbeschreibung und deskriptive Statistiken

Variablenname	Beschreibung	Mittelwert	Standardabweichung
Abhängige Variablen			
nodem	Eigenkapitalnachfrage =1, falls 1992 bis 1997 **keine** Nachfrage nach externem Eigenkapital	0,87	0,33
autonom[1]	Autonomiestreben =1, falls das Unternehmen neue Anteilseigner ablehnt	0,42	0,49
Erklärende Variablen			
legal=1	Einzelunternehmen oder OHG	0,06	0,25
legal=2	KG oder GmbH&Co KG	0,33	0,47
legal=3	GmbH	0,56	0,50
legal=4	AG oder KGaA	0,05	0,21
ownermanaged	Haupteigentümer ist am Management beteiligt	0,73	0,45
person	Haupteigentümer ist eine Person bzw. Familie	0,83	0,38
*cr*1	Anteil des Haupteigentümers	63,8	29,2
board	Unternehmen hat ein Kontrollorgan	0,23	0,42
incentive	Leistungsabhängige Entlohnung des Managements	0,46	0,50
inno	Umsatzanteil neuer Produkte (Kategorien 1 bis 4)	1,59	0,95
eqrat	Eigenkapitalquote (Kategorien 1 bis 4)	3,1	1,0
return	Umsatzrendite (Kategorien 1 bis 4)	1,9	1,0
size	Beschäftigtengrößenklassen (Kategorien 1 bis 4)	2,2	1,47
age	Unternehmensalter in Jahren (Obergrenze 30)	21,9	10,7
subs	Tochterunternehmen	0,14	0,34
east	ostdeutsches Unternehmen	0,35	0,48

[1] *Autonom* ist nur beobachtbar, wenn *nodem*=1.

Ownermanaged ist möglicherweise kein sehr präzises Maß. So könnte es Fälle geben, in denen zwar nicht der größte, aber dafür der zweitgrößte oder irgend ein anderer Miteigentümer Managementfunktionen ausübt. Das entsprechende Unternehmen würde dennoch als managergeführt interpretiert. Aus Platzgründen mußte jedoch leider auf entsprechende Fragen im Fragebogen verzichtet werden. Zudem gibt es Unternehmen, in denen der Haupteigentümer zwar Manager ist, sein Anteil am Unternehmen jedoch sehr gering ist, so daß Eigentum und Kontrolle in diesem Fall eher als anzusehen getrennt sind. Die Eigentumsverhältnisse im Unternehmen werden durch die Dummyvariable *person* beschrieben, die angibt, ob der Haupteigentümer eine Person bzw. Familie (*person*=1) oder ein Unternehmen bzw. ein sonstiger Eigentümer (*person*=0) ist.[41] Weiterhin werden die Eigentumsverhältnisse durch die Konzentrationsrate *cr*1 charakterisiert, die den Anteil des größten Eigentümers am Unternehmen angibt. *Board* und *incentive* sind zwei Dummyvariablen, die angeben, ob es in einem Unternehmen ein Kontrollorgan wie z.B. einen Aufsichtsrat oder einen Beirat gibt und ob die Entlohnung des Managements in irgendeiner Weise leistungsabhängig ist. *Inno* ist ein Indikator für die Innovativität der Unternehmen und gibt den Umsatzanteil von Produkten an, die es vor drei Jahren in den jeweiligen Unternehmen noch nicht gab. *Inno* wurde als kategoriale Variable mit vier Ausprägungen erhoben, wobei eins für unter 10% steht, zwei für 10% bis unter 30%, drei für 30% bis unter 50% und vier für 50% und mehr. Wie in Kapitel 3 beschrieben, liegen auch die Eigenkapitalquote und die Umsatzrendite als kategoriale Variablen vor. Da Mittelwerte für kategoriale Variablen wenig aussagekräftig sind, sind in den Abbildungen 5.3 bis 5.6 die Häufigkeitsverteilung dargestellt. Bei den Beschäftigtengrößenklassen wurden im Vergleich zu Kapitel 3 die beiden kleinsten und die beiden größten Kategorien zusammengefaßt.

autonom und *nodem* beziehen sich auf den gesamten Zeitraum 1992 bis 1997. Um Simultanitätsprobleme zu vermeiden, wurde für diejenigen potentiellen erklärenden Variablen, die im Unternehmen jährlich anfallen (*eqrat*, *return* und *inno*) jeweils der Wert des Jahres 1992 herangezogen. Auch *board* und *incentive* beziehen sich auf 1992. Diese Vorgehensweise war nicht für alle Variablen praktikabel, denn es hätte bedeutet, für sämtliche Variablen nicht nur aktuelle, sondern auch vergangene Werte bis in das Jahr 1992 zurück zu erheben.

---

[41] Es gab 25 Unternehmen, die einen sonstigen Haupteigentümer angaben, ohne ihn genauer zu spezifizieren.

Abbildung 5.3

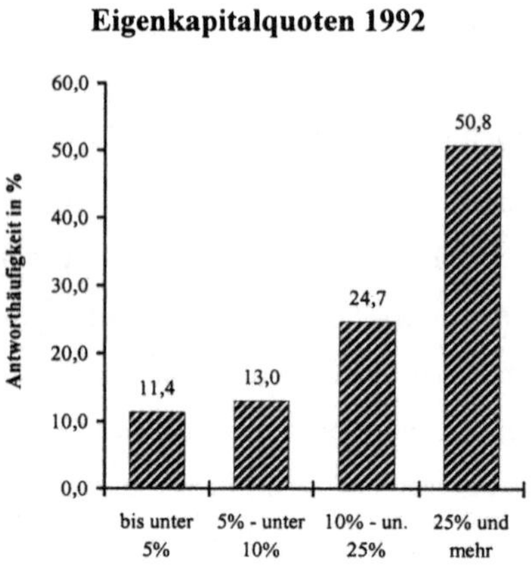

Abbildung 5.4

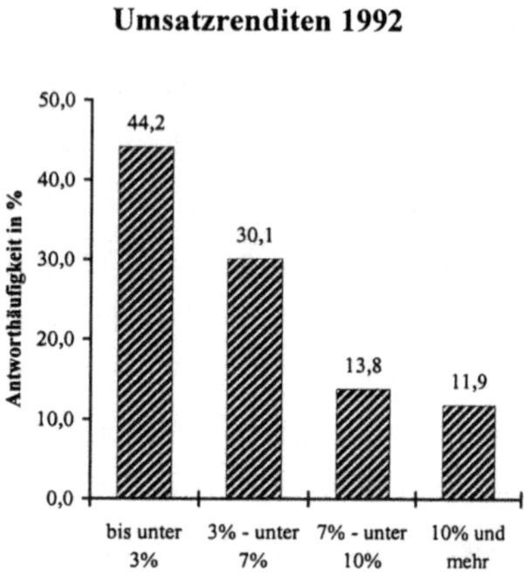

Abbildung 5.5

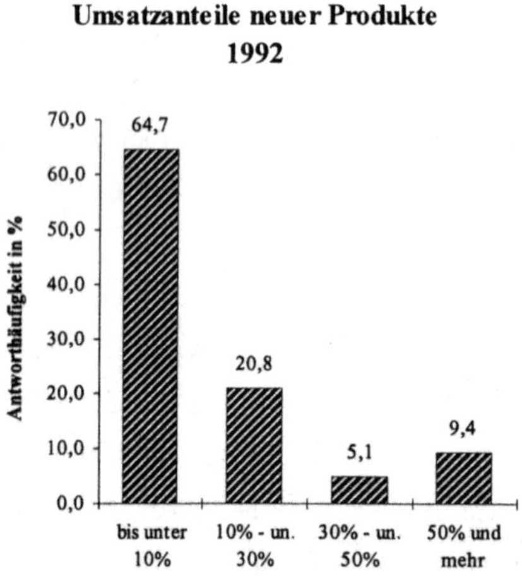

Abbildung 5.6

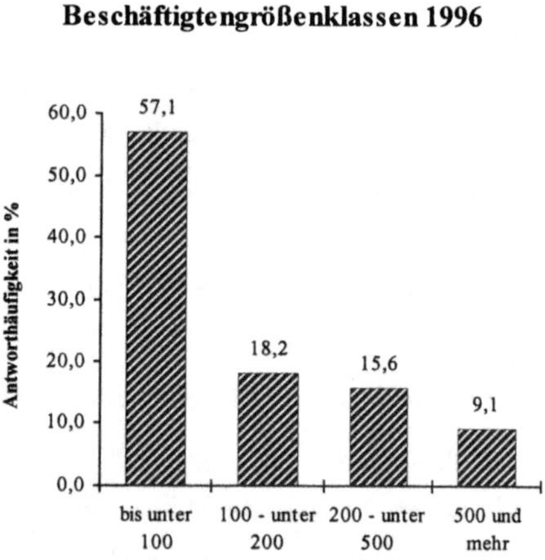

Für Variablen wie Rechtsform, Anteil des Haupteigentümers oder seine Beteiligung am Management hätte dies die Antwortbereitschaft und -fähigkeit der Unternehmen mit großer Wahrscheinlichkeit überfordert. Für *person, ownermanaged, legal* und *cr*1 wurden deshalb nur aktuelle Informationen, d.h. für das Jahr 1996 erhoben. Da es sich hierbei um Variablen handelt, die sich im Zeitablauf vermutlich selten ändern, scheint diese Vorgehensweise vertretbar. Für die Beschäftigtengrößenklassen *size*, die aus den Angaben des Investitionstests stammen, liegen im Prinzip Werte für das Jahr 1992 vor. Da sich die Zahl der verfügbaren Beobachtungen bei Verwendung der Werte für 1992 jedoch erheblich reduziert hätte, wurden für *size* die Werte des Jahres 1996 herangezogen. Dieses Vorgehen ist ebenfalls vertretbar, denn es zeigte sich, daß sich bei der Mehrzahl der Unternehmen, für die *size* zu beiden Zeitpunkten beobachtbar ist, die Größenklasse nicht geändert hat.

Insgesamt sind die unterschiedlichen zeitlichen Bezüge der Variablen nicht ganz befriedigend. Die Alternative hätte jedoch einen erheblichen Mehraufwand bei der Datenerhebung bedeutet, der sowohl die vorgegebene Länge des Fragebogens[42] als auch die zur Verfügung stehenden finanziellen Mittel überstiegen hätte. Die gewählte Vorgehensweise stellt einen praktikablen Kompromiß dar und scheint aus den oben erläuterten Gründen gerechtfertigt.

Die Tatsache, daß nicht für alle Unternehmen alle erforderlichen Angaben vorlagen und daß der hier verwendete Datensatz im Vergleich zu Kapitel 3 folglich kleiner ist, scheint nicht zu größeren Verzerrungen geführt zu haben. Dies zeigt der Vergleich zwischen dem hier verwendeten Datensatz und dem ursprünglichen Datensatz, der sich aus der Umfrage nach der Verknüpfung mit dem Investitionstest ergab. Leichte Abweichungen sind lediglich bei der Umsatzrendite zu verzeichnen. Die Anteile der unterschiedlichen Rechtsformen, der Tochterunternehmen und der ostdeutschen Unternehmen des hier verwendeten samples und die in Kapitel 3 angegebenen Anteilswerte der entsprechenden Variablen unterscheiden sich dagegen kaum voneinander. Dasselbe gilt für die Beschäftigtengrößenklassen und die Eigenkapitalquote.

---

[42] Um die Antwortbereitschaft der Teilnehmer des Investitionstests nicht zu überfordern, war mit dem ifo Institut maximale Länge von vier Seiten vereinbart worden.

5.3.2 Spezifikation der Gleichung für Autonomiestreben

Der Grad des Autonomiestrebens $autonom_i^*$ ist eine latente Variable, die die Einstellung des Haupteigentümer des Unternehmens i gegenüber der Aufnahme neuer Gesellschafter mißt. Die Einflußfaktoren des Autonomiestrebens werden im Vektor x_i zusammengefaßt. β ist ein Parametervektor, und u_i ist ein unabhängig identisch normalverteilter Störterm.

$$autonom_i^* = \beta' x_i + u_i \tag{5.1}$$

Gemessen wird das Autonomiestreben durch die binäre Variable $autonom_i$, die den Wert 1 annimmt, falls $autonom_i^*$ größer als Null ist und 0 sonst.

$$autonom_i = \begin{cases} 1 & \text{falls } \beta' x_i + u_i > 0 \\ 0 & \text{sonst} \end{cases} \tag{5.2}$$

Die im folgenden formulierten Hypothesen über die Determinanten des Autonomiestrebens geben an, welche Variablen der Vektor x_i enthält. Dabei geht es in erster Linie darum, Determinanten für den potentiellen Verlust von Innovationsrenten und von private benefits of control des kontrollierenden Anteilseigners zu finden.

Der Verlust von Innovationsrenten ist für ein Unternehmen umso gravierender, je größer der Anteil der potentiellen Erträge aus Innovationen an den gesamten zu erzielenden Erträgen ist. Ein Indikator hierfür ist die kategoriale Variable *inno*. Die Verwendung dieses Indikators unterstellt, daß ein Unternehmen, das in der Vergangenheit innovativ war, auch weiterhin innovativ sein wird. Diese Annahme ist empirisch gut abgesichert. Flaig und Stadler (1994 und 1998) stellen beispielsweise fest, daß die Wahrscheinlichkeit, daß ein Unternehmen in der laufenden Periode eine Innovation tätigt, positiv davon abhängt, ob dieses Unternehmen bereits in der Vorperiode eine Innovation durchgeführt hat.

Der Verlust von private benefits of control setzt sich zusammen aus ihrer Höhe und aus der Wahrscheinlichkeit, sie durch neue Anteilseigner zu verlieren. Die Höhe der private benefits of control ist naturgemäß nicht direkt beobachtbar. Ein Indikator hierfür stellt die Variable *ownermanaged* dar. Ein Haupteigentümer, der selbst am Management beteiligt ist, hat zum einen mehr Möglichkeiten, Ressourcen für den persönlichen Konsum aus dem Unternehmen zu ziehen als ein Haupteigentümer, der keine operativen Aufgaben im Unternehmen wahrnimmt. Zum anderen stiftet die Doppelrolle als Unternehmensleiter und kontrollierender Eigentümer möglicherweise mehr Nutzen aus Prestige. Deshalb ist zu erwarten, daß eigentümergeführte Unternehmen die Aufnahme neuer Gesellschafter mit einer größeren Wahrscheinlichkeit ablehnen als managergeführte Unternehmen. Ein weiterer Indikator für die Höhe von private benefits of control ist die Unternehmensgröße. Sowohl Bereicherungsmöglichkeiten als auch Nutzen aus Prestige sind bei großen Unternehmen wahrscheinlich höher als bei kleineren. Zudem unterscheidet sich die Höhe der private benefits of control möglicherweise zwischen Personen und Unternehmen als Haupteigentümer. Für letztere ist der Nutzengewinn aus dem mit der Kontrollposition verbundenen Prestige vermutlich geringer.

Die Wahrscheinlichkeit des kontrollierenden Anteilseigners, private benefits of control durch die Aufnahme eines neuen Gesellschafters zu verlieren, hängt von seinem Anteil am Unternehmen $cr1$ ab. Gehören dem Haupteigentümer mehr als 50%, so vereinigt er die absolute Mehrheit der Stimmrechte auf sich. Auch wenn die anderen Eigentümer gemeinsam gegen ihn stimmen, kann der Haupteigentümer nicht überstimmt werden, solange ihm mehr als die Hälfte des Unternehmens gehört. Liegt der Anteil des Haupteigentümers nur wenig über 50%, könnte er durch die Aufnahme eines neuen Anteilseigners die Stimmenmehrheit leicht verlieren. Gehören dem Haupteigentümer dagegen 80% oder 90% des Unternehmens, ist die Wahrscheinlichkeit, die absolute Stimmenmehrheit zu verlieren, geringer. Hält der Haupteigentümer weniger als 50% am Unternehmen, hat er keine absolute Mehrheit zu verlieren. Diese Argumentation legt einen umgekehrt U-förmigen Zusammenhang zwischen $cr1$ und der Wahrscheinlichkeit des Autonomiestrebens nahe, wobei das Maximum bei etwas über 50% liegen dürfte. Für kleine Werte von $cr1$ ändert sich die Situation des Haupteigentümers allerdings. Je kleiner sein Anteil, desto eher benötigt der Haupteigentümer eine Koalition mit anderen Anteilseignern, um Kontrolle auszuüben. Die obige Argumentation greift deshalb für kleine Werte von $cr1$ möglicherweise nicht. Um den Zusammenhang zwischen dem Anteil des größten Anteilseigners und der Wahrscheinlichkeit des Autonomiestrebens möglichst flexibel zu modellieren, wird der logarithmierte $cr1$ in den Potenzen eins, zwei und drei als Regressoren verwendet. Möglichen Unterschieden zwischen eigentümer- und managergeführten Unternehmen wird Rechnung getragen, indem die logarithmierten $cr1$-Terme für beide Unternehmenstypen getrennt in die Schätzgleichung eingehen.

Weiterhin wird das Autonomiestreben vermutlich auch dadurch bestimmt, wie weitgehend die Rechte sind, die ein neuer Gesellschafter erhalten würde. Ein Indikator hierfür ist die Rechtsform *legal* des Unternehmens. Die am weitesten gehenden Rechte erhalten die Gesellschafter von OHGs. Da sie mit ihrem gesamten Privatvermögen haften, haben sämtliche Anteilseigner die Pflicht zur Geschäftsführung. Neue Gesellschafter wirken an sämtlichen Entscheidungen im Unternehmen mit. Die Ausweitung des am Unternehmen beteiligten Personenkreises erhöht den Abstimmungsbedarf und damit das Konfliktpotential zwischen ihnen.[43] Bei allen anderen Rechtsformen erhalten neue Gesellschafter nicht zwangsläufig Geschäftsführungsbefugnisse. Aus diesem Grund ist das Autonomiestreben in OHGs vermutlich stärker ausgeprägt als in Unternehmen anderer Rechtsformen.[44] Die Alteigentümer haben mit der Aufnahme neuer Anteilseigner folglich nur Kontrollrechte mit diesen zu teilen. Als weitere Kontrollvariablen dienen die Zugehörigkeit zu einem Konzern *subs*, ein Dummy für ostdeutsche Unternehmen sowie Industriedummies.

5.3.3 Das Probitmodell mit Selektionsgleichung

Da *autonom* eine binäre Variable ist, könnte Gleichung (5.1) mit dem Probitmodell konsistent geschätzt werden, vorausgesetzt *autonom* wäre für alle Unternehmen beobachtbar. Unter der

[43] Einzelunternehmen wurden mit OHGs in einer Kategorie zusammengefaßt. Im Einzelunternehmen ist der Unternehmer der einzige Gesellschafter und als einziger zur Geschäftsführung befugt. *ownermanaged* nimmt hierfolglich immer den Wert eins an. Zur Beschaffung externen Eigenkapitals muß die Rechtsform geändert werden, z.B. in eine OHG.

[44] Allerdings können auch bei OHGs einzelne Gesellschafter per Gesellschaftsvertrag von der Geschäftsführung ausgeschlossen werden.

Annahme unabhängig und identisch normalverteilter Störterme, $u_i \sim N\left(0, \sigma_u^2\right)$, wären die Wahrscheinlichkeiten, bei Unternehmen i die Werte eins bzw. null zu beobachten,

$$\begin{aligned} \Pr\left(autonom_i = 1\right) &= \Pr\left(u_i \le \beta' x_i\right) \\ &= \Phi\left(\frac{\beta'}{\sigma_u} x_i\right) \end{aligned} \tag{5.3}$$

$$\begin{aligned} \Pr\left(autonom_i = 0\right) &= \Pr\left(u_i \le -\beta' x_i\right) \\ &= \Phi\left(-\frac{\beta'}{\sigma_u} x_i\right) \end{aligned} \tag{5.4}$$

wobei Φ die univariate Normalverteilung ist. Die Beobachtbarkeit der Variable $autonom_i$ ist jedoch nicht zufällig. Da $autonom_i$ nur für diejenigen Unternehmen erfragt wurde, die im Zeitraum 1992 bis 1997 kein externes Eigenkapital nachgefragt haben, ist diese Teilstichprobe trunkiert.

Die Nachfrage nach Eigenkapital wird durch die binäre Variable $nodem_i$ gemessen, der die latente Variable $nodem_i^*$ zugrunde liegt. Die Determinanten von $nodem_i^*$ seien im Vektor z_i zusammengefaßt, der dazugehörige Parametervektor sei mit γ und der Störterm der Gleichung für die Eigenkapitalnachfrage mit ε_i bezeichnet. Wie im vorigen Abschnitt erläutert, ist $nodem_i$ aus schätztechnischen Gründen so definiert, daß die Variable den Wert eins annimmt, wenn ein Unternehmen <u>kein</u> Eigenkapital nachfragt und null sonst. Für $nodem_i^*$ und $nodem_i$ gilt dann:

$$nodem_i^* = \gamma' z_i + \varepsilon_i \qquad \text{und} \tag{5.5}$$

$$nodem_i = \begin{cases} 1 & \text{falls } \gamma' z_i + \varepsilon_i > 0 \\ 0 & \text{sonst} \end{cases} \tag{5.6}$$

autonom$_i$ wird nur beobachtet, wenn *nodem*$_i$ gleich eins ist. In Tabelle 5.2 sind die Charakteristika eigenkapitalnachfragender und nicht nachfragender Unternehmen aufgeführt. Die letzte Spalte weist die t-Werte des Test auf gleiche Anteilswerte in beiden Teilstichproben aus.

Tabelle 5.2

Charakteristika Eigenkapital nachfragender und nicht nachfragender Unternehmen

	Firmen, die kein Eigenkapital nachfragen (*nodem*=1)	Firmen, die Eigenkapital nachfragen (*nodem*=0)	t-Test auf gleiche Anteile[1] (absolute t-Werte)	
Umsatzanteil neuer Produkte bis 30%	13,7	19,6	1,66	*
Umsatzanteil neuer Produkte über 30%	86,3	80,4		
Eigenkapitalquote bis 5%	41,6	61,6	3,98	***
Eigenkapitalquote über 5%	58,4	38,9		
Umsatzrendite bis 3%	10,0	22,3	3,87	***
Umsatzrendite über 3%	90,0	77,7		
Westdeutsches Unternehmen	70,0	33,9	7,51	***
Ostdeutsches Unternehmen	30,0	66,1		
Zahl der Beobachtungen	771	112		

[1] Test für unverbundene Stichproben
* signifikant verschieden zum 10% Niveau
** signifikant verschieden zum 5% Niveau
*** signifikant verschieden zum 1% Niveau

Der Vergleich der Teilstichproben zeigt, daß sich eigenkapitalnachfragende und nicht nachfragende Unternehmen signifikant unterscheiden. Nachfragende Unternehmen sind im Durchschnitt weniger innovativ, haben eine geringere Eigenkapitalquote und eine geringere Umsatzrentabilität. Der Anteil ostdeutscher Firmen beträgt bei den nachfragenden Unternehmen rund 66% gegenüber 30% bei den nichtnachfragenden Unternehmen. Eigenkapitalnachfrage und somit die Einbeziehung eines Unternehmens in die Schätzung eines Modells für Autonomiestreben ist nicht zufällig, sondern vielmehr das Ergebnis eines Selektionsprozesses. Wie Heckman (1979) zeigt, führen trunkierte Stichproben zu verzerrten Schätzungen, wenn die Fehlerterme der eigentlich interessierenden Gleichung und der Selektionsgleichung miteinander korreliert sind. Für den vorliegenden Fall bedeutet dies, daß die Schätzung eines simplen Probit- oder Logitmodells für das Autonomiestreben verzerrt ist, wenn sein Fehlerterm u_i mit dem der Eigenkapitalnachfragefunktion ε_i korreliert ist. Dies wird anhand des bedingten Erwartungswerts für $autonom_i^*$ deutlich. Sind die Störterme $(u_i, \varepsilon_i) \sim$ bivariat normal $[0,0,\sigma_u^2,\sigma_\varepsilon^2,\rho]$, gilt (vgl. Greene 1997, S. 977)

$$\begin{aligned} E[autonom_i^* | nodem_i = 1] &= E[autonom_i^* | nodem_i^* > 0] \\ &= E[autonom_i^* | \varepsilon_i > -\gamma' z_i] \\ &= \beta' x_i + E[u_i | \varepsilon_i > -\gamma' z_i] \\ &= \beta' x_i + \rho \sigma_u \lambda_i \\ &= \beta' x_i + \beta_\lambda \lambda_i \end{aligned} \tag{5.7}$$

wobei $\lambda_i = \frac{\phi[(\gamma' z_i)/\sigma_\varepsilon]}{\Phi[(\gamma' z_i)/\sigma_\varepsilon]}$ die inverse Mill's Ratio ist. (5.8)

Folglich ist

$$[autonom_i^* | nodem_i = 1] = \beta' x_i + \beta_\lambda \lambda_i + v_i \tag{5.9}$$

Ignoriert man den Regressor λ_i, ignoriert man gleichzeitig auch die Endogenität der verwendeten Stichprobe und erhält inkonsistente Parameterwerte, falls $\beta_\lambda \neq 0$, d.h. wenn der Korrelationskoeffizient $\rho \neq 0$. Zur korrekten Berücksichtigung von Selektionsproblemen bei einer stetigen abhängigen Variablen schlägt Heckman (1976, 1979) ein zweistufiges Schätzverfahren vor, bei dem im ersten Schritt die Selektionsgleichung mit dem Probit-Modell geschätzt und daraus für jede Beobachtung die inverse Mill's Ratio λ_i berechnet wird. Im zweiten Schritt wird λ_i der eigentlich interessierenden Gleichung als Regressor hinzugefügt und die so erweiterte Gleichung mit OLS geschätzt. Diese Vorgehensweise liefert konsistente Parameter, falls die endogene Variable der eigentlich interessierenden Gleichung stetig ist. Sie ist allerdings ineffizient, da der neue Störterm v_i heteroskedastisch ist

$$\sigma_{v_i}^2 = \sigma_u\left[1-\rho^2\left(\lambda_i^2+\lambda_i\,\gamma\,z_i/\sigma_\varepsilon\right)\right] \tag{5.10}$$

Die endogene Variable in der hier interessierenden Problemstellung ist binär. Die Schätzung auf der zweiten Stufe müßte deshalb ebenfalls mit dem Probitmodell erfolgen. Das zweistufige Verfahren hat hier jedoch einen Nachteil. Wie Yatchew und Griliches (1984) zeigen, führen heteroskedastische Fehlerterme zur Inkonsistenz des Probit-Schätzers, wobei das Ausmaß der Verzerrung vom Ausmaß des Heteroskedastieproblems abhängt. Konsistente Parameterwerte liefert dagegen die simultane Schätzung der eigentlich interessierenden Gleichung und der Selektionsgleichung mit dem Maximum Likelihood-Verfahren. In diesem Kapitel wird das von van de Ven und van Praag (1981) vorgeschlagene simultane Probitmodell mit Selektionsgleichung verwendet.

Die gemeinsame Wahrscheinlichkeit, ein Unternehmen zu beobachten, das kein Eigenkapital nachgefragt hat und auch die Einflußnahme neuer Gesellschafter ablehnt, ist

$$\begin{aligned}\Pr\left(nodem_i=1, autonom_i=1\right) &= \Pr\left(\gamma\,z_i+\varepsilon_i>0, \beta' x_i+u_i>0\right)\\ &= \Pr\left(\varepsilon_i\le\gamma\,z_i, u_i\le\beta' x_i\right)\\ &= \Phi_2\left(\gamma\,z_i, \beta' x_i, \rho\right)\end{aligned} \tag{5.11}$$

wobei Φ_2 die bivariate Normalverteilung ist. Die Wahrscheinlichkeit für ein Unternehmen, das kein Eigenkapital nachgefragt hat und nicht gegen neue Gesellschafter eingestellt ist, ergibt sich als

$$\begin{aligned}\Pr\left(nodem_i=1, autonom_i=0\right) &= \Pr\left(\gamma\,z_i+\varepsilon_i>0, \beta' x_i+u_i\le 0\right)\\ &= \Phi_2\left(\gamma\,z_i, -\beta' x_i, -\rho\right)\end{aligned} \tag{5.12}$$

und die Wahrscheinlichkeit, daß ein Unternehmen Eigenkapital nachgefragt hat, ist

$$\begin{aligned}\Pr\left(nodem_i=0\right) &= \Pr\left(\gamma\,z_i+\varepsilon_i\le 0\right)\\ &= \Phi\left(-\gamma\,z_i\right)\end{aligned} \tag{5.13}$$

Zur Steuerung der Vorzeichen in der Likelihoodfunktion sei folgende Variable definiert:

$$d_i = 2autonom_i - 1 \tag{5.14}$$

Die Likelihoodfunktion setzt sich aus dem Produkt der Wahrscheinlichkeiten der einzelnen Beobachtungen zusammen. Die logarithmierte Likelihoodfunktion lautet dann

$$\ln L = \sum_{i=1}^{N} \left[nodem_i \ln \Phi_2\left(\gamma' z_i, d_i \beta' x_i, d_i \rho\right) + \left(1 - nodem_i\right) \ln \Phi\left(-\gamma' z_i\right) \right] \tag{5.15}$$

Auch wenn die erklärenden Variablen der Gleichung für das Autonomiestreben x_i teilweise oder ganz identisch sind mit den erklärenden Variablen der Selektionsgleichung z_i, führt dies nicht zu perfekter Multikollinearität. Der Beitrag des Unternehmens i zur Loglikelihoodfunktion (5.15) setzt sich aus zwei Teilen zusammen. Der zweite Teil enthält die univariate Normalverteilung, deren Argument nur der Index der Nachfragegleichung $\gamma' z_i$ ist. Damit ist der Parametervektor γ im allgemeinen identifiziert. Der erste Teil enthält die bivariate Normalverteilung, in die neben $\gamma' z_i$ und dem Korrelationskoeffizienten ρ der Index der Gleichung für das Autonomiestreben $\beta' x_i$ als Argument eingeht. Da die bivariate Normalverteilung eine andere Nicht-Linearität aufweist als die univariate Normalverteilung, ist im allgemeinen auch der Vektor β identifiziert. Die Identifikation der Parameter wird durch die unterschiedlichen Nichtlinearitäten der univariaten und der bivariaten Normalverteilung ermöglicht.

Schätzungen für den Parametervektor erhält man durch Maximieren der Loglikelihoodfunktion. Dazu wird die Loglikelihoodfunktion nach den Parametervektoren abgeleitet und gleich null gesetzt. Die Bedingungen erster Ordnung lauten (vgl. Greene 1997, S. 908)

$$\frac{\partial \ln L}{\partial \beta} = \sum_{i=1}^{N} \left[nodem_i \frac{d_i \phi(d_i \beta' x_i) \Phi\left(\frac{\gamma' z_i - \rho \beta' x_i}{\sqrt{1-\rho^2}} \right)}{\Phi_2(\gamma' z_i, d_i \beta' x_i, d_i \rho)} x_i \right] = 0 \tag{5.16}$$

$$\frac{\partial \ln L}{\partial \gamma} = \sum_{i=1}^{N} \left[nodem_i \frac{\phi(\gamma' z_i) \Phi\left(\frac{d_i \beta' x_i - d_i \rho \gamma' z_i}{\sqrt{1-\rho^2}} \right)}{\Phi_2(\gamma' z_i, d_i \beta' x_i, d_i \rho)} z_i + \left((1 - nodem_i) \frac{-\phi(\gamma' z_i)}{1 - \Phi(\gamma' z_i)} \right) z_i \right] = 0 \tag{5.17}$$

$$\frac{\partial \ln L}{\partial \rho} = \sum_{i=1}^{N} \left[nodem_i \frac{d_i \phi_2(\gamma' z_i, d_i \beta' x_i, d_i \rho)}{\Phi_2(\gamma' z_i, d_i \beta' x_i, d_i \rho)} \right] = 0 \tag{5.18}$$

Die Bedingung zweiter Ordnung für ein Maximum verlangt, daß die Matrix der zweiten Ableitungen negativ definit ist. Die Parameterschätzwerte werden in dieser Arbeit mit Hilfe des Newton-Raphson-Verfahrens iterativ bestimmt. Um (5.15) schätzen zu können, wird im nächsten Unterabschnitt eine Schätzgleichung für die Nachfrage nach Eigenkapital formuliert.

5.3.4 Spezifikation der Gleichung für Eigenkapitalnachfrage

Die Entscheidung, Eigenkapital nachzufragen, hängt vom Nutzen U_i der Eigenkapitalaufnahme und den Kosten ab, die sich in die Nachteile durch neue Gesellschafter $autonom_i^*$ und andere Kosten C_i aufspalten lassen. In (5.5) waren alle Einflußfaktoren der Eigenkapitalnachfrage im Vektor z_i zusammengefaßt. Teilt man z_i in drei Vektoren x_i, z_{1i} und z_{2i} auf, wobei x_i die Einflußfaktoren des Autonomiestrebens, z_{1i} die Determinanten der anderen Kosten C_i und z_{2i} des Nutzens U_i aus der Eigenkapitalbeschaffung darstellen, lassen sich die Nettokosten der Eigenkapitalaufnahme darstellen als

$$nodem_i^* = \delta\ autonom_i^* + C_i + U_i = \delta\beta' x_i + \gamma_1' z_{1i} + \gamma_2' z_{2i} + \varepsilon_i \qquad (5.5')$$

Analog wurde der Parametervektor γ aus Gleichung (5.5) in die Vektoren $\delta\beta, \gamma_1$ und γ_2 zerlegt. δ ist ein Parameter, der $autonom_i^*$ in dieselbe Einheit überführt, wie C_i und U_i. Die Argumente der Nachfragegleichung C_i, $autonom_i^*$ und U_i sind selbst nicht beobachtbar. Sie hängen selbst wieder von einer Reihe von Einflußfaktoren ab. Die Nachfragegleichung wird daher als reduzierte Form spezifiziert. (5.5') impliziert, daß die Verhältnisse der Elemente des Parametervektors β der Gleichung für Autonomiestreben und die Verhältnisse der Elemente des Parametervektors $\delta\beta$ der Selektionsgleichung einander entsprechen sollten. Diese Implikation stellt im Prinzip eine Möglichkeit dar, das Modell zu testen.

Ein Unternehmen entscheidet sich, kein Eigenkapital nachzufragen, wenn die Nettokosten der Eigenkapitalaufnahme größer als Null sind. Die Entscheidung, kein Eigenkapital nachzufragen, $nodem_i$, kann folglich modelliert werden als

$$nodem_i = \begin{cases} 1 & \text{falls } \delta\beta' x_i + \gamma_1' z_{1i} + \gamma_2' z_{2i} + \varepsilon_i > 0 \\ 0 & \text{sonst} \end{cases} \qquad (5.6')$$

Ob ein Unternehmen externes Eigenkapital nachfragt, hängt von den Einflußfaktoren des Autonomiestrebens, der anderen Kosten und des Nutzens der Eigenkapitalaufnahme ab. Die Determinanten von $autonom_i^*$ wurden bereits im Unterabschnitt 5.5.2 diskutiert. Alle Variablen, die das Autonomiestreben erklären, gehen deshalb auch in die Gleichung zur Erklärung des Nachfrageverhaltens ein und sollten die gleichen Vorzeichen aufweisen wie in der Gleichung für das Autonomiestreben.

Zu den anderen Kosten der Eigenkapitalaufnahme zählt zum einen die Kontrollprämie: Je höher die Gefahr opportunistischen Verhaltens von Seiten des Managements und der Alteigentümer, desto weniger wird ein potentieller Kapitalgeber bereit sein, für einen Anteil am Unternehmen zu bezahlen und desto höher sind folglich die Kosten der Eigenkapitalbeschaffung. Wird die Kontrolle durch ein Aufsichtsgremium (*board*) wirksam ausgeübt, oder ist das Anreizproblem zwischen Eigentümer und Manager durch erfolgsabhängige Entlohnung (*incentive*) entschärft, ist die Kontrollprämie geringer. Deshalb ist ein positiver Effekt von *board* und *incentive* auf die Wahrscheinlichkeit der Eigenkapitalnachfrage zu erwarten. Daneben hängt die Kontrollprämie von *ownermanaged* und von *cr*1 ab. Ein Manager, der gleichzeitig Eigentümer ist, hat stärkere Interessen, sich für die Interessen der Gruppe der Eigentümer einzusetzen als ein Manager, der selbst keinen Anteil am Unternehmen hat. Aus diesem Grund sollte die Kontrollprämie geringer und somit die Wahrscheinlichkeit der Eigenkapitalaufnahme für eigentümergeführte Unternehmen höher sein. Andererseits sind in eigentümergeführten Unternehmen die private benefits of control höher, die für den Haupteigentümer durch eine Aufnahme von Eigenkapital auf dem Spiel stünden und der Anreiz zur Beschaffung von Beteiligungskapital folglich geringer. Deshalb ist der Effekt von *ownermanaged* auf die Wahrscheinlichkeit der Eigenkapitalnachfrage unbestimmt. Ähnlich läßt sich auch für *cr*1 argumentieren. Da Eigentümerkonzentration ein Kontrollinstrument ist, sollte die Kontrollprämie mit steigendem *cr*1 sinken und die Wahrscheinlichkeit der Eigenkapitalnachfrage steigen. Allerdings birgt eine sehr hohe Eigentümerkonzentration die Gefahr, daß der mächtige Eigentümer seine Interessen auf Kosten der kleineren Anteilseigner durchsetzt. Mit zunehmender Eigentümerkonzentration könnte die Kontrollprämie daher wieder steigen und der Anreiz zur Eigenkapitalaufnahme zurückgehen. Zudem hängt - wie in 5.3.2 argumentiert - auch der mögliche Verlust der private benefits of control für den kontrollierenden Eigentümer und damit sein Anreiz zur Eigenkapitalaufnahme von seinen Anteil *cr*1 ab. Der Gesamteffekt von *cr*1 ist deshalb ebenfalls unbestimmt. Wie in Unterabschnitt 5.5.1 argumentiert, sind unterschiedliche Rechtsformen (*legal*) mit unterschiedlich stark ausgeprägten Mitwirkungsmöglichkeiten der neuen Eigentümer verbunden. Je besser diese Mitwirkungsmöglichkeiten sind, desto niedriger sollte die Kontrollprämie sein.

Zu den Kosten der Eigenkapitalbeschaffung zählen neben der Kontrollprämie auch die Transaktionskosten. Sind Transaktionskosten fix, wie dies beispielsweise beim Gang an die Börse zumindest teilweise der Fall ist, genießen große Unternehmen mit einem großen Emissionsvolumen Skalenerträge. Diese Hypothese wird durch die Größenklassendummies *size* getestet. Auch die Rechtsform könnte die Transaktionskosten beeinflussen. So steht beispielsweise die Aktienemission nur Aktiengesellschaften offen. Unternehmen anderer Rechtsformen müßten erst unter Aufwendung von Kosten in eine Aktiengesellschaft umgewandelt werden, ehe sie diese Form der Eigenkapitalbeschaffung wahrnehmen könnten.

Schließlich sollen die Determinanten des Nutzens *U* aus der Aufnahme externen Eigenkapitals bestimmt werden. Die Umsatzrendite *return* mißt die Fähigkeit des Unternehmens interne Mittel zu erwirtschaften. Je mehr interne Mittel einem Unternehmen zur Verfügung stehen, desto geringer ist ceteris paribus der Bedarf an externem Eigenkapital und desto geringer ist die Wahrscheinlichkeit, daß ein Unternehmen Eigenkapital nachfragt. In Abschnitt 5.1.1 wurden die Funktionen von Eigenkapital diskutiert. Demnach ist Eigenkapital zum einen für die Beschaffung von Fremdkapital wichtig. Je breiter die Eigenkapitalbasis, desto geringer ist das Ausfallrisiko für die Kreditgeber. Unternehmen mit einer geringeren Eigenkapitalquote *eqrat* sollten deshalb ein stärkeres Interesse an neuem Eigenkapital haben als Unternehmen mit einer höheren Eigenkapitalquote. Zum anderen gilt Eigenkapital als die adäquate Finanzierungsform für besonders riskante Projekte wie innovative oder junge Unternehmen. Je innovativer und jünger ein Unternehmen, desto höher sollte sein Bedarf an Eigenkapital sein. Deshalb wird *inno* als ein Maß für die Innovativität der Unternehmen als erklärende Variable und *age* als Indikator für das Unternehmensalter in die Regressionsgleichung aufgenommen. Dem Unternehmensalter ist eine Obergrenze von 30 Jahren gesetzt worden. Grund hierfür ist, daß der Einfluß von *age* im Laufe der Zeit abnehmen sollte. Eine Alternative wäre der natürliche Logarithmus des Alters gewesen. Diese Möglichkeit wurde nicht gewählt, da im Datensatz einige extrem alte Unternehmen vorhanden sind, die zum Teil vor mehr als 1000 Jahren gegründet wurden.

Bei der Interpretation der Ergebnisse ist zu beachten, daß die Variablen *ownermanaged*, *cr*1, *inno*, *size* und *legal* aufgrund mehrerer unterschiedlicher Argumente in die Selektionsgleichung eingehen. Die Innovativiät beispielsweise geht zum einen in die Gleichung für das Autonomiestreben ein und zum anderen sind innovative Unternehmen in besonderem Maß auf Eigenkapitalfinanzierung angewiesen. Während Innovativität aufgrund des ersten Arguments einen negativen Einfluß auf die Wahrscheinlichkeit der Eigenkapitalnachfrage haben sollte, impliziert das zweite Argument einen positiven Einfluß. Der Koeffizient bezieht sich auf beide Effekte, so daß die Interpretation der Vorzeichen schwierig ist. Dasselbe gilt auch für die anderen genannten Variablen. Die oben erläuterte Implikation des Modells, daß sich die Verhältnisse der Elemente von β und von $\delta\beta$ entsprechen sollten, ist zwar im Prinzip testbar. Praktisch ist dies jedoch nicht möglich, da die Elemente von x_i identisch sind mit Elementen aus z_{1i} oder z_{2i}.

An dieser Stelle soll noch einmal verdeutlicht werden, warum für die Regressoren sofern möglich Werte des Jahres 1992 verwendet wurden. Die Alternative wäre gewesen, für alle Variablen Werte des Jahres 1996 heranzuziehen. Dies wäre jedoch problematisch für diejenigen Unternehmen, die zwischen 1992 und 1997 Eigenkapital beschafft haben. Für diese Unternehmen hat sich die Eigenkapitalquote im Jahr der Kapitalerhöhung verändert. Die Eigenkapitalquote geht jedoch als Regressor in die Gleichung für die Nachfrage nach Eigenkapital ein. Folglich würde man als Determinante der Nachfrage denjenigen Wert der Eigenkapitalquote zugrunde legen, der sich aufgrund der Nachfrage einstellt. Die Folge wäre ein Simultanitätsproblem. Das gleiche Argument trifft auch für *inno* und *return* zu.

5.3.5 Schätzergebnisse

Die in 5.5.2 und 5.5.4 formulierten Hypothesen wurden mit Hilfe von Probitschätzungen getestet. Die Ergebnisse sind in Tabelle 5.3 dargestellt. Die erste Spalte enthält die Ergebnisse für die simultane Schätzung mit der Selektionsgleichung, die zweite Spalte die Ergebnisse der simplen Probitschätzung ohne Berücksichtigung der Selektion. Der Korrelationskoeffizient ρ zwischen den Störtermen der Gleichung für das Autonomiestreben und der Nachfragegleichung in der simultanen Schätzung ist in der letzten Zeile der Tabelle wiedergegeben. ρ ist nicht signifikant. Vernachlässigt man die Endogenität der Stichprobe, sollten die Parameterwerte nicht verzerrt sein. Ein Vergleich mit den Ergebnissen der simplen Probitschätzung in der zweiten Spalte zeigt, daß sich die Parameterwerte tatsächlich nur geringfügig unterscheiden. Die t-Werte beider Schätzungen weichen jedoch Teil beträchtlich voneinander ab. Die Interpretation der Ergebnisse beschränkt sich auf die simultane Schätzung und erfolgt zunächst für das Autonomiestreben und anschließend für die Eigenkapitalnachfrage.

Tabelle 5.3

Determinanten des Autonomiestrebens

Schätzverfahren	Probitmodell mit Selektion	Probitmodell
Zahl der Beobachtungen	883	771
χ^2 (Freiheitsgrade)	189,90(55) ***	78,88(23) ***

abhängige Variable	*autonom*		*autonom*	
Erklärende Variable	Koeffizient	t-Wert	Koeffizient	t-Wert
$inno = 2$	0,30	2,56 **	0,28	2,38 **
$inno = 3$	0,53	2,41 **	0,45	2,09 **
$inno = 4$	0,52	2,73 ***	0,56	3,03 ***
ownermanaged	22,63	2,19 **	22,70	2,13 **
$(\ln cr1) * ownermanaged = 1$	-19,21	-2,19 **	-19,33	-2,14 **
$(\ln cr1)^2 * ownermanaged = 1$	5,49	2,22 **	5,53	2,17 **
$(\ln cr1)^3 * ownermanaged = 1$	-0,51	-2,24 **	0,51	-2,19 **
$(\ln cr1) * ownermanaged = 0$	-0,61	-0,65	-0,71	-0,73
$(\ln cr1)^2 * ownermanaged = 0$	0,47	1,17	0,52	1,27
$(\ln cr1)^3 * ownermanaged = 0$	-0,07	-1,22	-0,07	-1,32
$size = 2$	-0,02	-0,14	-0,02	-0,15
$size = 3$	-0,20	-1,43	-0,20	-1,38
$size = 4$	-0,22	-1,11	-0,17	-0,85
person	0,28	1,62	0,32	1,90 *
legal=KG oder GmbH&CoKG	-0,08	-0,36	-0,07	-0.35
legal=GmbH	-0,15	-0,70	-0,15	-0.71
legal=AG oder KGaA	-0,54	-1,52	-0,40	-1,13
east	0,12	0,59	0,30	2,36 **
subs	-0,01	-0,04	-0,03	-0,17
constant	-1,55	-1,07	-1,55	-1,04

Beide Gleichungen enthalten Industriedummies, deren Koeffizienten nicht ausgewiesen werden.

* signifikant zum 10% Niveau

** signifikant zum 5% Niveau

*** signifikant zum 1% Niveau

Fortsetzung Tabelle 5.3

abhängige Variable	*nodem*		
Erklärende Variable	Koeffizient	t-Wert	
inno = 2	0,14	0,85	
inno = 3	0,47	1,49	
inno = 4	-0,07	-0,36	
ownermanaged	-1,83	-0,80	
$(\ln cr1)$ * *ownermanaged* = 1	1,62	0,66	
$(\ln cr1)^2$ * *ownermanaged* = 1	-0,41	-0,48	
$(\ln cr1)^3$ * *ownermanaged* = 1	0,03	0,36	
$(\ln cr1)$ * *ownermanaged* = 0	0,15	0,32	
$(\ln cr1)^2$ * *ownermanaged* = 0	-0,17	-0,63	
$(\ln cr1)^3$ * *ownermanaged* = 0	0,03	0,71	
size = 2	0,08	0,45	
size = 3	0,01	0,06	
size = 4	-0,33	-1,35	
person	-0,12	-0,54	
incentive	-0,21	-1,25	
board	-0,11	-0,49	
return = 2	0,14	0,94	
return = 3	0,62	2,59	***
return = 4	0,20	0,92	
eqrat = 2	0,16	0,77	
eqrat = 3	0,46	2,02	**
eqrat = 4	0,54	3,01	***
legal=KG oder GmbH&CoKG	0,04	0,12	
legal=GmbH	0,12	0,42	
legal=AG oder KGaA	-0,74	-1,91	*
east	-2,67	-2,41	**
age	-0,08	-1,62	
subs	0,05	0,28	
constant	1,18	0,53	
ρ	0,57	1,10	

Die Hypothese, daß der potentielle Verlust von Innovationsrenten ein Grund für die Ablehnung neuer Gesellschafter ist, wird durch die Schätzergebnisse gestützt. Alle Innovationsdummies sind positiv und signifikant, wobei die kleinste Kategorie als Referenz dient. *Ownermanaged* weist einen positiven und signifikanten Koeffizienten auf, d.h. im Vergleich zu managergeführten Unternehmen ist das Autonomiestreben eigentümergeführter Unternehmen stärker ausgeprägt. Dieses Ergebnis ist konsistent mit der Vorstellung, daß Eigentümer, die selbst am Management ihres Unternehmens beteiligt sind, in großem Umfang private benefits of control genießen. Um zu testen, inwiefern weitere Unterschiede zwischen eigentümer- und managergeführten Unternehmen bestehen, wurden die $cr1$-Terme mit *ownermanaged* interagiert. Während der Anteil des Haupteigentümers bei managergeführten Unternehmen keinen Einfluß auf das Autonomiestreben hat, ist bei eigentümergeführten Unternehmen jeder der verwendeten $cr1$-Terme signifikant. Dieses Ergebnis paßt mit dem vorigen zusammen: Ist die Höhe der private benefits of control gering (managergeführte Unternehmen), spielt die Wahrscheinlichkeit, sie zu verlieren, keine Rolle für die Einstellung gegenüber neuen Anteilseignern. Auf die Höhe der Koeffizienten der $cr1$-Terme und ihre Implikation für die Wahrscheinlichkeit des Autonomiestrebens wird unten genauer eingegangen.

Die Unternehmensgröße hat keinen Einfluß auf das Autonomiestreben, was als Hinweis darauf gewertet werden kann, daß die Höhe der private benefits of control mit der Unternehmensgröße nicht zunimmt. Auch die Rechtsform spielt keine Rolle für das Autonomiestreben. Referenzkategorie waren hier OHGs. Die Parameter der *legal*-Dummies weisen zwar die erwarteten negativen Vorzeichen auf, sind jedoch nicht signifikant.

An den Ergebnissen für *person* und für *east* wird der Unterschied zwischen den simplen Probitmodell und der simultanen Schätzung besonders deutlich. Während die simple Probitschätzung zu dem Ergebnis kommt, daß ostdeutsche Unternehmen sowie Firmen, deren Haupteigentümer eine Person oder Familie ist (*person*=1), signifikant stärker gegen neue Gesellschafter eingestellt sind, werden beide Variablen bei simultaner Schätzung insignifikant.

Für der Interpretation der Schätzergebnisse der Selektionsgleichung sei noch einmal daran erinnert, daß die abhängige Variable den Wert eins annimmt, wenn <u>kein</u> Eigenkapital nachgefragt wird. Negative Koeffizienten der erklärenden Variablen implizieren deshalb eine höhere

Wahrscheinlichkeit der Nachfrage, positive Koeffizienten eine geringere Wahrscheinlichkeit. Zudem ist zu beachten, daß einige Variablen aufgrund mehrerer unterschiedlicher Argumente in die Selektionsgleichung eingehen, die zum Teil entgegengesetzte Effekte implizieren. So sind innovative Unternehmen ceteris paribus zwar eher auf Eigenkapital angewiesen und sollten deshalb mit einer größeren Wahrscheinlichkeit externes Eigenkapital nachfragen. Sie lehnen jedoch neue Gesellschafter aus Geheimhaltungsgründen auch eher ab und sollten aus diesem Grund mit geringerer Wahrscheinlichkeit Eigenkapital nachfragen. Der Gesamteffekt ist unbestimmt, und zwischen den Wirkungen der einzelnen Einflußfaktoren der Eigenkapitalnachfrage kann nicht diskriminiert werden. Wie die Regressionsergebnisse zeigen, sind die Innovationsdummies in der Selektionsgleichung insignifikant. Dies ist ein Hinweis darauf, daß sich beide Effekte aufheben. Analog läßt sich für *ownermanaged* und die *cr*1-Terme argumentieren. Der Effekt dieser Variablen über das Autonomiestreben auf die Eigenkapitalnachfrage wird vermutlich kompensiert durch die entgegengesetzte Wirkung über die Kontrollprämie. Auch der Einfluß der Rechtsform auf die Wahrscheinlichkeit der Eigenkapitalnachfrage ist a priori nicht eindeutig. Die Schätzergebnisse zeigen jedoch, daß AGs und KGaAs eher externes Eigenkapital nachfragen als Unternehmen anderer Rechtsformen.

Erfolgsabhängige Managerentlohnung (*incentive*=1) und Aufsichtsgremien (*board*=1) haben keinen Einfluß auf die Eigenkapitalnachfrage. Dieses Ergebnis läßt verschiedene Schlüsse zu. Zum einen könnte es sein, daß ein Aufsichtsgremium kein wirksames Kontrollinstrument darstellt und daß erfolgsabhängige Managerentlohnung nicht dazu beiträgt, das Anreizproblem abzuschwächen. Andererseits besteht auch die Möglichkeit, daß die Variablen *board* und *incentive* vorhandene Kontrolle bzw. Anreizverträge schlecht messen. Aus Platzgründen konnte im Fragebogen weder die konkrete Ausgestaltung der Anreizverträge erfragt werden (z.B. an welches Erfolgsmaß das Gehalt geknüpft ist und wie hoch der fixe Anteil ist) noch die Kompetenzen des Aufsichtsgremiums. Möglicherweise sind *board* und *incentive* als Maße nicht genau genug.

Die Dummies für die Eigenkapitalquote haben die erwarteten positiven Vorzeichen. Die Koeffizienten steigen mit der Größe der Kategorie an. Dieses Ergebnis impliziert, daß je höher die Eigenkapitalquote, desto geringer ist der Bedarf an neuem Eigenkapital und desto geringer ist die Wahrscheinlichkeit der Nachfrage. Die kleinste Kategorie diente hier als Referenz. Ein ähnliches Ergebnis gilt für die Umsatzrendite. Die Koeffizienten haben ebenfalls positive Vorzeichen, allerdings ist hier nur ein Kategorie signifikant. Schließlich zeigt sich, daß sich ostdeutsche Unternehmen eher um externes Eigenkapital bemühen als Unternehmen aus dem Westen.

Insgesamt sind bei der Selektionsgleichung nur wenig signifikante Effekte festzustellen. Dies ist vermutlich darauf zurückzuführen, daß die meisten Variable aufgrund unterschiedlicher Argumente entgegengesetzte Effekte haben, die einander aufheben. Aus diesem Grund ist die Identifikation der Effekte von Informationen und Stimmrechten in der Nachfragegleichung nicht möglich, was die Notwendigkeit unterstreicht, statt dessen das Autonomiestreben zu analysieren.

5.3.6 Simulationsergebnisse

Im folgenden soll genauer auf den Zusammenhang zwischen Autonomiestreben und dem Anteil des Haupteigentümers $cr1$ eingegangen werden. In Abschnitt 5.5.2 wurde argumentiert, daß die Wahrscheinlichkeit des Haupteigentümers, durch die Aufnahme eines neuen Gesellschafters private benefits of control zu verlieren, von $cr1$ abhängt. Ein ganz bestimmter Zusammenhang ließ sich jedoch nicht begründen.

Abbildung 5.7 simuliert, wie sich die Wahrscheinlichkeit des Autonomiestrebens mit dem Anteil des Haupteigentümers verändert, gegeben, daß das Unternehmen kein externes Eigenkapital nachfragt. Diese bedingte Wahrscheinlichkeit ergibt sich als

$$\begin{aligned}\Pr(autonom_i = 1 | nodem_i = 1) &= \frac{\Pr(autonom_i = 1, nodem_i = 1)}{\Pr(nodem_i = 1)} \\ &= \frac{\Phi_2(\beta' x_i, \gamma' z_i, \rho)}{\Phi(\gamma' z_i)}\end{aligned} \tag{5.19}$$

Zur Berechnung der bedingten Wahrscheinlichkeit wird zunächst ein Referenzunternehmen gewählt, d.h. es wird festgelegt, welche Ausprägungen die erklärenden Variablen annehmen sollen. Die Eigenschaften des hier gewählten Referenzunternehmens sind im Anschluß an Abbildung 5.7 angegeben. Dann werden die geschätzten Parameterwerte mit den gewählten Ausprägungen der dazugehörigen erklärenden Variablen multipliziert und die resultierenden Werte in (5.17) eingesetzt. Für *cr*1 wird kein Wert festgelegt, vielmehr kann diese Variable alle möglichen Werte zwischen 10% und 100% annehmen. Das Minimum für *cr*1 liegt bei 10%, da es im Datensatz keine Unternehmen mit den gewählten Eigenschaften gibt, bei denen der Anteil des Haupteigentümers geringer ist.

Das Problem jeder Simulation dieser Art besteht darin, daß damit insignifikante Parameter genauso behandelt werden wie signifikante. Die Simulation unterstellt, daß die insignifikanten Erklärungsvariablen einen Einfluß auf die abhängige Variable haben, obwohl die Schätzung ergeben hat, daß dies nicht der Fall ist. Allerdings stellen die geschätzten Parameter unabhängig von ihrer Signifikanz immer noch konsistente und effiziente Schätzer für die Beschreibung der Zusammenhänge dar.

Die Simulation in Abbildung 5.7 bezieht sich auf eigentümergeführte Unternehmen. Für managergeführte Unternehmen sieht der Verlauf anders aus. Auf einen Vergleich zwischen eigentümer- und managergeführten Unternehmen wird hier jedoch verzichtet, da die Regressionsergebnisse zeigen, daß die Eigentümerkonzentration bei managergeführten Unternehmen keinen Einfluß auf die Ablehnung neuer Gesellschafter hat. Auf diese Weise wird zumindest teilweise berücksichtigt, daß nicht alle erklärenden Variablen signifikant sind. Um den Effekt von Innovativität auf das Autonomiestreben zu verdeutlichen, ist der Zusammenhang zwischen *cr*1 und Autonomiestreben für zwei verschiedene Werte von *inno* dargestellt. Da Innovativität durch eine kategoriale Variable gemessen wird, zeigt sich der Effekt in einer Verschiebung der Kurve. Die Wahrscheinlichkeit, daß neue Gesellschafter abgelehnt werden, unterscheidet sich zwischen innovativen und weniger innovativen Unternehmen um bis zu 0,21.

Abbildung 5.7

Bedingte Wahrscheinlickeit des Autonomiestreben als Funktion des Anteils des Haupteigentümers

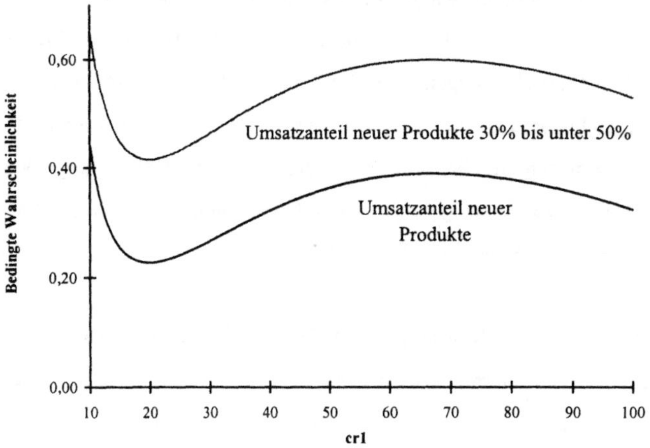

Referenzunternehmen

legal	GmbH
size	bis unter 100 Beschäftigte
age	30 Jahre oder mehr
person	Person bzw. Familie
ownermanaged	Management durch Haupteigentümer
inno	Umsatzanteil neuer Produkte 30% bis unter 50% bzw. unter 10%
east	westdeutsch
subs	selbständig
incentive	keine erfolgsabhängige Entlohnung
board	kein Aufsichtsgremium
return	3% bis 5%
eqrat	10% bis 25%

Die geringste Wahrscheinlichkeit der Ablehnung neuer Gesellschafter ist bei Unternehmen vorzufinden, deren Haupteigentümer knapp 20% am Unternehmen hält. Für höhere Werte von $cr1$ nimmt die Wahrscheinlichkeit langsam zu, bis sie bei knapp 68% ein lokales Maximum erreicht und im weiteren Verlauf wieder zurückgeht. Der umgekehrt U-förmige Verlauf in diesem Teil der Kurve ist konsistent mit der oben formulierten Hypothese: Mit einem Anteil von mehr als 50% hat der Haupteigentümer die gesamte Macht im Unternehmen. Übersteigt sein Anteil die kritische Grenze von 50% jedoch nur um relativ wenig, kann er die Stimmenmehrheit durch einen neuen Gesellschafter leicht verlieren. Bei einem sehr großen Anteil des Haupteigentümers ist diese Gefahr geringer. Diese Überlegung erklärt die Existenz eines Maximums, seine Lage bei knapp 68% ist allerdings recht hoch.

Für $cr1$-Werte von weniger als 20% steigt die Wahrscheinlichkeit an. Dieser Teil des Kurvenverlaufs ist schwieriger zu interpretieren und hat möglicherweise mit der Notwendigkeit zur Koalitionsbildung zu tun. Ist der Anteil des Haupteigentümers sehr gering und das Eigentum am Unternehmen stark zersplittert, sind Koalitionen unter den Anteilseignern erforderlich, um Kontrolle auszuüben. Ein neuer Anteilseigner reduziert den Anteil der bestehenden Koalition möglicherweise so weit, daß die Machtposition der Koalition damit zerstört wird. Je geringer der Anteil des Haupteigentümers ist, desto mehr Koalitionäre benötigt er in der Regel, um eine neue kontrollierende Mehrheit aufzubauen. Je mehr Koalitionäre notwendig sind, desto höher sind für den Haupteigentümer die Kosten der Koalition. Die Zahl der Koalitionäre erhöht erstens den Abstimmungsbedarf untereinander und damit die Transaktionskosten. Zweitens erzwingen Koalitionen vom Haupteigentümer Kompromisse, so daß zu vermuten ist, daß sich der Haupteigentümer von seinen eigenen Zielvorstellungen umso weiter entfernt, mit je mehr Koalitionären er Kompromisse eingehen muß.

5.4 Zusammenfassung und Fazit

Ausgangspunkt dieses Kapitels war die immer wieder neu diskutierte These, die Unternehmen in Deutschland leiden unter Mangel an Eigenkapital. Hierfür werden in erster Linie institutionelle Hemmnisse verantwortlich gemacht, zu deren Beseitigung in jüngster Zeit eine Reihe politischer Maßnahmen ergriffen worden sind. Im ersten Abschnitt wurden die argumentativon Schwächen der Diskussion um die Eigenkapitallücke aufgezeigt und begründet, warum die Diskussion zu kurz greift: Sie ignoriert, daß die Offenbarung von Informationen und die Gewährung von Stimmrechten für neue Beteiligungskapitalgeber den Anteilseignern eines Unternehmens unabhängig von der Existenz anderer Hemmnisse Nachteile bringen können, die die Beschaffung von Beteilungskapital so unattraktiv machen, daß darauf verzichtet wird. Der zweite Abschnitt diskutiert diese Nachteile: Erstens besteht die Gefahr, daß für die Kapitalgeber bestimmte Informationen über das Unternehmen und seine Strategien auch Konkurrenten bekannt werden und sich die Ertragsaussichten des Unternehmens dadurch verschlechtern. Zweitens sieht sich vor allem der kontrollierende Anteilseigner der Gefahr ausgesetzt, durch neue Gesellschafter private benefits of control zu verlieren, ohne dafür kompensiert zu werden. Um die Bedeutung des Verlusts von Innovationsrenten und private benefits of control empirisch zu untermauern, wurden im dritten Abschnitt die Bestimmungsgründe der Ablehnung neuer Gesellschafter analysiert. Wenn diese Einstellung nicht nur eine irrationale „Herr-im-Haus"-Mentalität darstellt, dann sollten Variablen, die die Höhe der Innovationsrenten sowie die Höhe und die Verlustwahrscheinlichkeit von private benefits of control widerspiegeln, Erklärungsgehalt für die Ablehnung neuer Gesellschafter besitzen. Wie die Schätzungen zeigen, ist dies in der Tat der Fall. Die Ergebnisse stützen die These, daß die Offenbarung von Informationen und die Gewährung von Stimmrechten wichtige Hinderungsgründe für die Nachfrage nach Eigenkapital darstellen. Dies impliziert jedoch, daß die zum Abbau institutioneller Hemmnisse ergriffenen politischen Maßnahmen nur beschränkt Einfluß auf das zukünftige Verhalten der Unternehmen haben werden. Zwar werden diejenigen Unternehmen, für die die Beschaffung externen Eigenkapitals bislang aufgrund institutioneller Hemmnisse zu teuer war, bei Wirksamkeit der politischen Maßnahmen in Zukunft eher Beteiligungskapital nachfragen. Insofern können die getroffenen Maßnahmen dazu beitragen, daß die Unternehmensfinanzierung durch externes Eigenkapital an Bedeutung gewinnt. Der Verlust von Innovationsrenten und von private benefits of control durch den kontrollierenden Eigentümer bestehen jedoch unabhängig von eventuellen institutionellen Hemmnissen und sind durch politische Maßnahmen nicht ohne weiteres zu beseitigen. Die Offenlegung von Informationen ist unabdingbar. Auch auf die Gewährung von Stimmrechten kann ein an Beteiligungskapital interessiertes Unternehmen in der Regel nicht verzichten. Ein möglicher wirtschaftspolitischer Ansatzpunkt wäre die Einschränkung von private benefits of control beispielsweise durch strengere Schutzbestimmungen für kleine Anteilseigner. Dies ist allerdings nur dann sinnvoll und möglich, wenn kleine Anteilseigner durch den Genuß von private benefits of control durch den kontrollierenden Anteilseigner geschädigt werden, beispielsweise, indem er Ressourcen des Unternehmens verschwendet. Gegen private benefits of control in Form von Prestige oder ähnlichem, durch das andere Anteilseigner keinen Schaden erleiden, sind wirtschaftspolitische Maßnahmen erstens schwer vorstellbar und zweitens auch nicht sinnvoll, da sie einfach einen Teil des Unternehmensertrags - den nicht verifizierbaren - vernichten würden. Ob private benefits of control einen Teil der Gesamterträge darstellen, der den verbleibenden Anteil der verifizierbaren Erträge schmälert, oder ob sie in erster Linie einen zusätzlichen Ertrag darstellen, der den nicht-kontrollierenden Anteilseignern in keinem Fall entstehen würde, ist letztlich eine empirische Frage, deren Beantwortung über das Ziel dieser Arbeit hinausgeht.

Kapitel 6

6 Kreditverfügbarkeit und die Rolle von Bankbeziehungen

Bankkredite stellen die quantitativ bei weitem wichtigste externe Finanzierungsquelle der Unternehmen in Deutschland dar. Dies hat die traditionelle Darstellung der flow of funds in Kapitel 2 deutlich gemacht. Legt man die modifizierte Darstellung zugrunde, übersteigt das Volumen der lang- und kurzfristigen Bankkredite sogar das der Innenfinanzierung. Die große Inanspruchnahme von Bankkrediten bei der Unternehmensfinanzierung impliziert jedoch nicht, daß Unternehmen ihren Finanzierungsbedarf durch Bankkredite immer decken können. Kommt eine Bank aufgrund der Informationen, die sie über die Bonität eines Kreditnehmers beschafft, zu dem Schluß, daß sie aus einer Kreditvergabe Verluste erwarten muß, lehnt sie ein Engagement ab. Auch wenn sie die Rückzahlungswahrscheinlichkeit eines Unternehmens nicht beurteilen kann, erhält ein nachfragendes Unternehmen den gewünschten Kredit nicht unbedingt. Wie der Literaturüberblick in Kapitel 3 gezeigt hat, kann asymmetrische Information zwischen Kreditgebern und Kreditnehmern zur Rationierung einiger Kreditnehmer führen. Die empirische Relevanz dieses Phänomens stellt bereits Keynes (1930, S. 212) fest: „So far, however, as bank loans are concerned, lending does not - in Great Britain at least - take place according to the principles of a perfect market. There is apt to be an unsatisfied fringe of borrowers (...).“

Die Kreditvergabe durch Banken unterscheidet sich von der Fremdkapitalfinanzierung über den Kapitalmarkt zum einen darin, daß Banken eine intensive monitoring-Funktion wahrnehmen, d.h. daß sie zur Beurteilung der Bonität Informationen über kreditnachfragende Unternehmen beschaffen und das Verhalten der Kreditnehmer überwachen. Eng mit der monitoring-Funktion verbunden ist das zweite Charakteristikum der Kreditvergabe durch Banken -

häufig besteht eine mehr oder minder starke Beziehung zwischen Banken als Kapitalgeber und Unternehmen als Kapitalnehmer. In diesem Kapitel soll empirisch untersucht werden, von welchen Faktoren die Vergabeentscheidung der Banken abhängt und insbesondere welche Rolle Bankbeziehungen dabei spielen. Der erste Abschnitt verdeutlicht, warum die Frage nach der Rolle von Bankbeziehungen für die Kreditverfügbarkeit wichtig ist und faßt die Aussagen der Theorie zu diesem Thema kurz zusammen. Der zweite Abschnitt enthält die empirische Analyse der Kreditverfügbarkeit. Der dritte Abschnitt faßt die Ergebnisse zusammen und zieht ein Fazit.

6.1 Die Bedeutung von Bankbeziehungen

Da die Entlohnung von Fremdkapitalgebern aus einem fixen erfolgsunabhängigen Betrag besteht, führen geringe Erträge schnell zur Zahlungsunfähigkeit eines Unternehmens, auch wenn die Ertragsschwäche nur vorübergehend sein sollte. Als ein genereller Nachteil der Fremdkapitalfinanzierung gilt deshalb, daß sie die Krisenanfälligkeit von Unternehmen erhöht. Eigenkapitalgeber werden dagegen in Abhängigkeit vom erwirtschafteten Ertrag entlohnt. Für sie bedeuten geringe Unternehmenserträge eine geringe Rendite ihres eingesetzten Kapitals, aber nicht den Konkurs des Unternehmens. Die Finanzierung mit Eigenkapital wird deshalb als ein Schutz gegen Krisenanfälligkeit gesehen (vg. Abschnitt 5.1.1). Einen anderen Mechanismus zur Reduzierung der Krisenanfälligkeit stellt möglicherweise die Existenz von Bankbeziehungen dar. Mayer (1988) argumentiert, daß Banken Unternehmen auch dann Kredite zur Verfügung stellen, wenn es den Unternehmen schlecht geht, bzw. wenn die Kreditwürdigkeit der Unternehmens schwankt, sofern mit den Unternehmen enge Beziehungen bestehen. Die theoretischen Arbeiten zur Untermauerung dieses Arguments wurden in Abschnitt 3.4.3 ausführlich vorgestellt. Die wichtigsten Aussagen der Theorie zur Wirkung von Bankbeziehungen auf die Kreditverfügbarkeit und die daraus resultierenden testbaren Hypothesen seien an dieser Stelle noch einmal kurz resümiert:

1. Beziehungen können die Form eines impliziten Vertrags annehmen, mit dem sich ein Unternehmen gegen Schwankungen seiner Rückzahlungsfähigkeit versichert und der durch ein beschränktes Maß an ex post Verhandlungsmacht der Bank ermöglicht wird. Die Bank

subventioniert das Unternehmen, wenn es geringe Erträge erwirtschaftet und schöpft ab, wenn sich die Ertragslage wieder gebessert hat (Fischer 1990, Sharpe 1990, von Thadden 1998). Diese Modelle implizieren bessere Kreditverfügbarkeit für Unternehmen mit Bankbeziehungen bei schwankender Rückzahlungsfähigkeit.

2. Beziehungen verringern asymmetrische Information und senken die Informationsbeschaffungskosten der Kreditgeber. Bankbeziehungen implizieren deshalb generell bessere Kreditverfügbarkeit. Im Rahmen dauerhafter Beziehungen kann eine Reputation für eine hohe Rückzahlungswahrscheinlichkeit aufgebaut werden (Diamond 1989). Auch dieses Argument impliziert generell bessere Kreditverfügbarkeit für Unternehmen mit Bankbeziehungen.

Im Vergleich zu den angelsächsischen Ländern gilt das deutsche Finanzsystem als ein bankorientiertes System, in dem die Beziehungen zwischen Banken und Unternehmen traditionell eine wichtige Rolle spielen. Empirische Evidenz über die Effekte von Bankbeziehungen gibt nicht nur Aufschluß über das Verhalten von Banken, sie trägt auch zum Verständnis und zur Bewertung der Funktionsweise unterschiedlicher Finanzsysteme bei. Im Gegensatz zu den USA gibt es für Deutschland bislang kaum empirische Untersuchungen zu den Effekten von Bankbeziehungen auf Kreditverfügbarkeit. Der Grund hierfür liegt in der bis jüngst mangelnden Verfügbarkeit von Daten. Die beiden einzigen Arbeiten zu diesem Thema stammen von Harhoff und Körting (1998b) und von Elsas und Krahnen (1998). Harhoff und Körting (1998b) testen ebenso wie die US-amerikanischen Studien zu diesem Thema (Petersen und Rajan 1994, 1995, Berger und Udell 1995, Cole 1998) lediglich die zweite Hypothese, daß Bankbeziehungen Kreditverfügbarkeit generell verbessern. Die erste Hypothese, daß Bankbeziehungen Unternehmen mit schwankender Bonität den Zugang zu Krediten erleichtern, wird in den Schätzmodellen nicht zugelassen. Ein weiterer Nachteil dieser Arbeiten besteht darin, daß Kreditverfügbarkeit nicht direkt sondern über einen Indikator gemessen wird. Für den verwendeten Indikator sprechen zwar gute Gründe. Ob er jedoch tatsächlich Kreditverfügbarkeit mißt, wird in den zitierten Arbeiten nicht getestet. Elsas und Krahnen (1998) testen zwar die Versicherungshypothese und stellen fest, daß Bankbeziehungen die Kreditverfügbarkeit bei einem Absinken der Bonität tatsächlich verbessern. Allerdings ignorieren die Autoren das

Selektionsproblem, das darin besteht, daß nur Unternehmen in der Stichprobe enthalten sind, die einen Kredit nachgefragt haben, so daß ihre Schätzergebnisse potentiell verzerrt sind.

6.2 Empirische Analyse der Kreditverfügbarkeit

Dieser Abschnitt untersucht die Bedeutung von Bankbeziehungen für die Kreditvergabe empirisch. Dabei sollen die Kritikpunkte an den existierenden Arbeiten vermieden werden. Kreditverfügbarkeit wird deshalb erstens nicht durch einen Indikator gemessen, vielmehr wird direkt die Kreditvergabeentscheidung der Banken analysiert. Zweitens wird das Selektionsproblem explizit berücksichtigt und drittens werden beide Hypothesen zur Wirkung von Bankbeziehungen - die generelle Verbesserung der Kreditverfügbarkeit und die Verbesserung bei variierender Bonität - zugelassen. Zunächst werden die deskriptiven Statistiken der hier verwendeten Variablen vorgestellt. Anschließend wird diskutiert, worin enge Bankbeziehungen konkret bestehen könnten und wie sie empirisch meßbar sind. Im nächsten Schritt werden die Schätzgleichungen spezifiziert und anschließend Regressions- und Simulationsergebnisse präsentiert.

6.2.1 Deskriptive Statistiken

Tabelle 6.1 enthält eine Beschreibung sowie deskriptive Statistiken der verwendeten Variablen. Alle Angaben beziehen sich auf das Jahr 1996. Nach Eliminieren der Beobachtungen mit fehlenden Angaben stehen 1009 vollständige Beobachtungen zur Verfügung.

Kreditverfügbarkeit wird durch die binäre Variable *loan* gemessen, die den Wert eins annimmt, wenn ein Unternehmen einen Kredit, den es beantragt hat, in der gewünschten Höhe erhalten hat und den Wert null, wenn der Kreditantrag abgelehnt wurde oder das Unternehmen nur einen Teil der beantragten Summe erhalten hat. Problematisch könnte dieses Maß der Kreditverfügbarkeit sein, wenn Unternehmen, die antizipieren, daß Banken ihnen nur einen Teil der beantragten Summe gewähren werden, einen höheren Betrag beantragen, um den Kredit dennoch in der gewünschten Höhe zu erhalten. Die Variable *loan* hätte in diesem Fall den Wert null, das entsprechende Unternehmen gälte also als kreditrestringiert, obwohl es die eigentlich gewünschte Summe erhalten hat. Interviews mit Bankenvertretern in der Pretestphase des Fragebogens ergaben allerdings, daß sich Unternehmen in der Realität nicht so verhalten. Sie neigen nach Angaben der befragten Bankenvertreter eher dazu, geringere Beträge zu beantragen als für den vorgesehenen Verwendungszweck eigentlich erforderlich. Grund hierfür sei die befürchtete negative Signalwirkung hoher beantragter Summen. Die Variable *loan* ist nur dann beobachtbar, wenn ein Unternehmen einen Kredit nachgefragt hat. Kreditnachfrage wird durch die binäre Variable *demand* gemessen, die den Wert eins annimmt, wenn ein Unternehmen im Jahr 1996 einen Kredit nachgefragt hat und null sonst. 35,4% der Unternehmen haben im Jahr 1996 einen Kredit bei einer Bank nachgefragt, und 15,4% der kreditnachfragenden Firmen haben den Kredit nicht oder nicht in der gewünschten Höhe erhalten. Als Maß für enge Bankbeziehungen dienen die Dummyvariablen *rel* und *number*, die im nächsten Abschnitt genauer erläutert werden.

Der Mittelwert und die Varianz des Umsatzwachstums $\mu(\Delta \ln Y)$ und $\sigma^2(\Delta \ln Y)$ wurden aus Angaben im Investitionstest der vergangenen Jahre berechnet. Die Zahl der Beobachtungen je Unternehmen, die in die Berechnung der beiden Variablen eingehen, variiert je nach Alter und Teilnahmebereitschaft der Unternehmen zwischen drei und acht. Umsätze aus verschiedenen Jahren wurden ebenso wie die Investitionen anhand der Volkswirtschaftlichen Gesamtrechnung des Statistischen Bundesamtes (Fachserie 18, Reihe 1.3) inflationsbereinigt. Für die Umsätze wurde die Bruttowertschöpfung und für die Investitionen die Anlageinvestitionen in jeweiligen Preisen und Preisen eines Basisjahres herangezogen. Nach der Inflationsbereinigung, die für das Baugewerbe und das Verarbeitende Gewerbe getrennt erfolgte, liegen Umsätze und Investitionen verschiedener Jahre jeweils in Preisen des Jahres 1996 vor.

Die Rechtsformen wurden im Vergleich zu Kapitel 4 in die zwei Kategorien Personen- und Kapitalgesellschaften zusammengefaßt. Die Häufigkeitsverteilungen der kategorialen Variablen *eqrat*, *return* und *size* werden wieder in graphischer Form dargestellt (Abbildungen 6.1 bis 6.3).

Tabelle 6.1

Variablenbeschreibung und deskriptive Statistiken

Variablenname	Beschreibung	Mittelwert	Standardabweichung
Abhängige Variablen			
demand	Kreditnachfrage =1, falls 1996 ein Kredit nachgefragt wurde	0,35	0,48
loan[1]	Kreditverfügbarkeit =1, falls der Kredit in der gewünschten Höhe gewährt wurde	0,85	0,36
Erklärende Variablen			
eqrat	verzögerte Eigenkapitalquote (4 Kategorien)	3,20	0,98
return	Umsatzrendite (4 Kategorien)	1,84	0,99
$\mu(\Delta \ln Y)$	durchschnittliche Wachstumsrate des Umsatzes in den letzten (max.) 8 Jahren	0,08	0,21
$\sigma^2(\Delta \ln Y)$	Varianz des Umsatzwachstums der letzten (max.) 8 Jahre	0,19	1,22
rel[1]	= 1 falls seit mehr als zwei Jahren eine Bankbeziehung besteht und das Unternehmen ein Geschäftskonto bei der Bank unterhält	0,83	0,37
number	= 1, falls ein Unternehmen mit höchstens zwei Banken Geschäftsbeziehungen unterhält	0,30	0,46
age	Unternehmensalter in Jahren (Obergrenze 30 Jahre)	22,70	10,47
size	Beschäftigtengrößenklassen (Kategorien 1 bis 4)	3,00	1,31
legal	= 1 Personengesellschaft = 0 Kapitalgesellschaft	0,13	0,33
subs	= 1 Tochterunternehmen = 0 unabhängiges Unternehmen	0,17	0,37
east	=1 ostdeutsches Unternehmen	0,31	0,46
invr_1	Investitionsquote (Investitionsausgaben/Umsatz) um eine Periode verzögert	0,07	0,16
invr_2	Investitionsquote (Investitionsausgaben/Umsatz) um zwei Perioden verzögert	0,08	0,46

[1] Diese Variablen sind nur für diejenigen Unternehmen beobachtbar, die 1996 einen Kredit nachgefragt haben.

Ein Vergleich der Mittelwerte bzw. der Graphiken mit den entsprechenden Werten des in Kapital 4 beschriebenen Grunddatensatzes zeigt auch hier, daß die geringere Beobachtungszahl des verwendeten Datensatzes, die sich aufgrund fehlender Werte für einzelne Unternehmen ergibt, zu keinen größeren Verzerrungen geführt hat.

Abbildung 6.1

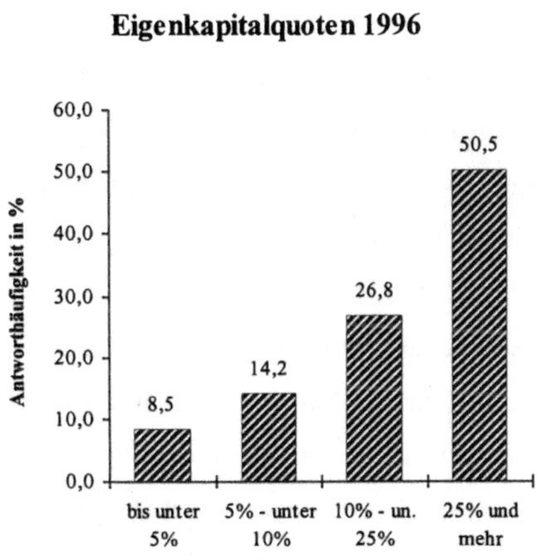

Abbildung 6.2

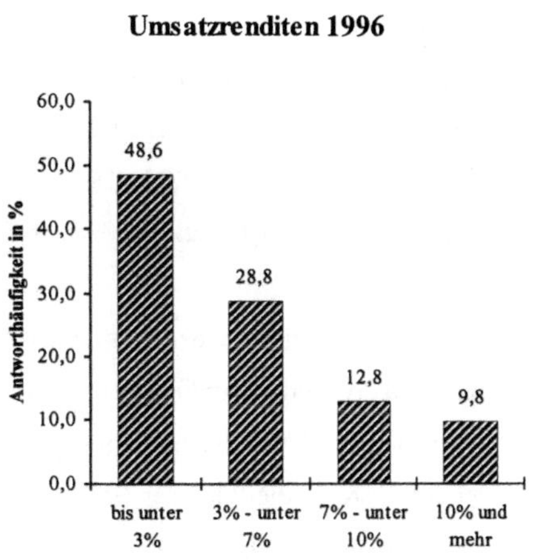

Abbildung 6.3

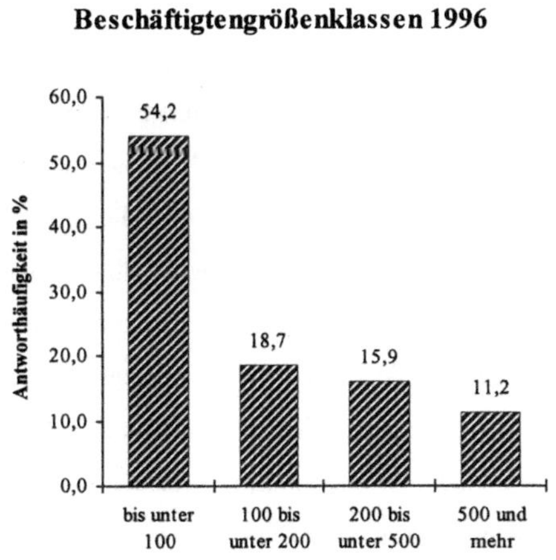

6.2.2 Maße für enge Bankbeziehungen

Wodurch zeichnet sich eine enge Beziehung zwischen einem Unternehmen und einer Bank aus? Die theoretische Literatur betont die Rolle von Beziehungen als ein Mittel des Informationstransfers und der Bindung von Bank und Unternehmen. Über welche Mechanismen diese Funktionen konkret ablaufen, bleibt jedoch meistens unklar. Entsprechend divers sind die in der empirischen Literatur verwendeten Indikatoren. Hierzu zählen die Zahl der Banken, mit denen ein Unternehmen Geschäftsbeziehungen unterhält, die Dauer einer Beziehung, die Inanspruchnahme weiterer Bankdienstleistungen, der Anteil der Verschuldung des Unternehmens, der auf die entsprechende Bank entfällt, sowie Angaben der Bank, ob sie sich als Hausbank des Unternehmens fühlt. Die Wahl eines Indikators wird in der empirischen Literatur meist durch die Verfügbarkeit der entsprechenden Variablen bestimmt.

Um möglichst viele Aspekte von Bankbeziehungen zu erfassen, wurden im Rahmen dieser Arbeit als potentielle Indikatoren, die Dauer der Beziehung zur der Bank, bei der ein Unternehmen einen Kredit nachgefragt hat, die Inanspruchnahme weiterer Dienstleistungen bei dieser Bank sowie die Zahl der Banken erhoben, mit denen ein Unternehmen Geschäftsbeziehungen unterhält. Für die Dauer als Maß enger Bankbeziehungen spricht, daß eine Bank ein Unternehmen im Verlauf der Beziehung besser kennenlernt. Die zu Beginn der Beziehung bestehende asymmetrische Information zwischen einer Bank und einem Unternehmen wird im Zeitablauf abgebaut. Dabei ist zu vermuten, daß der Informationszugewinn am Anfang der Beziehung, wenn die Bank noch relativ wenig von dem Unternehmen weiß, am größten ist. Der zusätzliche Informationsgewinn nimmt mit der Dauer der Beziehung wahrscheinlich ab. Um den Unternehmen die Beantwortung der Frage zu erleichtern, wurde die Dauer als kategoriale Variable erhoben. Die Inanspruchnahme weiterer Dienstleistungen kann als Maß für die Intensität der Beziehung interpretiert werden. Durch sie erhält die Bank erstens zusätzliche Informationen, die für die Kreditvergabeentscheidung nützlich sein können, sie kann zweitens die Kosten der Informationsbeschaffung auf mehrere Produkte verteilen und drittens besteht die Möglichkeit, cross-selling zu betreiben, d.h. die Erträge des Unternehmens über diese Dienstleistungen abschöpfen. Die Dauer der Beziehung und die Inanspruchnahme weiterer Dienstleistungen spiegeln zwei unterschiedliche Dimensionen einer Beziehung wider. Das hier verwendete Maß für enge Bankbeziehungen *rel* kombiniert beide Dimensionen: *rel* ist eine Dummyvariable, die den Wert eins annimmt, wenn mit der Bank, bei der der Kredit nachgefragt wurde, seit mehr als zwei Jahren eine Beziehung besteht und wenn das Unternehmen ein Geschäftskonto bei dieser Bank unterhält.[45] Die zeitliche Grenze von zwei Jahren soll der abnehmenden Zusatzinformation längerer Beziehungen Rechnung tragen. Wie Tabelle 6.2 zeigt, besteht die Bankbeziehung bei fast 93% der Unternehmen bereits seit mehr als 2 Jahren. 85% der Unternehmen haben ein Geschäftskonto bei der Bank. Bei rund 83% treffen beide Merkmale zu. Nach der gewählten Definition unterhält also die überwiegende Mehrheit der Unternehmen enge Bankbeziehungen.

Tabelle 6.2

Dauer der Bankbeziehung und Führung eines Geschäftskontos

	Anteil in %
Dauer der Bankbeziehung	
bisher keine Beziehung	4,2
bis zu 2 Jahren	3,1
2 bis 5 Jahre	16,9
5 bis 10 Jahre	16,9
mehr als 10 Jahre	58,9
Geschäftskonto	
ja	85,4
nein	14,6

Die Zahl der Banken gilt als ein Maß dafür, wie stark die Bindung zwischen Bank und Unternehmen ist. Je geringer die Zahl der Banken, desto stärker ist die Bindung. Bei Fischer (1990) beispielsweise ist eine Bindung nur dann möglich, wenn das Unternehmen mit einer einzigen Bank Beziehungen unterhält. In der Realität wird dies allerdings selten beobachtet. Aus Tabelle 6.3 geht hervor, daß im vorliegenden Datensatz nur knapp 8% der Unternehmen eine

[45] Neben der Führung eines Geschäftskontos wurden Informationen über die Inanspruchnahme weiterer Bankdienstleistungen wie die Führung eines Wertpapierdepots oder die Abwicklung von Exportgeschäften erhoben. Da diese in der empirischen Analyse keine Rolle spielten, werden sie hier nicht präsentiert.

einzige Bankbeziehung unterhalten. Im Durchschnitt unterhält ein Unternehmen mit vier Banken Geschäftsbeziehungen. Bei Elsas und Krahnen (1998), deren Datensatz aus mittelgroßen Unternehmen besteht, sind es im Durchschnitt sechs Banken. Multiple Bankbeziehungen können eine Maßnahme gegen eine allzu große Abhängigkeit von einer einzigen Bank sein (von Thadden 1992).

Neben einem Indikator für die Stärke der Bindung zwischen Bank und Unternehmen könnte die Zahl der Bankbeziehungen auch ein Signal für Bonität darstellen (vgl. 3.4.4). Multiple Bankbeziehungen erschweren im Fall der Zahlungsunfähigkeit eines Unternehmens die Nachverhandlung von Krediten. Je mehr Banken einem Unternehmen Kredite gewährt haben, desto schwieriger sind teurer sind für das Unternehmen Neuverhandlungen. Multiple Bankbeziehungen verringern deshalb den Anreiz zum strategic default, d.h. daß sich das Unternehmen für zahlungsunfähig erklärt, obwohl es seine Kredite tilgen könnte. Die Kosten multipler Bankbeziehungen bestehen in der größeren Gefahr der ineffizienten Liquidation, sollte das Unternehmen tatsächlich zahlungsunfähig sein. Wie Bolton und Scharfstein (1996) zeigen, sind für Unternehmen geringer Bonität exklusive Bankbeziehungen vorteilhafter, während Unternehmen hoher Bonität multiple Bankbeziehungen unterhalten sollten. Mit der Zahl der Bankbeziehungen könnten Unternehmen deshalb ihre Bonität signalisieren.

Tabelle 6.3

Zahl der Bankbeziehungen

	Anteil in %
1 Bank	7,9
2 Banken	21,6
3 Banken	26,1
4 Banken	17,8
5 Banken	10,8
mehr als 5	15,8

Für die empirischen Analysen in diesem Kapitel wird statt der Zahl der Bankbeziehungen die Dummyvariable *number* verwendet, die den Wert eins annimmt, wenn ein Unternehmen mit höchstens zwei Banken Geschäftsbeziehungen unterhält. Damit der Tatsache Rechnung getragen werden, daß exklusive Bankbeziehungen fast nie zu beobachten sind, sondern daß fast alle Unternehmen mindestens zwei Beziehungen haben, vermutlich um eine zu große Abhängigkeit von einer Bank zu vermeiden. Nach der gewählten Definition unterhalten durchschnittlich 30% der Unternehmen enge Bankbeziehungen. Dabei ist jedoch zu beachten, daß *number* nicht nur die Existenz enger Bankbeziehungen mißt, sondern auch ein Signal für schlechte Bonität sein könnte. Um die verschiedenen diskutierten Aspekte von Bankbeziehungen zu berücksichtigen, werden in den Schätzungen beide Indikatoren *rel* und *number* verwendet.

6.2.3 Spezifikation der Gleichung für Kreditverfügbarkeit

Die zu erklärende Variable *loan* ist hier analog zu Kapitel 5 eine binäre Variable, deren Beobachtbarkeit von einer anderen binären Variablen abhängt, nämlich davon, ob ein Unternehmen überhaupt einen Kredit beantragt hat. Die Befriedigung des Kreditbedarfs ist nur für diejenigen Unternehmen beobachtbar, die Bedarf hatten und diesen am Markt auch geäußert haben. Die Beobachtbarkeit des verwendeten Maßes für Kreditverfügbarkeit ist folglich nicht zufällig. Das adäquate Schätzverfahren ist in diesem Kapitel deshalb ebenfalls das Probitmodell mit Selektionsgleichung, das in Abschnitt 5.5.4 vorgestellt wurde. In diesem Kapitel müssen deshalb ebenfalls zwei Schätzgleichungen formuliert werden: die eigentlich interessierende Gleichung, die die Kreditverfügbarkeit spezifiziert, wird in diesem Abschnitt abgeleitet und die Selektionsgleichung für die Kreditnachfrage im nächsten.

Für die Kreditvergabeentscheidung muß die Bank die Wahrscheinlichkeit abschätzen, daß der Schuldner in der Lage und willens ist, den Kredit samt Zinszahlung zu tilgen. Diese Schätzung der Rückzahlungswahrscheinlichkeit hängt von den für die Bank beobachtbaren Charakteristika des Schuldners ab. Übersteigt die geschätzte Rückzahlungswahrscheinlichkeit einen bestimmte Schwellenwert, wird der Kredit gewährt, andernfalls wird er abgelehnt.

Die Eigenkapitalquote *eqrat* ist ein Maß für den Verschuldungsgrad des Unternehmens. Je höher die Eigenkapitalquote, desto geringer ist das Ausfallrisiko und desto größer sollte die

Kreditverfügbarkeit sein. Um Simultaneitätsprobleme zu vermeiden, wird der verzögerte Wert verwendet.[46] Die Umsatzrentabilität *return* spiegelt die Ertragskraft eines Unternehmens wider. Je höher *return,* desto höher sollte die Wahrscheinlichkeit sein, den Kredit in voller Höhe zu erhalten.[47]

Eine einfache Möglichkeit des Gläubigers, Informationen über die Rückzahlungswahrscheinlichkeit des Schuldners zu beschaffen, besteht darin, die Entwicklung des Unternehmens in der Vergangenheit zu betrachten und zu hoffen, daß die vergangene Entwicklung mit der zukünftigen korreliert ist. Diese Annahme ist zwar fragwürdig, in der Praxis jedoch weit verbreitet. Kreditverfügbarkeit sollte deshalb von Indikatoren der Unternehmensentwicklung in der Vergangenheit erklärt werden. Die durchschnittliche Wachstumsrate des Umsatzes über die vergangenen Jahre $\mu(\Delta \ln Y)$ spiegelt die Expansion des Unternehmens wider und übt vermutlich einen positiven Einfluß auf die Kreditverfügbarkeit aus. Neben dem Durchschnitt des Umsatzwachstums ist für einen Gläubiger auch dessen Varianz wichtig. Ein Unternehmen, das in einigen Jahren hohe, in anderen jedoch niedrige oder sogar negative Wachstumsraten aufweist, kann eine geringere Rückzahlungswahrscheinlichkeit haben als ein konstant wachsendes Unternehmen, auch wenn das durchschnittliche Wachstum beider Unternehmen gleich hoch ist. In Jahren mit geringem bzw. negativem Umsatzwachstum ist das Unternehmen möglicherweise nicht in der Lage, Rückzahlungen zu leisten. Die Varianz des Umsatzwachstums $\sigma^2(\Delta \ln Y)$ ist ein Indikator für die Unsicherheit der Unternehmensentwicklung. Größere Unsicherheit bedeutet höheres Risiko und sollte die Wahrscheinlichkeit, den gewünschten Kredit zu erhalten, verringern.

Um den Einfluß enger Bankbeziehungen auf die Kreditverfügbarkeit zu modellieren, werden zum einen die Dummyvariablen *rel* und *number* als Regressoren verwendet. Damit wird über-

[46] Da die Eigenkapitalquote auf dem Informationsstand am Ende des Geschäftsjahres basiert, hängt ihre Höhe davon ab, ob im Laufe des Geschäftsjahres ein Kredit gewährt wurde. Hat das Unternehmen einen Kredit aufgenommen, ist die Bilanzsumme im Nenner der Eigenkapitalquote ceteris paribus höher und somit die Eigenkapitalquote geringer als wenn kein Kredit aufgenommen wurde.

prüft, ob Unternehmen mit engen Bankbeziehungen generell bessere Chancen haben, einen beantragten Kredit voll zu erhalten. Für die Variable *number* ist zu beachten, daß sie nicht nur einen Indikator für enge Bankbeziehungen darstellt, sondern auch ein Signal für schlechte Bonität sein könnte. Das Vorzeichen von *number* ist deshalb unbestimmt. Während *number* als Indikator für enge Bankbeziehungen einen positiven Effekt auf die Kreditverfügbarkeit ausfweisen sollte, ist aufgrund der negativen Signalwirkung, die von wenigen Bankbeziehungen ausgeht, ein negativer Effekt zu erwarten. Um die Hypothese zu testen, daß Bankbeziehungen eine Versicherung der Unternehmen gegen Schwankungen des cash flows darstellen, werden die beiden Dummys für Bankbeziehungen zusätzlich mit dem Unsicherheitsmaß $\sigma^2(\Delta \ln Y)$ interagiert.[48] Die Versicherungshypothese impliziert, daß sich Schwankungen der Rückzahlungsfähigkeit bei Unternehmen mit engen Bankbeziehungen weniger stark negativ auf die Wahrscheinlichkeit der Kreditgewährung auswirken, als bei Unternehmen ohne Bankbeziehungen. Während für den Koeffizienten von $\sigma^2(\Delta \ln Y)$ ein negatives Vorzeichen zu erwarten ist, sollten die Interaktionen mit den Indikatoren für enge Bankbeziehungen positive Vorzeichen aufweisen.

Schließlich gibt es eine Reihe weiterer Unternehmenscharakteristika, die einen Einfluß auf die Kreditverfügbarkeit haben könnten. Größere Unternehmen sind möglicherweise eher in der Lage, Sicherheiten zu stellen, und erhalten somit eher den gewünschten Kredit als kleine Unternehmen. Ein gutes Maß für das als Sicherheiten verwendbare Vermögen wäre das materielle Anlagevermögen eines Unternehmens gewesen. Wie in Kapitel 4 ausgeführt, waren jedoch viele Unternehmen nicht bereit, diese Bilanzinformationen zu liefern. Als Größenindikator wurden deshalb die Beschäftigtengrößenklassen *size* herangezogen. Das Unternehmensalter ist ein Indikator für die Reputation eines Unternehmens. Je älter ein Unternehmen ist, desto länger hat es seine Schulden bereits bedient ohne Konkurs zu gehen und desto sicherer

[47] Die Umsatzrendite und die Eigenkapitalquote werden aufgrund ihrer Bedeutung in der Praxis als erklärende Variable verwendet. Die Berechnung finanzwirtschaftlicher Kennziffern aus Jahresabschlüssen zur Abschätzung von Rückzahlungswahrscheinlichkeiten ist im Bankengewerbe gängige Praxis (vgl. z.B. Eilenberger 1996), obwohl anerkannt wird, daß ihre Aussagekraft aufgrund bilanzpolitischer Bewertungsspielräume der Unternehmen eingeschränkt ist (Hauschildt und Leker 1995).

[48] Strenggenommen müßte man ein Maß für die Schwankungen in der Rückzahlungsfähigkeit verwenden, beispielsweise die Varianz des Nettovermögens. Da diese Größe nicht vorliegt, wird auf die Varianz des Umsatzwachstums zurückgegriffen.

und vertrauenswürdiger ist es deshalb für Kreditgeber. Die Obergrenze von 30 Jahren trägt dem abnehmenden Einfluß des Alters Rechnung. Die Rechtsform *legal* spiegelt sowohl Haftungsregeln als auch Publizitätspflichten wider. Während die Haftung der Gesellschafter von Kapitalgesellschaften auf ihre Einlage beschränkt ist, haften Gesellschafter von Personengesellschaften in der Regel mit ihrem gesamten Vermögen. Deshalb läßt sich die Hypothese aufstellen, daß Kapitalgesellschaften eher von Finanzierungsschwierigkeiten betroffen sind, als Personengesellschaften. Andererseits unterliegen Kapitalgesellschaften normalerweise strengeren Publizitätspflichten, so daß man argumentieren könnte, daß Kreditgeber von Kapitalgesellschaften besser informiert sind als Kreditgeber von Personengesellschaften. Aus diesem Grund ist zu erwarten, daß Personengesellschaften eher Finanzierungsschwierigkeiten haben als Kapitalgesellschaften. Ebenso wie bei der Rechtsform, ist auch bei der Zugehörigkeit zu einem Mutterunternehmen (*subs)* nicht eindeutig, welches Vorzeichen der entsprechende Koeffizient haben sollte. Zum einen läßt sich vermuten, daß Tochterunternehmen mit größerer Wahrscheinlichkeit benötigte Kredite erhalten, da Mutterunternehmen möglicherweise die Haftung für zahlungsunfähige Töchter übernehmen. Der Koeffizient von *subs* sollte deshalb ein positives Vorzeichen haben. Andererseits könnten es Banken als ein negatives Signal interpretieren, wenn sich ein Tochterunternehmen bei einer Bank um einen Kredit bemüht anstatt beim Mutterunternehmen, das Informationen, die es im Rahmen des Mutter-Tochterverhältnisses gewinnt, für Kreditvergabeentscheidungen nutzen kann. Wenn sich ein Unternehmen nicht an die Muttergesellschaft wendet, sondern an eine Bank, so liegt die Vermutung nahe, daß die besser informierte Mutter eine Kreditvergabe abgelehnt hat. Deshalb kann *subs* auch einen negativen Einfluß auf Kreditverfügbarkeit haben. Branchendummies und ein Dummy für ostdeutsche Unternehmen (*east*) dienen als Indikatoren für Risiko und Ertragsaussichten, die Banken nicht direkt beobachten können.

6.2.4 Spezifikation der Gleichung für Kreditnachfrage

Um einen ersten Eindruck davon zu bekommen, ob die Nicht-Zufälligkeit der Stichprobe für die Kreditverfügbarkeit hier relevant ist, sind analog zum Vorgehen im vorigen Kapitel in den ersten beiden Spalten von Tabelle 6.4 die Anteilswerte einiger zentraler Variablen jeweils für kreditnachfragende und nicht nachfragende Unternehmen aufgeführt. Die t-Werte in der letzten Spalte beziehen sich auf den Test auf gleiche Anteile in beiden Teilstichproben. Tabelle 6.4 macht deutlich, daß sich auch hier beide Teilstichproben signifikant unterscheiden. Nachfragende Unternehmen haben im Durchschnitt eine geringere Eigenkapitalquote und eine geringere Umsatzrentabilität. Der Anteil ostdeutscher Firmen beträgt bei den nachfragenden Unternehmen 36% gegenüber 27% bei den nicht-nachfragenden Unternehmen. Dieses Ergebnis unterstreicht die Notwendigkeit, den Selektionsprozeß bei der Schätzung der Determinanten der Kreditverfügbarkeit explizit zu berücksichtigen.

Tabelle 6.4

Charakteristika Kredit nachfragender und nicht nachfragender Unternehmen

	Firmen, die keinen Kredit nachfragen (*demand*=0)	Firmen, die Kredit nachfragen (*demand*=1)	t-Test auf gleiche Anteile[1] (absolute t-Werte)
Verzögerte Eigenkapitalquote bis 25%	0,44	0,61	5,15 ***
Verzögerte Eigenkapitalquote über 25%	0,56	0,39	
Umsatzrendite bis 3%	0,44	0,57	4,04 ***
Umsatzrendite über 3%	0,56	0,43	
Westdeutsches Unternehmen	0,73	0,64	3,01 ***
Ostdeutsches Unternehmen	0,27	0,36	
Zahl der Beobachtungen	653	357	

[1] Test für unverbundene Stichproben
*** signifikant verschieden zum 1% Niveau

Die Selektionsgleichung modelliert die Entscheidung des Unternehmens einen Kredit nachzufragen. Es sind drei verschiedene Gründe denkbar, warum ein Unternehmen keinen Kredit nachfragt. Erstens, das Unternehmen hat keine lohnenden Investitionsmöglichkeiten und benötigt deshalb kein zusätzliches Kapital. Zweitens, das Unternehmen nutzt andere Finanzierungsquellen. Und drittens, das Unternehmen benötigt einen Kredit, verzichtet jedoch darauf, seinen Bedarf am Markt zu äußern, da es seine Chancen, bedient zu werden, als zu gering einschätzt.

Aufgrund des ersten Grunds ist die Nachfrage nach externem Kapital mit der Investitionstätigkeit eines Unternehmens verbunden. Ein Unternehmen, das hohe Investitionsausgaben tätigt, benötigt mit einer höheren Wahrscheinlichkeit einen Kredit als ein Unternehmen, das nur wenig investiert. Bei unvollkommenen Kapitalmärkten - z.B. aufgrund asymmetrischer Information - verliert das Modigliani-Miller-Theorem seine Gültigkeit, d.h. Investitions- und Finanzierungsentscheidungen müssen simultan getroffen werden. Die Verwendung der kontemporären Investitionsquote, die als Quotient aus Investitionsausgaben und Umsatz definiert ist, als erklärende Variable für die Kreditnachfrage würde zu Simultaneitätsproblemen führen. Deshalb werden statt kontemporärer Werte einmal und zweimal verzögerte Werte der Investitionsquote (*invr_1* und *invr_2*) verwendet.

Die Kreditnachfrage hängt weiterhin von der Verfügbarkeit alternativer Finanzierungssquellen ab. Gemäß der pecking order-Hypothese (Myers 1984) präferieren Unternehmen interne Mittel vor allen anderen Finanzierungsformen. Innenfinanzierung gilt als die günstigste Finanzierungsform, da sie als einzige nicht mit Informationsproblemen verbunden ist. Folglich ist zu vermuten, daß die Kreditnachfrage negativ von der Verfügbarkeit interner Mittel abhängt. Da der cash flow als Variable im Datensatz nicht enthalten ist, wird statt dessen die Umsatzrentabilität *return* als Indikator für die Verfügbarkeit interner Mittel herangezogen.

Unternehmen formen Erwartungen über die Wahrscheinlichkeit, daß ein beantragter Kredit gewährt wird. Verursacht die Antragstellung Kosten, fragt ein Unternehmen nur dann nach, wenn es mit einer gewissen Mindestwahrscheinlichkeit erwartet, daß der Kredit gewährt wird. Das bedeutet, daß die Selektionsentscheidung vom Erwartungswert der abhängigen Variablen der eigentlich interessierenden Gleichung abhängt. Erwartungen sind jedoch nicht beobachtbar. Um eine mögliche Lösung des Problems der unbeobachtbaren Erwartungen aufzuzeigen, wird an dieser Stelle eine Parallele zu einem bekannten Problem aus der Arbeitsmarktökonomik gezogen, nämlich zur Schätzung von Lohngleichungen. Die Lohnhöhe einer Person wird häufig modelliert als eine Funktion ihres Humankapitals (z.B. gemessen durch Schulbildung, Erfahrung und Betriebszugehörigkeit), weiterer persönlicher Eigenschaften (wie Alter, Nationalität, Gewerkschaftszugehörigkeit, Familienstand, Zahl und Alter von Kindern) sowie von Jobcharakteristika (wie Unternehmensgröße und -sitz, Tätigkeit im öffentlichen oder privaten Sektor, Branche und Position in der Unternehmenshierarchie) (vgl. z.B. Zweimüller und

Winter-Ebmer 1994). Der Lohn ist nur für Personen beobachtbar, die arbeiten. Um die Lohngleichung unverzerrt zu schätzen, wird meist das zweistufige Heckman-Verfahren angewandt. Die Entscheidung einer Person, zu arbeiten hängt davon ab, ob der Lohn, den sie auf dem Arbeitsmarkt zu verdienen erwartet, ihren Reservationslohn übersteigt (vgl. z.B. Killingsworth und Heckman 1986). Erwartete Löhne sind jedoch nicht beobachtbar. Eine allgemein übliche Vorgehensweise in der empirischen Literatur besteht darin, alle Variablen, die die Lohnhöhe beeinflussen auch als erklärende Variable für die Arbeitsentscheidung zu verwenden. Bei rationalen Erwartungen basieren die Lohnerwartungen auf denselben Variablen, die die Lohnhöhe tatsächlich bestimmen. Durch diese Vorgehensweise entsteht ein neues Problem: Jobcharakteristika beeinflussen zwar die Lohnhöhe, sie sind jedoch nur für arbeitende Personen beobachtbar. Dem Forscher ist nicht bekannt, in welchem Betrieb und welcher Position eine Person hypothetisch arbeiten würde, falls sie sich entschließen sollte zu arbeiten. Jobcharakteristika können deshalb nicht als erklärende Variable in die Gleichung für die Arbeitsentscheidung verwendet werden. In die Selektionsgleichung gehen deshalb nur Variablen ein, die für arbeitende und für nicht arbeitende Personen beobachtbar sind (vgl. z.B. Hübler 1991). Diese in der Arbeitmarktökonomik gängige Vorgehensweise wird auf das hier betrachtete Problem der Kreditverfügbarkeit und -nachfrage übertragen. Um für die Erwartungen zu kontrollieren, die die Unternehmen über ihre Chancen, einen Kredit zu erhalten, bilden, müssen alle erklärenden Variablen der Gleichung für die Kreditverfügbarkeit auch in die Kreditnachfragegleichung aufgenommen werden. Unternehmen wissen in der Regel, welche Informationen den Banken vorliegen. Wenn Unternehmen ihre Erwartungen rational bilden, dann gehen in ihre Erwartungsbildung dieselben Variablen ein, wie in die Kreditvergabeentscheidung der Banken. Ebenso wie jedoch Jobcharakteristika für nicht arbeitende Personen, ist die Beziehungsvariable *rel* für diejenigen Unternehmen nicht beobachtbar, die keinen Kredit nachfragen. *Rel* enthält Informationen über das Verhältnis zu derjenigen Bank, bei der ein Unternehmen Kredit nachgefragt hat. Es ist nicht bekannt, an welche Bank sich ein Unternehmen, das keinen Kredit nachgefragt hat, hypothetisch gewandt hätte, hätte es sich dazu entscheiden, doch einen Kreditantrag zu stellen.

Der Beschäftigtengrößenklassen *size* als Maß für die Unternehmensgröße geht in die Gleichung ein, weil die Stellung eines Kreditantrags fixe Kosten verursachen könnte, beispielsweise für die Bereitstellung von Informationen für die Bank oder die eigene Informationsbeschaffung über Zinsen und andere Konditionen. Kreditnachfrage ist deshalb mit steigenden Skalenerträgen verbunden. Branchendummies und ein Regionaldummy für ostdeutsche Unternehmen (*east*) spiegeln unterschiedliche Investitionsmöglichkeiten wider.

Bei der Interpretation der Ergebnisse ist zu beachten, daß manche Variablen, wie z. B. die Umsatzrendite oder die Unternehmensgröße aufgrund mehrerer unterschiedlicher Argumente in die Selektionsgleichung eingehen. Die Umsatzrendite beispielsweise spiegelt zum einen die Verfügbarkeit alternativer Finanzierungsquellen wider und zum anderen geht sie in die Erwartungsbildung der Unternehmen über die Wahrscheinlichkeit der Kreditgewährung ein. Die jeweiligen Koeffizienten beziehen sich auf beide Effekte, die entgegengesetzte Vorzeichen implizieren. Die Interpretation der Koeffizienten in der Selektionsgleichung sind deshalb schwierig. Wie bereits in Kapitel 5 ist eine Diskriminierung zwischen den verschiedenen Effekten nicht möglich.

6.2.5 Schätzergebnisse

Da hier dasselbe ökonometrische Verfahren angewandt wird wie in Kapitel 5, wird nicht näher darauf eingegangen. Es wurden zwei Spezifikationen geschätzt, jeweils als simples Probitmodell und als Probitmodell unter Berücksichtigung der Selektion. Die beiden Spezifikationen unterscheiden sich darin, daß zunächst beide Indikatoren für enge Bankbeziehungen, *rel* und *number,* sowie die jeweiligen Interaktionen mit der Varianz des Umsatzwachstums $\sigma^2(\Delta \ln Y)$ als Regressoren verwendet wurden, während die zweite Spezifikation nur *rel* und die Interaktion $\sigma^2(\Delta \ln Y)$**rel* enthält. Die Ergebnisse sind in Tabelle 6.5 wiedergegeben. Der obere Teil der Tabelle enthält die Ergebnisse für die Kreditverfügbarkeit und der untere Teil für die Nachfrage. Der Korrelationskoeffizient ρ in der letzten Zeile der Tabelle ist für beide Spezifikationen negativ und signifikant. Wird die Endogneität von *loan* ignoriert, erhält man also verzerrte Schätzungen. Dies wird bei einem Vergleich der Ergebnisse der simplen Probitschätzung und der simultanen Schätzung mit Selektionsgleichung deutlich. Nicht nur die t-Werte, sondern auch die Koeffizienten unterscheiden sich teilweise beträchtlich. Die folgende Darstellung der Ergebnisse bezieht sich auf die Probitschätzungen mit Selektionsgleichung.

Tabelle 6.5

Determinanten der Kreditverfügbarkeit

Schätzverfahren	Probit		Probit mit Selektion		Probit		Probit mit Selektion	
Beobachtungen	357		1009		357		1009	
χ^2 (Freiheitsgrade)	102,77 (27)		211,74 (56)		94,71 (25)		180,60 (52)	
abhängige Variable	*loan*		*loan*		*loan*		*loan*	
	Koeffizient	t-Wert	Koeffizient	t-Wert	Koeffizient	t-Wert	Koeffizient	t-Wert
return = 2	0,39	1,44	0,43	1,92 *	0,45	1,71 *	0,49	2,24 **
return = 3	0,35	0,94	0,43	1,35	0,47	1,28	0,51	1,72 *
return = 4	1,01	1,55	1,01	1,91 *	0,82	1,38	0,90	1,83 *
eqrat = 2	1,31	3,20 ***	1,17	2,88 ***	1,25	3,11 ***	1,09	3,06 ***
eqrat = 3	0,82	2,76 **	0,69	2,34 **	0,78	2,67 ***	0,64	2,37 **
eqrat = 4	0,91	2,99 ***	0,95	3,28 ***	0,92	3,07 ***	0,95	3,59 ***
$\mu(\Delta \ln Y)$	3,41	3,03 ***	2,60	2,18 **	2,83	3,15 ***	2,07	2,47 **
$\sigma^2(\Delta \ln Y)$	-3,24	-2,22 **	-2,62	-2,01 **	-2,98	-1,96 **	-2,44	-2,12 **
number	-0,64	-2,41 **	-0,25	-0,85				
$\sigma^2(\Delta \ln Y)$ * *number*	-0,72	-0,60	-0,77	-0,74				
rel	0,32	1,13	0,27	1,15	0,24	0,83	0,18	0,80
$\sigma^2(\Delta \ln Y)$ * *rel*	2,81	1,95 *	2,32	1,86 *	2,53	1,69 *	2,14	1,96 **
size = 2	0,08	0,30	0,01	0,05	0,23	0,87	0,08	0,34
size = 3	0,16	0,51	0,09	0,32	0,33	1,08	0,17	0,65
size = 4	-0,30	-1,23	-0,28	-0,76	-0,34	-0,89	-0,24	-0,76
legal	-0,56	-2,08 **	-0,55	-1,99 **	-0,72	-2,33 **	-0,58	-2,25 **
subs	-0,41	-1,46	-0,23	-0,87	-0,36	-1,30	-0,18	-0,77
age	-0,05	-0,91	-0,03	-0,74	-0,03	-0,72	-0,02	-0,60
east	-2,00	-1,79 *	-1,66	-1,64	-1,92	-1,77 *	-1,54	-1,70 *
constant	2,88	1,74 *	2,62	1,86 *	2,31	1,47	2,31	1,83 *

Fortsetzung Tabelle 6.5

abhängige Variable	*demand*			*demand*		
	Koeffizient	t-Wert		Koeffizient	t-Wert	
return = 2	-0,25	-2,50	**	-0,26	-2,63	***
return = 3	-0,43	-3,07	***	-0,39	-2,81	***
return = 4	-0,41	-2,52	**	-0,40	-2,52	**
eqrat = 2	-0,25	-1,37		-0,21	-1,18	
eqrat = 3	-0,13	-0,75		-0,08	-0,47	
eqrat = 4	-0,57	-3,51	***	-0,53	-3,36	***
$\mu(\Delta \ln Y)$	0,10	0,23		0,26	0,69	
$\sigma^2(\Delta \ln Y)$	-0,07	-1,03		-0,07	-1,12	
invr_1	1,02	1,61		1,12	1,88	*
$(invr\_1)^2$	-0,49	-1,24		-0,49	-1,38	
invr_2	-0,97	-2,15	**	-0,85	-1,99	**
$(invr\_2)^2$	0,08	1,93	*	0,07	1,83	*
number	-0,55	-4,71	***			
$\sigma^2(\Delta \ln Y) * number$	0,45	0,92				
size = 2	0,16	1,32		0,27	2,38	**
size = 3	0,13	1,02		0,28	2,26	**
size = 4	-0,22	-1,38		-0,06	-0,42	
legal	0,03	0,23		-0,04	-0,30	
subs	-0,16	-1,27		-0,15	-1,23	
age	-0,00	-0,22		-0,00	-0,02	
east	0,31	0,98		0,22	0,71	
constant	0,42	0,91		0,10	0,21	
ρ	-0,80	-2,15	**	-0,82	-3,40	***

Beide Gleichungen enthalten Dummies für die Industriezugehörigkeit, deren Koeffizienten nicht ausgewiesen sind.

* signifikant zum 10% Niveau

** signifikant zum 5% Niveau

*** signifikant zum 1% Niveau

In beiden Spezifikationen sind die Koeffizienten der *return*- und *eqrat*-Dummies in der *loan*-Gleichung positiv und fast alle signifikant. In der Kreditnachfragegleichung sind sie dagegen negativ und ebenfalls zum großen Teil signifikant. Die kleinste Kategorie dient jeweils als Referenz. Je höher die durch *return* gemessene Ertragskraft eines Unternehmens, desto geringer ist die Wahrscheinlichkeit der Kreditnachfrage und desto höher ist die Wahrscheinlichkeit, den beantragten Kredit in voller Höhe gewährt zu bekommen. Auch höhere Eigenkapitalquoten verringern die Wahrscheinlichkeit der Nachfrage und erhöhen erwartungsgemäß die Wahrscheinlichkeit der vollständigen Bedienung. Die Koeffizienten des durchschnittlichen Umsatzwachstums $\mu(\Delta \ln Y)$ und der Varianz des Umsatzwachstums $\sigma^2(\Delta \ln Y)$ weisen ebenfalls in beiden Spezifikationen das erwartete positive bzw. negative Vorzeichen auf und sind signifikant. Während ein hohes Umsatzwachstum die Kreditverfügbarkeit erhöht, verschlechtern sich die Chancen, einen Kredit zu erhalten, je größer die Unsicherheit über die Unternehmensentwicklung ist.

Der Unterschied zwischen der einfachen Probitschätzung und der Probitschätzung mit Selektionsgleichung wird besonders in der ersten Spezifikation deutlich. Während die Dummyvariable für wenige Bankbeziehungen *number* in der einfachen Probitschätzung einen negativ signifikanten Einfluß auf die Kreditverfügbarkeit ausübt, verschwindet dieser Effekt, sobald man die Selektion berücksichtigt. Auch die Interaktion von *number* mit der Varianz des Umsatzwachstums ist in der ersten Spezifikation nicht signifikant. An diesem Ergebnis ändert sich auch dann nichts, wenn man die Zahl der Bankbeziehungen anders spezifiziert, z.B. mit einem linearen und einem quadratischen oder einem logarithmischen Term. Dasselbe gilt, wenn man die Zahl der Bankbeziehungen in mehrere Größenklassen einteilt. Der Grund für dieses Ergebnis liegt vermutlich darin, daß sich der positive Effekt einer engen Bindung auf die Kreditvergabeentscheidung und der negative Signaleffekt weniger Bankbeziehungen gegenseitig aufheben. In der Selektionsgleichung weist *number* einen negativen signifikanten Koeffizienten auf. Allerdings sind hier die Größenklassendummies *size* im Gegensatz zur zweiten Spezifikation nicht signifikant. Der Grund für dieses Ergebnis dürfte darin liegen, daß die Zahl der Bankbeziehungen stark mit der Unternehmensgröße korreliert ist, so daß beide Effekte nicht zu trennen sind.

Der Dummy für enge Bankbeziehungen *rel* weist ein positives Vorzeichen auf, ist jedoch in keiner der beiden Spezifikationen signifikant. Mißt man die Existenz enger Bankbeziehungen durch die Dauer der Beziehung und die Führung eines Geschäftskontos (*rel*), unterscheidet sich die Kreditverfügbarkeit zwischen Unternehmen mit und ohne enge Beziehungen also nicht generell. Die Interaktion zwischen *rel* und $\sigma^2(\Delta \ln Y)$ ist dagegen signifikant, in der ersten Spezifikation zum 10%-Nivaeu und in der zweiten zum 5%-Niveau. Der Koeffizient ist positiv und hat jeweils dieselbe Größenordnung wie der absolute Wert des Koeffizienten von $\sigma^2(\Delta \ln Y)$. Während sich eine unsichere Unternehmensentwicklung für Unternehmen ohne enge Bankbeziehungen negativ auf die Wahrscheinlichkeit der Kreditvergabe auswirkt, wird diese Wirkung für Unternehmen mit engen Bankbeziehungen stark abgeschwächt. Bankbeziehungen stellen also tatsächlich eine Form der Versicherung gegen Schwankungen der Unternehmensentwicklung dar.

Das Alter eines Unternehmens als Indikator für die Reputation eines Unternehmens sollte ein positives Vorzeichen haben. Die Schätzungen ergeben jedoch keinen signifikanten Einfluß des Unternehmensalters auf die Kreditverfügbarkeit. *Age* weist in beiden Spezifikationen ein negatives Vorzeichen und einen geringen t-Wert auf. Die Schätzungen erfolgten unter einer Reihe alternativer Spezifikationen für das Unternehmensalter. Anstelle von 30 Jahren, wurden andere Obergrenzen zwischen 20 und 40 Jahren für das Alter ebenso ausprobiert wie das logarithmierte Alter und ein Dummy für Unternehmen die jünger waren als fünf Jahre. Anstelle des Alters wurde auch die Zeit, seit der das Unternehmen in Händen der aktuellen Eigentümer sind, verwendet, um zu testen, ob eher die Reputation der Eigentümer als die des Unternehmens entscheidend ist. Unter keiner der genannten Spezifikationen hatte das Alter einen signifikanten Einfluß auf Kreditverfügbarkeit. Der Grund dürfte in der hohen Korrelation zwischen *age* und dem Ostdummy liegen. Während die jungen Unternehmen in der Stichprobe vor allem aus Ostdeutschland stammen, ist die Mehrzahl der westdeutschen Unternehmen alt. Läßt man *east* als erklärende Variable weg, weist *age* das erwartete positive Vorzeichen auf und ist in beiden Spezifikationen zum 1%-Niveau signifikant.[49] Aufgrund der hohen Korrelation der Variablen, können die Einflüsse von *age* und *east* nicht getrennt werden.

---

[49] In Tabelle 6.5 nicht ausgewiesen.

Der negative Koeffizient von *legal* impliziert, daß Personengesellschaften größere Schwierigkeiten haben, einen Kredit zu erhalten als Kapitalgesellschaften. Dieses Ergebnis ist ein Hinweis darauf, daß Publizitätspflichten für die Kreditaufnahme wichtiger sind als Haftungsregeln. Die weitverbreitete Auffassung, große Unternehmen hätten weniger Probleme bei der Kreditbeschaffung wird durch die Schätzergebnisse nicht gestützt. Die Koeffizienten der Größenklassendummies sind in der Gleichung für Kreditverfügbarkeit in keiner Spezifikation signifikant. Auch für die Unternehmensgröße wurden verschiedene Spezifikationen ausprobiert, ohne daß sich dieses Ergebnis änderte. Das Ergebnis steht im Gegensatz zu anderen Studien, in denen sich ein signifikanter Einfluß der Unternehmensgröße ergab (z.B. Winker 1993, Audretsch und Elston 1994). Diese Diskrepanz ist möglicherweise darin begründet, daß in anderen Untersuchungen neben der Unternehmensgröße häufig nur wenige andere Variablen zur Erklärung von Finanzierungsschwierigkeiten zur Verfügung standen, so daß die Größe auch den Einfluß korrelierter Variablen mißt, die in den jeweiligen Schätzgleichung fehlen.

6.2.6 Simulationsergebnisse

Um den Einfluß der Bankbeziehung auf die Kreditverfügbarkeit besser abzuschätzen, zeigt Abbildung 6.4 jeweils für ein Unternehmen mit und ohne enge Bankbeziehungen, wie sich die Wahrscheinlichkeit der Kreditgewährung in Abhängigkeit der Varianz des Umsatzwachstums verändert. Grundlage sind dabei die Schätzergebnisse der zweiten Spezifikation, d.h. als Indikator für enge Bankbeziehungen wird die Dummyvariable *rel* herangezogen. Analog zu Kapitel 5 wird hier die bedingte Wahrscheinlichkeit dargestellt, d.h. die Wahrscheinlichkeit der Kreditgewährung, gegeben, daß ein Unternehmen einen Kredit nachgefragt hat. Die Eigenschaften des Referenzunternehmens sind in Anschluß an die Abbildung 6.4 wiedergegeben.

Abbildung 6.4

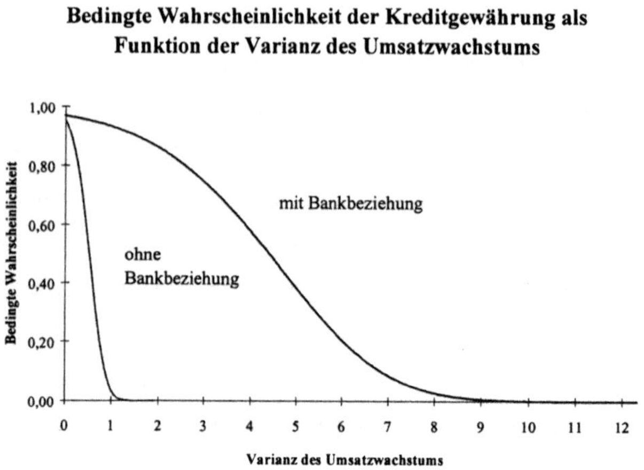

Referenzunternehmen

return	7% bis unter 10%
eqrat	10% bis unter 25%
$\mu(\Delta \ln y)$	0,10
size	bis unter 100 Beschäftigte
legal	Kapitalgesellschaft
age	30 Jahre oder mehr
east	westdeutsch
subs	selbständig
invr_1	0,07
invr_2	0,08

Sowohl für Unternehmen mit als auch für Unternehmen ohne Bankbeziehungen fällt die Wahrscheinlichkeit der Kreditgewährung mit zunehmender Varianz des Umsatzwachstums. Bei stetigem Umsatzwachstum, d.h. bei einer Varianz von null oder nahe null liegt die Wahrscheinlichkeit der Kreditgewährung für das gewählte Referenzunternehmen bei fast eins. Der Unterschied zwischen Unternehmen mit und ohne Beziehungen ist hier am kleinsten. Mit steigender Varianz fällt die Wahrscheinlichkeit der Kreditgewährung für Unternehmen ohne Bankbeziehungen scharf ab. Bereits bei einer Varianz von 1,2 ist die Wahrscheinlichkeit, einen beantragten Kredit vollständig zu erhalten, ohne Bankbeziehungen gleich null. Für Unternehmen mit Bankbeziehungen dagegen verläuft die Kurve deutlich flacher. Erst ab einer Varianz von gut neun erhält das Referenzunternehmen mit Sicherheit keinen Kredit mehr.

Die in der theoretischen Literatur formulierte Idee, daß Bankbeziehungen Unternehmen mit schwankender Rückzahlungsfähigkeit den Zugang zu Krediten erleichtern, wird durch die Simulationsergebnisse eindeutig gestützt. Eine Anmerkung zu diesem Ergebnis ist jedoch wichtig: Wie Tabelle 6.6 zeigt, unterscheiden sich zwar die Mittelwerte der Varianz des Umsatzwachstums für Unternehmen mit und ohne Bankbeziehungen nicht signifikant voneinander, die tatsächlich beobachteten Wertebereiche von $\sigma^2(\Delta \ln Y)$ liegen jedoch weit auseinander.

Tabelle 6.6

Deskriptive Statistiken von $\sigma^2(\Delta \ln Y)$ für Kredit nachfragende Unternehmen mit und ohne enge Bankbeziehung

	Minimum	Maximum	Mittelwert	Standard-abweichung	t-Test auf gleiche Mittelwerte[1]
mit enger Bankbeziehung	0,00	12,29	0,12	1,02	-0,52
ohne enge Bankbeziehung	0,00	1,88	0,16	0,31	

[1] t-Test für unverbundene Stichproben mit ungleichen Varianzen

Während das Maximum von $\sigma^2(\Delta \ln Y)$ bei Unternehmen ohne Bankbeziehungen bei knapp zwei liegt, erreicht es bei Unternehmen mit Bankbeziehungen über 12. Diese Beobachtung läßt zwei Schlüsse zu: Erstens könnte es sein, daß Unternehmen ohne Bankbeziehung und mit hoher Varianz keine Kredite nachfragen. Diese Hypothese läßt sich leider nicht testen, da die Existenz von Bankbeziehungen, gemessen durch *rel*, für Unternehmen, die keinen Kredit nachgefragt haben, nicht beobachtbar ist. Man könnte jedoch auch zweitens schließen, daß der Aufbau von Bankbeziehungen eine bewußte Entscheidung der Unternehmen darstellt. Dies legt die Vermutung nahe, daß sich vor allem Unternehmen mit hoher Varianz um enge Bankbeziehungen bemühen, während Unternehmen mit niedriger Varianz auf enge Bankbeziehungen weniger angewiesen sind. Damit eröffnen sich neue Fragestellungen, nämlich welche Nachteile ergeben sich für ein Unternehmen durch enge Bankbeziehungen und wovon hängt die Entscheidung über den Aufbau von Beziehungen ab. Die Beantwortung dieser Fragestellungen würde ein weitergehendes Verständnis von Bankbeziehungen erlauben. Eine Analyse der Determinanten von Bankbeziehungen ist eine interessante Fragestellung für zukünftige Forschung, geht aber über das Ziel dieser Arbeit hinaus.

6.3 Zusammenfassung und Fazit

In diesem Kapitel wurden die Bestimmungsgründe für die Befriedigung der Kreditnachfrage von Unternehmen analysiert. Dabei sollten die kritischen Punkte existierender empirischer Arbeiten vermieden werden. Kreditverfügbarkeit wurde deshalb nicht wie vielfach üblich durch einen Indikator gemessen. Statt dessen wurde direkt die Kreditvergabeentscheidung der Banken analysiert und das Problem endogener Selektion bei der ökonometrischen Schätzung explizit berücksichtigt. Die Formulierung der Schätzgleichung ließ im Gegensatz zu den existierenden empirischen Arbeiten beide aus der Theorie ableitbaren Hypothesen zur Wirkung von Bankbeziehungen zu: eine generell bessere Kreditverfügbarkeit für Unternehmen mit engen Bankbeziehungen und eine höhere Wahrscheinlichkeit der Kreditgewährung bei Unternehmen mit schwankender Rückzahlungsfähigkeit.

Die wichtigsten Ergebnisse lassen wie folgt zusammenfassen: Kreditverfügbarkeit wird erstens durch die Entwicklung in der Vergangenheit sowie durch finanzwirtschaftliche Kenngrößen erklärt: Stetiges Umsatzwachstum verbessert, Unsicherheit verschlechtert die Kreditverfügbarkeit. Während Kredite eher von Unternehmen mit geringer Eigenkapitalquote und geringer Umsatzrentabilität nachgefragt werden, ist es gerade diese Gruppe, die relative schlechte Chancen hat, bedient zu werden. Zweitens erhöhen Bankbeziehungen die Chancen der Kreditgewährung signifikant, indem sie den negativen Einfluß der Varianz des Umsatzwachstums stark abschwächen. Dieses Ergebnis ist Evidenz für die Hypothese, daß Banken Unternehmen, mit denen enge Beziehungen bestehen, gegen Schwankungen in der Rückzahlungsfähigkeit absichern. Wie Banken für ihre Versicherungsleistung entlohnt werden, ob sie beispielsweise „in guten Zeiten" höhere Zinsen durchsetzen können, kann im Rahmen dieser Arbeit nicht untersucht werden.

Vor dem Hintergrund der Ergebnisse dieses Kapitels sei hier noch einmal die Diskussion um die (tatsächliche oder vermeintliche) Eigenkapitallücke deutscher Unternehmen aufgegriffen, die in Kapitel 5 thematisiert wurde. Deutsche Unternehmen gelten allgemein als eigenkapitalschwach (Monopolkommission 1998) und, da Eigenkapital Haftungsfunktion übernimmt, als krisenanfällig. Den positiven Zusammenhang zwischen Eigenkapitalquote und Finanzierungsmöglichkeiten belegen auch die Regressionsergebnisse in diesem Kapitel. Je geringer die Eigenkapitalquote, desto geringer ist die Wahrscheinlichkeit der Kreditgewährung und desto insolvenzanfälliger sind Unternehmen folglich in Krisensituationen. Gleichzeitig wird dem deutschen Finanzsystem eine ausgeprägte Bankenorientierung bescheinigt. Eine relativ geringe Eigenkapitalausstattung und eine starke Bankenorientierung zusammengenommen müssen keine größere Krisenanfälligkeit der Unternehmen bedeuten als in anderen Ländern. Wie die empirischen Ergebnisse in diesem Kapitel belegen, tragen Bankbeziehungen dazu bei, auch in schwierigen Zeiten Kredite zu erhalten. Auch Stöß (1996) vertritt die Ansicht, daß die engen Bankbeziehungen vieler deutscher Unternehmen die Wirkung negativer Schocks abschwächen. Zur Verringerung von Krisenanfälligkeit sind enge Bankbeziehungen allerdings sind trotz dieser recht positiven Bewertung kein vollständiges Substitut für eine ausreichende Eigenkapitalausstattung, da vor allem neu gegründete Unternehmen noch keine Zeit hatten, um überhaupt Bankbeziehungen aufzubauen.

Kapitel 7

7 Auswirkungen von Finanzierungsrestriktionen auf der Unternehmensebene

Die Tatsache, daß der Zugang zu externem Kapital von Unternehmen aufgrund von Informations-, Anreiz- und Verifizierungsproblemen beschränkt oder seine Kosten relativ hoch sein können, ist eine der zentralen Erkenntnisse moderner Theorien der Unternehmensfinanzierung. Die empirischen Analysen von Kreditverfügbarkeit in Kapitel 6 zeigen, daß Finanzierungsrestriktionen nicht nur ein theoretisches Konstrukt sind, vielmehr ist tatsächlich ein Teil der Unternehmen in Deutschland bei der Aufnahme von Bankkrediten beschränkt. Daß die Beschaffung von externem Eigenkapital keine Alternative darstellt, wird in Kapitel 5 deutlich. Auch bei Eigenkapital besteht asymmetrische Information. Die Beschaffung von Beteiligungskapital kann mit Nachteilen wie dem Verlust von Innovationsrenten oder von private benefits of control verbunden sein, die externes Eigenkapital zu einer teuren Finanzierungsform machen. Damit stellt sich die Frage, welche Auswirkungen Finanzierungsrestriktionen auf Unternehmensentscheidungen wie z.B. Investitionen, Lagerhaltung, Forschungs- und Entwicklungsausgaben (F&E), Beschäftigung und Preissetzungsverhalten haben. Zur Beantwortung dieser Fragen leistet dieses Kapitel einen Beitrag.

Die existierende Literatur konzentriert sich in erster Linie auf die Konsequenzen von Finanzierungsrestriktionen für die Höhe der Investitionen. Auch der Schwerpunkt dieses Kapitels liegt in der empirischen Überprüfung der Wirkung von Finanzierungsrestriktionen auf das Investitionsverhalten. In Abschnitt 7.1.1 werden zunächst die Standardvorgehensweise und die Ergebnisse der empirischen Literatur dargestellt. Die Probleme dieser Vorgehensweise werden aufgezeigt und diskutiert. Die anschließende empirische Analyse schlägt einen anderen Weg ein und vermeidet so die Hauptkritikpunkte an den bestehenden Arbeiten. Im Gegensatz zu den existierenden Studien, in denen die Existenz von Finanzierungsrestriktionen nicht beobachtbar ist, erlaubt es der vorliegende Datensatz, den Einfluß von Finanzierungsrestriktionen auf das Investitionsverhalten nicht nur indirekt zu erschließen, sondern direkt durch die Verwendung eines entsprechenden Indikators zu schätzen. Der zweite Beitrag der empirischen Analyse dieses Kapitels besteht darin, daß Finanzierungsrestriktionen nicht als exogen angenommen werden, sondern endogen und simultan mit dem Investitionsverhalten erklärt werden. Obwohl es zunächst nahe liegt, daß Finanzierungsrestriktionen in erster Linie das Investitionen in Sachvermögen beeinflussen, lassen sich die Überlegungen auf weitere unternehmerische Aktivitäten übertragen. Das vorliegende Kapitel bliebe daher unvollständig, ginge es nicht zumindest ansatzweise auf die Auswirkungen von Finanzierungsrestriktionen auf andere Entscheidungsvariable der Unternehmen ein. Der zweite Abschnitt stellt die in der Literatur diskutierten theoretischen Ansätze und empirischen Ergebnisse der Effekte von Finanzierungsrestriktionen auf Lagerhaltung, F&E-Aufwendungen, Beschäftigung und das Preissetzungsverhalten vor.

7.1 Investitionsverhalten

Im Vergleich zu anderen Entscheidungsvariablen von Unternehmen wird das Investitionsverhalten unter Berücksichtigung von Finanzierungsrestriktionen relativ häufig untersucht. In den vergangenen zehn Jahren ist eine Vielzahl empirischer Untersuchungen zu diesem Thema entstanden. Dabei haben sich zwei einander ähnliche Standardvorgehensweisen herausgebildet. Wie der folgende Literaturüberblick zeigt, sind diese jedoch aus mehreren Gründen nicht befriedigend. Trotz der vergleichsweise intensiven Forschung auf diesem Gebiet besteht deshalb Verbesserungsbedarf. Ziel dieses Abschnitts ist, hierzu einen Beitrag zu leisten.

7.1.1 Empirische Ansätze und Befunde

In der neoklassischen Investitionstheorie hängen Investitionsausgaben in erster Linie von den Kapitalnutzungskosten ab. Dabei wird angenommen, daß Unternehmen jeden gewünschten Betrag aufnehmen können, den sie zur Realisierung ihrer Investitionsprojekte benötigen. Ist der Zugang der Unternehmen zu externem Kapital jedoch bescränkt, wird die Höhe der Investitionen durch die Verfügbarkeit intern erwirtschafteter liquider Mittel wie dem cash flow bestimmt.[50] Empirische Arbeiten testen, ob und in welchem Maß Investitionen von internen Mitteln abhängen.

Den meisten empirischen Studien liegen Paneldatensätze auf Unternehmensebene zugrunde.[51] Für die Abbildung des Investitionsverhaltens werden überwiegend Strukturgleichungen verwendet, die aus einem intertemporalen Gewinnmaximierungsproblem mit konvexen oder quadratischen Anpassungskosten hergeleitet worden sind. Für die Schätzung dienen entweder Q-Gleichungen oder Eulergleichungen. Die Logik beider Vorgehensweisen besteht darin, von einem Standardmodell ohne Finanzierungsrestriktionen auszugehen, das fehlspezifiziert ist, wenn es Finanzierungsrestriktionen gibt. Welche Unternehmen restringiert sind, kann in diesen Arbeiten jedoch nicht beobachtet werden. Deshalb wird die Stichprobe anhand eines Kriteriums in zwei Teilstichproben geteilt. Eine Teilstichprobe enthält diejenigen Unternehmen, von denen a priori angenommen wird, daß sie restringiert sind und die andere diejenigen Unternehmen, von denen davon ausgegangen wird, sie seien nicht restringiert. Als Kriterium für diese Differenzierung wird eine Variable gewählt, von der man annimmt, daß sie etwas mit der Wahrscheinlichkeit von Finanzierungsrestriktionen zu tun hat, wie beispielsweise Beziehungen zu einem Konzern oder einer Bank (Hoshi, Kashyap und Scharfstein 1990, Albach und Elston 1995), die Unternehmensgröße (Audretsch und Elston 1994), das Alter (Devereux und Schiantarelli 1990), ein Kreditwürdigkeitsrating (Whited 1992) oder die Höhe von Dividendenausschüttungen (Fazzari, Hubbard und Petersen 1988, Bond und Meghir 1994). Während die Spezifikation für die nicht restringierten Unternehmen korrekt sein sollte, sollte sie für die restringierten Unternehmen abgelehnt werden.

[50] Dieser intuitiv einsichtige Effekt wird bereits bei Meyer und Kuh (1957) angeführt und von Bernanke und Gertler (1990) formalisiert, die zeigen, daß eine geringe Ausstattung mit internen Mitteln zu suboptimaler Investition führt. Für eine einfache Illustration dieses Effekts vgl. Hubbard (1998).

[51] Einen Überblick über diese Literatur geben Schiantarelli (1996) und Hubbard (1998).

Auf den ersten Blick scheint diese Vorgehensweise sehr attraktiv zu sein, weil die Schätzgleichung direkt aus einem theoretischen Modell abgeleitet wird und die Spezifikation der Investitionsgleichung nicht ad hoc erfolgt. Allerdings weist diese Vorgehensweise eine Reihe anderer Schwächen auf:

Im Q-Modell hängen die Investitionen unter der Null-Hypothese, daß es keine Finanzierungsrestriktionen gibt (und unter einer Reihe zusätzlicher Annahmen[52]), ausschließlich vom durchschnittlichen Q ab, das als das Verhältnis zwischen dem Marktwert eines Unternehmens und dem Wiederbeschaffungswert des Kapitalstocks definiert ist. Der Marktwert wird auf Basis von Aktienkursen ermittelt. Der Test auf Finanzierungsrestriktionen besteht darin, Proxies für die Verfügbarkeit interner Liquidität, wie z.B. cash flow als zusätzliche Regressoren zu verwenden und zu prüfen, ob sie in beiden Teilstichproben signifikant sind. Signifikanz der Liquiditätsproxies gilt als Evidenz für Finanzierungsrestriktionen. Die empirischen Ergebnisse zeigen, daß die Investitionen meist in beiden Gruppen vom cash flow abhängen, in der Gruppe der a priori restringierten Unternehmen allerdings meist in stärkerem Maß. Dieses Ergebnis muß jedoch nicht auf Finanzierungsrestriktionen zurückzuführen sein. Der Hauptkritikpunkt am Q-Modell ist, daß Q möglicherweise ein schlechtes Maß für das Wertgrenzprodukt des Kapitals darstellt. Indikatorvariablen für interne Liquidität können auch deshalb signifikant sein, weil sie zukünftige Gewinne widerspiegeln. Der Einfluß von Liquiditätsvariablen hat in diesem Fall nichts mit Finanzierungsrestriktionen zu tun. Ein zweiter Einwand gegen die geschilderte Vorgehensweise ist, daß Unternehmen, die nicht an der Börse notiert sind, von der Analyse ausgeschlossen sind. Dabei ist zu erwarten, daß nicht notierte Unternehmen eher Finanzierungsrestriktionen unterliegen. Schließlich wird gegen das Q-Modell vorgebracht, daß wenn der Markt die Existenz von Finanzierungsrestriktionen beobachten kann, diese im durchschnittlichen Q bereits enthalten sind, und die Signifikanz des cash flows folglich nicht auf Finanzierungsrestriktionen zurückzuführen sein kann (Chirinko 1993).[53]

---

[52] Diese Annahmen sind vollkommene Konkurrenz, konstante Skalenerträge in der Produktionsfunktion und der Anpassungskostenfunktion sowie Kapital als einzigen Inputfaktor, der mit Anpassungskosten verbunden ist (Hayashi, 1982 und 1985). Die meisten Annahmen können jedoch abgeschwächt werden.

[53] Chirinko (1993) bietet eine ausführliche Diskussion über die Probleme des Q-Modells und andere Investitionsmodelle.

Eine Alternative zum Q-Modell ist die Schätzung einer Eulergleichung, die die Bedingung erster Ordnung für optimale Investitionen angibt. Um vom theoretischen Modell zu einer Schätzgleichung zu kommen, wird angenommen, daß die Unternehmen rationale Erwartungen haben. Diese Annahme erlaubt, erwartete Werte durch tatsächliche Werte plus einem Erwartungsfehler zu ersetzen, der orthogonal zu Informationen der laufenden Periode ist. Dadurch entsteht ein Fehler in den Variablen-Problem, so daß Instrumentvariablen oder Allgemeine Momentenschätzverfahren erforderlich sind, um die Eulergleichung konsistent zu schätzen. Häufig angewandt wird in den zitierten Studien z.B. der Allgemeine Momentenschätzer für dynamische Panelmodelle von Arellano und Bond (1991). Finanzierungsrestriktionen werden in das theoretische Modell durch eine Ungleichheitsbedingung eingeführt, die beispielsweise eine Obergrenze für die maximale Verschuldung oder eine Untergrenze von null für die Dividendenausschüttungen festlegt. Erreicht ein Unternehmen die Verschuldungsobergrenze oder die Dividendenuntergrenze, wird die Restriktion bindend, und der Lagrange-Parameter der Restriktion wird verschieden von Null. Instrumentvariablen, die unter der Null-Hypothese, daß es keine Finanzierungsrestriktionen gibt, gültig sind, verlieren ihre Gültigkeit. Der Test auf überidentifizierende Restriktionen, der die Orthogonalität der Instrumente prüft, sollte das Modell für die a priori restringierten Unternehmen verwerfen und es annehmen für die a priori nicht restringierten Unternehmen. In einigen Arbeiten wird der unbeobachtbare Multiplikator ad hoc zusätzlich als eine Funktion intern verfügbarer Mittel spezifiziert. Die empirischen Ergebnisse zeigen, daß das Modell tatsächlich häufiger für die Gruppe von Unternehmen abgelehnt wird, die als restringiert klassifiziert wurden.

Als größter Nachteil des Q-Modells und der Eulergleichung, ist zu sehen, daß, nicht auf Finanzierungsrestriktionen geschlossen werden kann, wenn das Standardmodell abgelehnt wird. Beide Modelle beruhen auf der Annahme einer geometrischen Abschreibung, symmetrischer konvexer Anpassungskosten bei der Eulergleichung und einer quadratischen Anpassungskostenfunktion im Q-Modell (Schiantarelli 1996). Sind die Annahmen mit den Daten nicht vereinbar, sind beide Modelle fehlspezifiziert. Bei konvexen Anpassungskosten und der Reinvestition eines konstanten Teils des Kapitalstocks passen Unternehmen ihren tatsächlichen Kapitalstock graduell an den optimalen Kapitalstock an. Da Investitionen über einen gewissen Zeitraum gestreckt werden, sollte ein stetiges Investitionsverhalten zu beobachten sein. Während partielle Anpassung das Investitionsgeschehen auf aggregierter Ebene gut beschreibt, ist sie für Unternehmensdaten weniger geeignet. Hier beobachtet man häufig plötzliche drastische Veränderungen, die mit einer partiellen Anpassung nicht vereinbar sind und die für Unteilbarkeiten und für fixe Anpassungskosten sprechen. Bei fixen Anpassungskosten ist die optimale Entscheidungsregel in Bezug auf die Investitionsausgaben diskontinuierlich. Ist die Differenz zwischen dem optimalen und dem tatsächlichen Kapitalstock geringer als ein bestimmter kritischer Wert, dann investiert ein Unternehmen nicht. Übersteigt die Differenz den kritischen Wert, paßt das Unternehmen seinen Kapitalstock sofort vollständig an das optimale Niveau an.[54] Vor allem für kleine Unternehmen können fixe Anpassungskosten gravierend sein. Für kleine Unternehmen ist es auch weniger wahrscheinlich, daß sie jedes Jahr einen konstanten Teil ihres Kapitalstocks reinvestieren. Ein kleines Unternehmen, dessen ganzer Kapitalstock beispielsweise aus einer Maschine besteht, kann nicht jedes Jahr einen Teil dieser Maschine ersetzen. Vielmehr wird es eine neue Maschine erst dann beschaffen, wenn die alte abgenutzt ist. Für ein großes Unternehmen dagegen, dessen Kapitalstock aus vielen Maschinen besteht, ist es eher wahrscheinlich, daß es jedes Jahr einen Teil der Maschinen ersetzt. Das Investitionsverhalten kleiner Unternehmen ist deshalb weniger kontinuierlich als das großer Unternehmen.

Ein zweiter Nachteil des Q-Models und der Eulergleichung ist die Verwendung von sample splits. Dieses Vorgehen ist aus zwei Gründen problematisch: Erstens beschränkt es sich auf Annahmen darüber, welche Unternehmen restringiert sind, da eine entsprechende Variable in den verwendeten Datensätzen nicht vorliegt. Die Stichprobenaufteilung erfolgt nur anhand eines einzelnen Kriteriums. Wie die empirische Analyse in Kapitel 5 und andere empirische Arbeiten zu den Determinanten von Kreditverfügbarkeit zeigen, hängen Finanzierungsrestriktionen jedoch von vielen Unternehmenscharakterisitika ab und nicht nur von einem. Kaplan und Zingales (1997) kritisieren in diesem Zusammenhang, daß die Stichprobenaufteilung anhand eines Kriteriums Unternehmen in sehr unterschiedlichen finanzwirtschaftlichen Situationen poolt. Das zweite Problem ist mehr technischer Natur. Ein sample split impliziert, daß in jeder Schätzung bestimmte Beobachtungen systematisch ausgeschlossen werden. Damit ent-

[54] Für eine Diskussion verschiedener Anpassungskostenfunktionen und ihre Implikationen für die Faktornachfrage vgl. Hamermesh und Pfann (1996).

steht die Gefahr eines sample selection-Problems, vor allem dann, wenn der sample split anhand einer endogenen Variablen erfolgt, wie z.B. der Dividendenpolitik.[55]

Aufgrund der Probleme des üblichen Vorgehens wird in der folgenden empirischen Untersuchung ein anderer Weg gewählt (vgl. Plötscher und Rottmann 1998): Erstens wird der Einfluß von Finanzierungsrestriktionen auf das Investitionsverhalten direkt untersucht und nicht über den Umweg eines sample splits. Der vorliegende Datensatz erlaubt dieses Vorgehen, da er Informationen über beide Variablen - Investitionsverhalten und Finanzierungsrestriktionen - enthält. Damit wird das mit sample splits verbundene Selektionsproblem vermieden. Zweitens werden Finanzierungsrestriktionen nicht als exogen angenommen, sondern simultan mit dem Investitionsverhalten erklärt. Diese Vorgehensweise integriert zwei Aspekte, die in der Literatur bislang unverbunden nebeneinander stehen: die Bestimmungsgründe von Finanzierungsrestriktionen und ihre Auswirkungen auf das Investitionsverhalten

Im folgenden werden zunächst die verwendeten Variablen erklärt und die zugehörigen deskriptiven Statistiken der vorgestellt. Anschließend werden die Schätzgleichungen spezifiziert und das gewählte ökonometrische Verfahren erklärt. Der letzte Abschnitt präsentiert die Schätzergebnisse.

7.1.2 Deskriptive Statistiken

Die Beschreibung der in diesem Kapitel verwendeten Variablen findet sich zusammen mit den deskriptiven Statistiken in Tabelle 7.1. Alle Angaben beziehen sich auf das Jahr 1996. Das in diesem Kapitel verwendete sample umfaßt 867 vollständige Beobachtungen.

Zunächst stellt sich die Frage, wie das Investitionsverhalten abgebildet werden sollte. Da die absolute Höhe der Investitionen in erster Linie die Größe eines Unternehmens widerspiegelt, macht es keinen Sinn, diese Variable erklären zu wollen. In der Literatur wird in der Regel das

---

[55] Von dieser Kritik ausgenommen sind Hu und Schiantarelli (1994), die ein switching regression-Modell schätzen, bei dem die Wahrscheinlichkeit, daß ein Unternehmen restringiert ist, von seinen Charakteristika abhängt.

Verhältnis aus Investitionen und Kapitalstock als zu erklärende Variable verwendet. Der Kapitalstock liegt in diesem Datensatz allerdings nicht vor. Eine andere Möglichkeit, den Größeneffekt zu beseitigen, ist das Bilden von Wachstumsraten. Dadurch ergibt sich jedoch das Problem, daß für Unternehmen, die dieses Jahr positive Investitionen und letztes Jahre keine Investitionen getätigt haben, die Wachstumsrate nicht berechenbar ist. Theoretisch hat sie den Wert unendlich. Um dieses Problem zu umgehen, wurde die Wachstumsrate der Investitionen in Kategorien ΔI eingeteilt. 0 ist die kleinste Kategorie und bedeutet einen Rückgang der Investitionen um 100%, d.h. ein Unternehmen hatte positive Investitionen in der vergangenen Periode und keine Investitionen diese Periode. 1 bedeutet einen starken Rückgang, 2 einen leichten Rückgang, 3 keine Veränderung und 4 einen Anstieg der Investitionen von 1995 auf 1996. Ein weiterer Grund für die Einteilung der Wachstumsrate der Investitionen in Kategorien liegt darin, daß Investitionen ungenauer zu messen sind, als andere Variablen wie z.B. die Zahl der Beschäftigten oder der Umsatz. Durch die Verwendung von Kategorien werden diese Meßprobleme reduziert (Geil und Zimmermann 1995).

Finanzierungsrestriktionen werden durch die Dummyvariable *FC* gemessen, die den Wert eins annimmt, wenn ein Unternehmen Finanzierungsrestriktionen unterliegt und null sonst. Ein mögliches Maß für Finanzierungsrestriktionen ist die im vorigen Kapitel analysierte Ablehnung eines Kreditantrags. Allerdings werden dann die Unternehmen von der Analyse ausgeschlossen gewesen, die keinen Kredit nachgefragt haben, und diese Selektion muß modelliert werden. Daraus ergibt sich ein System mit drei Gleichungen: Die Investitionsgleichung, die Gleichung für die Befriedigung der Kreditnachfrage und die Nachfrage selbst. Die simultane Schätzung der drei Gleichungen würde einen erheblichen ökonometrischen Aufwand erfordern. Zudem kann es sein, daß auch Unternehmen Finanzierungsrestriktionen unterliegen, die 1996 keinen Kredit nachgefragt haben, beispielsweise weil sie antizipiert haben, nicht bedient zu werden. Diese Unternehmen wären von der Schätzung des Einflusses der Finanzierungsrestriktionen auf das Investitionsverhalten ausgeschlossen. Sinnvoller ist deshalb ein Indikator für Finanzierungsrestriktionen, der für alle Unternehmen im Datensatz beobachtbar ist. Einen Indikator, den Petersen und Rajan (1994, 1995) eingeführt haben, und der in der empirischen Literatur inzwischen sehr häufig verwendet wird (vgl. Abschnitt 3.4.3), ist die Inanspruchnahme von Handelskrediten.

Tabelle 7.1

Variablenbeschreibung und deskriptive Statistiken

Variablenname	Beschreibung	Mittelwert	Standardabweichung
Abhängige Variablen			
ΔI	Veränderung der Investitionen (Kategorien 0 bis 4)	2,70	1,19
FC	=1 falls ein Unternehmen finanzrestringiert ist	0,16	0,37
Erklärende Variablen			
$lag\,\Delta I$	verzögerte Veränderung der Investitionen (Kategorien 0 bis 4)	2,85	1,13
$\Delta \ln y$	Wachstumsrate des Umsatzes	0,02	0,24
$\mu(\Delta \ln y)$	durchschnittliche Wachstumsrate des Umsatzes in den letzten (max.) 8 Jahren	0,09	0,21
$\sigma^2(\Delta \ln y)$	Varianz des Umsatzwachstums in den letzten (max.) 8 Jahren	0,19	1,08
eqrat	Eigenkapitalquote (Kategorien 1 bis 4)	3,18	0,99
return	Umsatzrendite (Kategorien 1 bis 4)	1,83	1,00
$\Delta ExpReturn$	Veränderung der Ertragserwartungen (Kategorien 1 bis 5)	3,18	1,27
$lag\,\Delta ExpReturn$	verzögerte Veränderung der Ertragserwartungen (Kategorien 1 bis 5)	3,46	1,17
age	Unternehmensalter (Obergrenze 30 Jahre)	20,84	10,98
legal	= 1 Personengesellschaft = 0 Kapitalgesellschafte	0,13	0,33
subs	= 1 Tochterunternehmen = 0 unabhängiges Unternehmen	0,17	0,38
east	=1 ostdeutsches Unternehmen	0,39	0,49

Handelskredite sind eine Finanzierungsform, die Lieferanten ihren Kunden gewähren. Eine Form des Handelskredit besteht darin, gewährte Skonti nicht in Anspruch zu nehmen. Ein weitverbreitetes Zahlungsschema für Lieferantenskonti sieht den Abzug von zwei Prozent des

Rechnungsbetrags bei Zahlung innerhalb von zehn Tagen vor. Nach Ablauf der zehn Tage ist der volle Rechnungsbetrag innerhalb weiterer zwanzig Tage fällig. Nutzt ein Unternehmen das Skonto nicht und zahlt erst am dreißigsten Tag, impliziert dies die Inanspruchnahme eines Kredits für zwanzig Tage zu einem Zinssatz von 2% - das entspricht einem jährlichen Zinssatz von rund 43%. Begleicht das Unternehmen seine Rechnung nicht nach 30 Tagen sondern erst später, verringert sich der jährliche Zinssatz zwar wieder. Allerdings muß das Unternehmen langfristig damit rechnen, sanktioniert zu weerden, z.B., indem es Liferungen nur noch gegen Vorauskasse erhält. Handelskredit ist deshalb eine sehr teure Finanzierungsform, und Unternehmen werden Handelskredit nur dann in Anspruch nehmen, wenn günstigere Finanzierungsquellen bereits ausgeschöpft sind. Unternehmen, die Handelskredite in starkem Maße in Anspruch nehmen, gelten deshalb als restringiert.

Gegen diesen Indikator für Finanzierungsrestriktionen könnte eingewandt werden, daß Skonti nicht genutzt werden, um Transaktionskosten zu vermeiden (Ferris 1981, Petersen und Rajan 1997) oder um genügend Zeit zu haben, um die unbekannte Qualität der erworbenen Güter zu prüfen. Selbst wenn dies zutrifft, ist es unwahrscheinlich, daß Unternehmen Skonti nie in Anspruch nehmen. Das hier verwendet Maß *FC* berücksichtigt dies: *FC* nimmt den Wert eins an, wenn ein Unternehmen angab, daß es gewährte Skonti nie oder selten nutzte und den Wert null, wenn es angab, Skonti immer oder häufig genutzt zu haben. Eine zusätzliche Überprüfung, inwiefern *FC* die Existenz von Finanzierungsrestriktionen mißt, liefert ein Vergleich der Determinanten von *FC* mit den Determinanten der in Kapitel 6 analysierten Kreditverfügbarkeit. Werden beide Variablen von den gleichen Faktoren bestimmt, kann dies als ein Hinweis darauf gewertet werden, daß *FC* tatsächlich ein Maß für Finanzierungsrestriktionen darstellt. Ein anderer Einwand gegen den Indikator *FC* ist, daß es auch Unternehmen geben kann, deren Lieferanten überhaupt keine Skonti gewähren. Wie dieser Fall zu interpretieren ist, ist nicht klar. Lieferanten könnten die Gewährung von Skonti ablehnen, weil sie ihre Kunden als nicht kreditwürdig einschätzen oder aus irgendeinem anderen Grund, der nur den Lieferanten bekannt ist. Unternehmen, die berichteten, daß ihnen keine Skonti gewährt werden, wurden aus der Analyse ausgeschlossen. Da dies aber nur in 11 Fällen zutrifft, ist die potentielle Verzerrung zu vernachlässigen.

$\Delta ExpReturn$ ist eine kategoriale Variable, die die Veränderung der Erwartungen über die zukünftigen Erträge mißt. $\Delta ExpReturn$ nimmt die Werte eins bis fünf an, die für eine starke Verschlechterung der Ertragserwartungen (1), eine leichte Verschlechterung (2), keine Änderung (3), eine leichte Besserung (4) und eine starke Verbesserung (5) stehen. Die übrigen erklärenden Variablen sind bereits aus Kapitel 5 bzw. Kapitel 6 bekannt. Auffallend ist hier die große Differenz zwischen der aktuellen Wachstumsrate des Umsatzes $\Delta \ln y$ und dem durchschnittlichen Umsatzwachstum der vergangenen Jahre $\mu(\Delta \ln y)$. Während der Umsatz zwischen 1995 und 1996 real um nur 2% anstieg, lag der durchschnittliche jährliche Anstieg in den vergangenen Jahren bei 9%, wobei die Umsatzangaben inflationsbereinigt wurden. Grund für diese Beobachtung ist vermutlich die starke wirtschaftliche Expansion in Ostdeutschland, die nach der Wiedervereinigung 1991 von einem relativ niedrigen Niveau aus startete. Die Häufigkeitsverteilungen der kategorialen Variable sind in den Abbilden 7.1 bis 7.5 dargestellt.

Abbildung 7.1

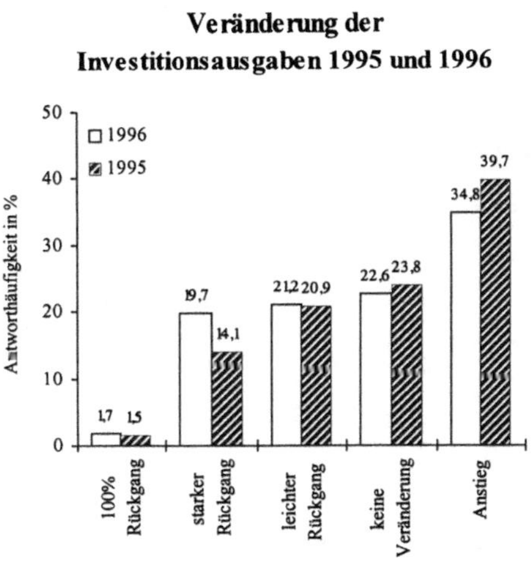

Abbildung 7.2

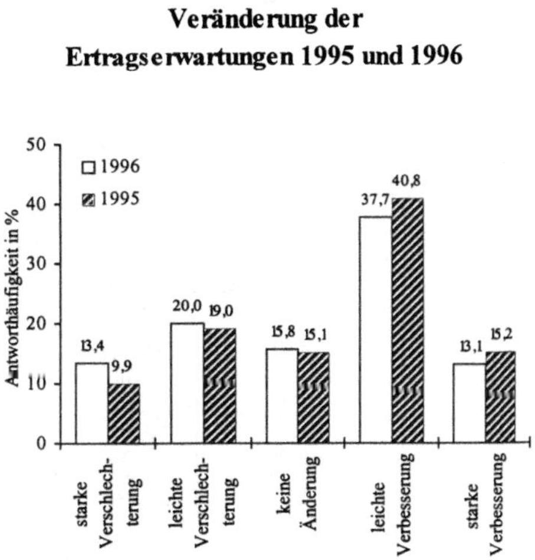

Abbildung 7.3

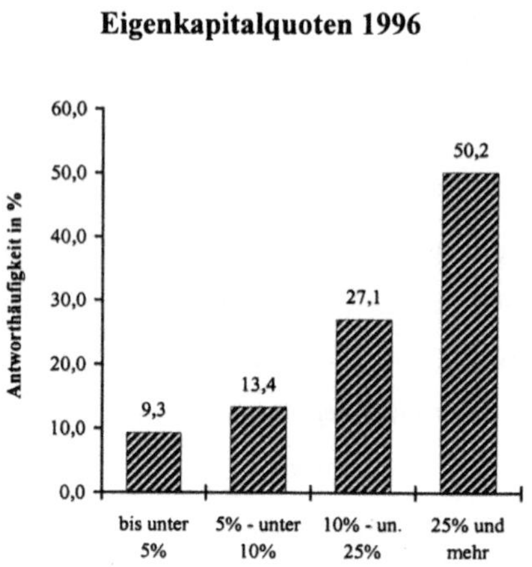

Abbildung 7.4

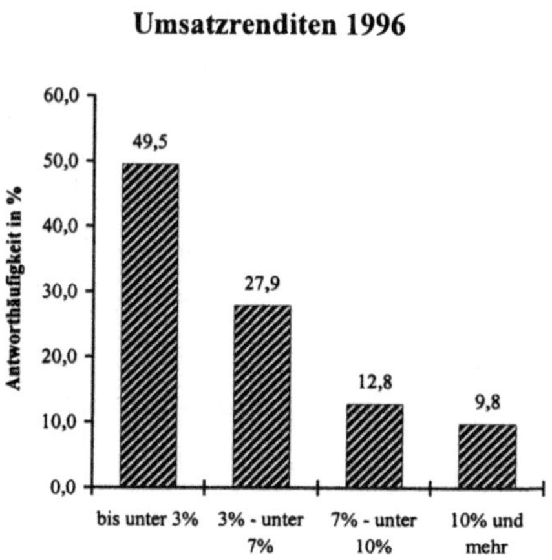

Abbildung 7.5

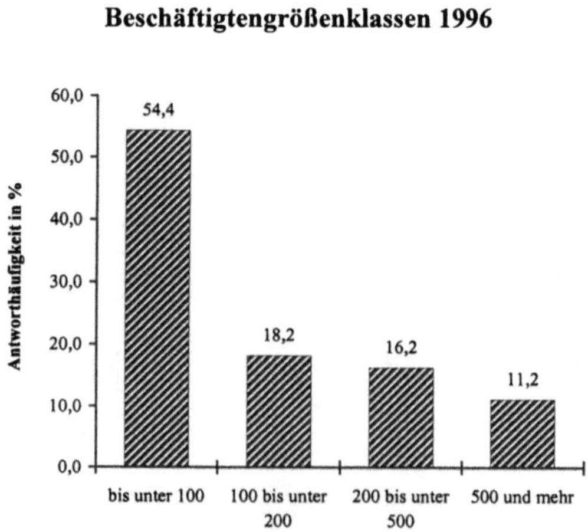

Der Vergleich der Verteilungen von *eqrat*, *return* und *size* mit den in Kapitel 4 angegebenen Mittelwerten dieser Variablen zeigt, daß die Verkleinerung der Stichprobe durch die Eliminierung unvollständiger Beobachtungen nicht zu Verzerrungen geführt hat. Dasselbe gilt auch in Bezug auf den Anteil der ostdeutschen Unternehmen und der Tochterunternehmen.

7.1.3 Spezifikation der Schätzgleichungen

Die Entscheidungsregel über die optimale Höhe von Investitionsausgaben in einer bestimmten Periode verlangt, die Kosten der Investitionen gegen den zusätzlichen erwarteten Ertrag aus einem höheren Kapitalstock gegeneinander abzuwägen. Da der aktuelle Kapitalstock mit einem bestimmten erwarteten Ertragsniveau verbunden ist, sind Investitionen genau dann lohnend, wenn sich die Ertragserwartungen des Unternehmens verbessern. Investitionen hängen also von der Änderung der Ertragserwartungen $\Delta ExpReturn$ ab, und die Veränderung der Investitionen ΔI hängt von der Veränderung von $\Delta ExpReturn$ ab. Folglich sollte die erste Differenz von $\Delta ExpReturn$ als Regressor in die Schätzgleichung für ΔI eingehen. Da $\Delta ExpReturn$ jedoch in Kategorien vorliegt, ist die Differenzenbildung wenig sinnvoll. Statt dessen werden kontemporäre und verzögerte Werte von $\Delta ExpReturn$ als Regressoren verwendet. In der Schätzung sollten sie entgegengesetzte Vorzeichen aufweisen. Existieren für die Veränderung des Kapitalstocks Anpassungskosten, hängt ΔI auch von seinem verzögerten Wert ab. $lag\,\Delta I$ wird deshalb ebenfalls als erklärende Variable in die Regressionsgleichung aufgenommen.

Enthält die Schätzgleichung außer $\Delta ExpReturn$, $lag\Delta ExpReturn$ und $\text{lag}\,\Delta I$ keine weiteren Regressoren, impliziert die Spezifikation, daß die Unternehmen alle lohnenden Investitionsprojekte realisieren können. Unterliegen die Unternehmen jedoch Finanzierungsrestriktionen, ist dies nicht notwendigerweise der Fall. Zwei Hypothesen sollen in diesem Zusammenhang getestet werden. Erstens ist die Investitionsnachfrage restringierter Unternehmen vermutlich geringer als die unrestringierter Unternehmen. Um diese Hypothese zu testen, kommt die Dummyvariable *FC* als Regressor hinzu. Zweitens soll die Hypothese getestet werden, daß das Investitionsverhalten für restringierte Unternehmen von der Verfügbarkeit interner Mittel abhängt, für unrestringierte Unternehmen dagegen nicht. Hierfür werden $\Delta \ln y$ sowie die Interaktion zwischen *FC* und $\Delta \ln y$ als zusätzliche Regressoren in die Schätzgleichung aufgenommen. Die zweite Hypothese impliziert einen positiven Einfluß von $FC \Delta \ln y$ und keinen Einfluß von $\Delta \ln y$. Interne Liquidität wird normalerweise durch Variable wie den cash flow gemessen. Da diese Variable hier jedoch nicht vorliegt, dient $\Delta \ln y$ als Indikator für die Veränderung der internen Liquidität. Ein alternatives Maß wäre die Veränderung der Umsatzrendite *return* gewesen, die die Veränderung der internen Liquidität möglicherweise besser mißt. Da *return* in Kategorien erhoben wurde, müßten statt der ersten Differenz die kontemporäre und die verzögerten Werte von *return* als Regressoren verwendet werden. Zusammen mit den Interaktionstermen ergäben sich insgesamt 12 Dummies als Regressoren. Um die Zahl der Regressoren nicht zu groß werden zu lassen, wurde $\Delta \ln y$ als Indikator für die Veränderung interner Liquidität vorgezogen.

Faßt man die Regressoren im Vektor x zusammen und bezeichnet β einen Parametervektor, läßt sich die Investitionsgleichung des Unternehmens i schreiben als

$$\Delta I_i^* = \beta' x_i + \varepsilon_i \tag{7.1}$$

Dabei bezeichnet ΔI_i^* die ΔI_i zugrunde liegende latente Variable und ε_i einen Störterm, von dem angenommen wird, er sei identisch und unabhängig normalverteilt.

Da FC_i nicht exogen ist, sondern von den Charakteristika des Unternehmens i abhängt, muß auch für diese Variable eine Schätzgleichung formuliert werden. FC_i sollte ebenso wie die Ablehnung eines Kreditantrags die Existenz von Finanzierungsrestriktionen messen, FC_i ist lediglich ein etwas allgemeinerer Indikator. Unterschiede bestehen erstens darin, daß FC_i auch für Unternehmen beobachtbar ist, die keinen Kredit nachgefragt haben. Zweitens mißt FC_i auch Finanzierungsrestriktionen anderer Formen als die Ablehnung eines Kreditantrags. Denkbar sind beispielsweise Unternehmen, die keinen Kredit nachfragen, weil sie eine Ablehnung antizipieren. Die Gleichung für FC_i wird identisch spezifiziert wie die Gleichung für die Kreditverfügbarkeit in Kapitel 6. Dabei wird die zweite Spezifikation aus Kapitel 6 herangezogen, in der die Zahl der Banken, mit denen Geschäftsverbindungen bestehen, nicht enthalten ist.[56] Der einzige Unterschied zur zweiten Spezifikation in Kapitel 6 ist, daß die Bankbeziehungen hier nicht in die Regressionsgleichung eingehen, da sie für Unternehmen, die keinen Kredit nachgefragt haben, nicht beobachtbar sind. Bezeichnet der Vektor z die Erklärungsvariablen und γ den zugehörigen Parametervektor, ist die Gleichung für das Ausmaß von Finanzierungsrestriktionen FC_i^*

$$FC_i^* = \gamma' z_i + u_i \tag{7.2}$$

wobei u_i ein unabhängig identisch normalverteilter Störterm ist. FC_i^* ist die FC_i zugrunde liegende latente Variable.

$$FC_i = \begin{cases} 1 & \text{falls } \gamma' z_i + u_i > 0 \\ 0 & \text{sonst} \end{cases} \tag{7.3}$$

Wie üblich nimmt die Indikatorvariable FC_i den Wert eins an, wenn die unbeobachtbare latente Variable FC_i^* größer als null ist und null sonst. Von den beiden Störtermen ε_i und u_i wird angenommen, $(\varepsilon_i, u_i) \sim$ bivariat normal $\left[0,0,\sigma_\varepsilon^2,\sigma_u^2,\rho\right]$.

7.1.4 Das bivariate Ordered Probit-Modell

Da FC_i endogen und eine erklärende Variable für ΔI ist, liegt hier das Problem des treatment-Effekts vor (Greene 1997, S. 981f.), der vor allem in Zusammenhang mit der Evaluierung staatlicher Maßnahmen diskutiert wird. Dabei handelt es sich im Prinzip um eine Variante des sample selection-Problems, das bereits in den Kapiteln 5 und 6 zur Anwendung kam.

[56] Für die Schätzergebnisse ist es unerheblich, ob die erste oder die zweite Spezifikation aus Kapitel 6 verwendet wird.

Sind die Fehlerterme der Gleichungen (7.1) und (7.2) miteinander korreliert, weil sie unbeobachtbare Faktoren darstellen, die für beide Prozesse relevant sind, muß die Endogenität von *FC* in geeigneter Weise berücksichtigt werden, um konsistente Schätzergebnisse zu erhalten. Eine Möglichkeit wäre das von Heckman vorgeschlagene zweistufige Verfahren, das bereits in Kapitel 4 diskutiert wurde. Hierbei wird in der ersten Stufe ein probit-Modell für *FC* geschätzt und daraus die inverse Mill's Ratio berechnet. Auf der zweiten Stufe wird die inverse Mill's Ratio als Regressor in die Schätzgleichung für ΔI aufgenommen, die mit einem einfachen ordered probit-Modell geschätzt wird. Wie in Kapitel 5 erläutert, hat das zweistufige Verfahren den Nachteil, einen heteroskedastischen Fehlerterm zu produzieren. Das ordered probit-Modell ist bei heteroskedastischen Fehlertermen ebenso wie das binäre probit-Modell inkonsistent. Konsistenz erfordert deshalb die simultane Schätzung beider Gleichungen. Ein geeignetes ökonometrisches Verfahren hierfür ist das bivariate ordered probit-Modell, das im folgenden in allgemeiner Form vorgestellt werden soll (vgl. Plötscher und Rottmann 1998).

Um die Schreibweise zu erleichtern, werden die latenten Variablen ΔI_i^* und FC_i^* im folgenden als y_k^*, $k = 1,2$ bezeichnet und das Subskript i vernachlässigt. Die latenten Variablen y_k^* werden in geordnete Variablen y_k transformiert, die jeweils j_k diskrete Werte von 0 bis $j_k - 1$ annehmen können. Dazu werden die y_k^* jeweils in j_k Bereiche unterteilt, die durch $j_k - 1$ Schwellenwerte definiert sind. Die Schwellenwerte seien mit $l_{k,h}$ bzw. $l_{k,h'}$ bezeichnet, wobei $h,h' = 0,1,\ldots,j_k - 2$. h und h' sind die Laufindices der Kategorien von y_1 und von y_2. Die $l_{k,0}$ bis l_{k,j_k-2} sind monoton steigend in h bzw. h'. Zudem seien Dummyvariablen $d_{k,h}$ ($h = 0,1,\ldots,j_k - 2$) definiert.

Die fünf Kategorien von ΔI (hier als y_1 bezeichnet) sowie die dazugehörigen Dummyvariablen $d_{1,0}$ bis $d_{1,4}$ werden durch folgende Gleichungen definiert:

$$y_1 = 0 \quad \text{und} \quad d_{1,0} = 1 \qquad \text{falls} -\infty < \varepsilon \le U_{1,0} \tag{7.4}$$

$$y_1 = 1 \quad \text{und} \quad d_{1,1} = 1 \qquad \text{falls} \quad U_{1,0} < \varepsilon \le U_{1,1} \tag{7.5}$$

$$y_1 = 2 \quad \text{und} \quad d_{1,2} = 1 \qquad \text{falls} \quad U_{1,1} < \varepsilon \le U_{1,2} \tag{7.6}$$

$y_1 = 3$ und $d_{1,3} = 1$ falls $U_{1,2} < \varepsilon \leq U_{1,3}$ (7.7)

$y_1 = 4$ und $d_{1,4} = 1$ falls $U_{1,3} < \varepsilon < \infty$, (7.8)

wobei $U_{1,h} = l_{1,h} - \beta' x$ (für $h = 0,1,\ldots,j_k - 2$). Soweit nicht anders angegeben, sind alle $d_{1,h} = 0$.

Analog werden die beiden Kategorien von *FC* (hier als y_2 bezeichnet) und die dazugehörigen Dummyvariablen $d_{2,0}$ und $d_{2,1}$ wie folgt definiert:

$y_2 = 0$ und $d_{2,0} = 1$ falls $-\infty < u \leq U_{2,0}$ (7.9)

$y_2 = 1$ und $d_{2,1} = 1$ falls $U_{2,1} < u < \infty$, (7.10)

wobei $U_{2,0} = l_{2,0} - \gamma' z$ und $U_{2,1} = \infty$[57]. Auch hier sind die Dummyvariablen $d_{2,0}$ und $d_{2,1}$ gleich null, soweit nicht anderes angegeben ist. Wenn y_k den Wert null annimmt, ist $U_{k,-1} = -\infty$ und wenn $y_k = j_k - 1$, ist $U_{k,j_k-1} = \infty$. Unter Verwendung dieser Definitionen läßt sich die Loglikelihoodfunktion des Unternehmens i schreiben als

$$\ln L_i = \sum_{h=0}^{j_1-1} \sum_{h'=0}^{j_2-1} d_{1,h} d_{2,h'} \ln \int_{U_{1,h-1}}^{U_{1,h}} \int_{U_{2,h'-1}}^{U_{2,h'}} \phi_2(\varepsilon, u; \rho)\, d\varepsilon\, du \qquad (7.11)$$

wobei ϕ_2 die bivariate Dichtefunktion mit Korrelationskoeffizient ρ ist. In den meisten statistischen Programmen ist die bivariate Verteilungsfunktion Ψ_2 implementiert, die das doppelte Integral der Dichtefunktion von $-\infty$ bis zu zwei beliebigen Grenzen darstellt. Für die empirische Implementierung bietet es sich deshalb an, die Integrale in der Loglikelihoodfunktion als Funktion der bivariaten Verteilungsfunktion darzustellen. Die Loglikelihoodfunktion läßt sich dann wie folgt schreiben:

[57] Da hier $j_k - 1$ Schwellenwerte geschätzt werden, enthalten die Vektoren x und z keine Konstanten.

$$\ln L_i = \sum_{h=0}^{J_1-1} \sum_{h'=0}^{J_2-1} d_{1,h} d_{2,h'} \ln\left[\Phi_2\left(U_{1,h}, U_{2,h'}, \rho\right) - \Phi_2\left(U_{1,h-1}, U_{2,h'}, \rho\right) - \Phi_2\left(U_{1,h}, U_{2,h'-1}, \rho\right) + \Phi_2\left(U_{1,h-1}, U_{2,h'-1}, \rho\right)\right] \tag{7.12}$$

Die gemeinsame Loglikelihoodfunktion für alle Unternehmen $i = 1, \dots, N$ ist

$$\ln L = \sum_{i=1}^{N} \ln L_i \tag{7.13}$$

Durch Maximieren von (7.13) erhält man Schätzwerte für die skalierten Parametervektoren $\beta/\sigma_\varepsilon, \gamma/\sigma_u$ und den Korrelationskoeffizienten ρ.

7.1.5 Schätzergebnisse

Die Schätzung wurde sowohl mit dem zweistufigen Verfahren als auch mit dem simultanen Maximum Likelihood-Verfahren durchgeführt.[58] Die Ergebnisse sind in den Tabellen 7.2 und 7.3 dargestellt. Beide Schätzverfahren liefern nahezu identische Parameter- und t-Werte, was ein Hinweis darauf ist, daß das Heteroskedastieproblem des zweistufigen Verfahrens nicht sehr gravierend ist. Sowohl der Koeffizient der inversen Mill's Ratio λ in der zweistufigen Schätzung als auch der Korrelationskoeffizient ρ bei der simultanen Maximum Likelihood-Schätzung sind signifikant. Diese Ergebnisse zeigen, daß die Vernachlässigung der Korrelation zwischen den Fehlertermen durch eine simple ordered probit-Schätzung der Gleichung (7.1) zu verzerrten Parameterschätzungen geführt hätte. Zunächst werden die Ergebnisse für FC und anschließend für ΔI diskutiert.

[58] Die Maximum Likelihood-Schätzung erfolgte mit einer modifizierten Version von Molenberghs' und Lesaffres Gauss Implementierung des multivariaten probit-Modells. Ich danke den Autoren für die Überlassung ihres Programms.

Tabelle 7.2 **Finanzierungsrestriktionen und Investitionsverhalten**

Zweistufige Schätzung

Beobachtungen	867	
χ^2 (Freiheitsgrade)	239.48(26)***	116.29(31)***
abhängige Variable	*FC*	ΔI

abhängige Variable: *FC*

erklärende Variable	Koeffizient	t-Wert	
return = 2	-0.31	-2.08	**
return = 3	-0.65	-2.82	***
return = 4	-0.81	-2.55	**
eqrat = 2	0.02	0.07	
eqrat = 3	-0.74	-3.59	***
eqrat = 4	-0.84	-4.47	***
$\mu(\Delta \ln Y)$	-1.22	-2.85	***
$\sigma^2(\Delta \ln Y)$	0.21	2.46	**
size 2	-0.10	-0.60	
size 3	-0.33	-1.50	
size 4	-1.00	-2.81	***
legal	0.43	2.20	**
subs	-0.20	-1.04	
age	-0.00	-0.23	
east	0.94	2.03	**
cut1	1.20	1.71	*

abhängige Variable: ΔI

erklärende Variable	Koeffizient	t-Wert	
$lag\,\Delta I = 1$	-0.72	-1.98	**
$lag\,\Delta I = 2$	-0.93	-2.47	***
$lag\,\Delta I = 3$	-1.27	-3.54	***
$lag\,\Delta I = 4$	-1.44	-4.06	***
Δ*ExpReturn* = 2	0.28	2.06	**
Δ*ExpReturn* = 3	0.15	1.00	
Δ*ExpReturn* = 4	0.39	3.05	***
Δ*ExpReturn* = 5	0.70	4.43	***
lagΔ*ExpReturn* = 2	-0.33	-1.93	*
lagΔ*ExpReturn* = 3	-0.29	-1.64	
lagΔ*ExpReturn* = 4	-0.30	-1.87	*
lagΔ*ExpReturn* = 5	-0.36	-2.04	**
FC	-0.81	-2.88	***
$FC\,\Delta \ln Y$	0.91	1.81	*
$\Delta \ln Y$	-0.05	-0.27	
size 2	-0.12	-1.14	
size 3	0.19	1.72	*
size 4	0.06	0.41	
east	-0.01	-0.07	
cut1	-3.34	-7.78	***
cut2	-1.90	-4.56	***
cut3	-1.25	-3.01	***
cut4	-0.62	-1.51	
λ	0.36	2.12	**

Beide Gleichungen enthalten Dummies für die Industriezugehörigkeit, deren Koeffizienten nicht ausgewiesen sind.

* signifikant zum 10% Niveau

** signifikant zum 5% Niveau

*** signifikant zum 1% Niveau

Tabelle 7.3 Finanzierungsrestriktionen und Investitionsverhalten

Bivariate Ordered Probit-Schätzung

Beobachtungen	867
χ^2 (Freiheitsgrade)	347.15 (57)***

abhängige Variable: *FC*

erklärende Variable	Koeffizient	t-Wert
return = 2	-0.33	-2.26 **
return = 3	-0.63	-2.74 ***
return = 4	-0.83	-2.67 ***
eqrat = 2	0.07	0.34
eqrat = 3	-0.74	-3.65 ***
eqrat = 4	-0.80	-4.27 ***
$\mu(\Delta \ln Y)$	-1.22	-2.90 ***
$\sigma^2(\Delta \ln Y)$	0.20	2.40 **
size 2	-0.11	-0.63
size 3	-0.31	-1.42
size 4	-1.00	-2.74 ***
legal	0.42	2.16 **
subs	-0.21	-1.10
age	-0.01	-0.50
east	0.82	1.74 *
cut1	1.04	1.49
ρ	0.21	1.69 *

abhängige Variable: ΔI

erklärende Variable	Koeffizient	t-Wert
$lag\,\Delta I = 1$	-0.71	-1.96 **
$lag\,\Delta I = 2$	-0.91	-2.55 **
$lag\,\Delta I = 3$	-1.24	-3.51 ***
$lag\,\Delta I = 4$	-1.41	-4.03 ***
$\Delta ExpReturn = 2$	0.28	2.08 **
$\Delta ExpReturn = 3$	0.16	1.08
$\Delta ExpReturn = 4$	0.39	3.07 ***
$\Delta ExpReturn = 5$	0.70	4.46 ***
$lag\Delta ExpReturn = 2$	-0.32	-1.92 *
$lag\Delta ExpReturn = 3$	-0.29	-1.64 *
$lag\Delta ExpReturn = 4$	-0.29	-1.83 *
$lag\Delta ExpReturn = 5$	-0.35	-1.98 **
FC	-0.58	-2.67 ***
$FC\,\Delta \ln Y$	0.89	1.79 *
$\Delta \ln Y$	-0.03	-0.19
size 2	-0.11	-1.08
size 3	0.21	1.84 *
size 4	0.09	0.64
east	-0.06	-0.56
cut1	-3.28	-7.74 ***
cut2	-1.86	-4.51 ***
cut3	-1.21	-2.96 ***
cut4	-0.59	-1.45

Beide Gleichungen enthalten Dummies für die Industriezugehörigkeit, deren Koeffizienten nicht ausgewiesen sind.

* signifikant zum 10% Niveau

** signifikant zum 5% Niveau

*** signifikant zum 1% Niveau

Wenn *FC* eine gute Indikatorvariable für Finanzierungsrestriktionen ist, sollte sie durch die gleichen Faktoren bestimmt werden wie die in Kapitel 6 analysierte Kreditverfügbarkeit, die durch die Variable *loan* gemessen wurde. Die erklärenden Variablen sollten in beiden Schätzungen jeweils entgegengesetzte Vorzeichen aufweisen, da die abhängigen Variablen entgegengesetzt kodiert sind. Während der Wert eins bei *FC* die Existenz von Finanzierungsrestriktionen bedeutet, nimmt *loan* den Wert eins an, wenn ein beantragter Kredit vollständig gewährt wurde, ein Unternehmen also keinen Finanzierungsrestriktionen unterliegt. Ein Vergleich mit den Schätzergebnissen aus Kapitel 6 zeigt erstens, daß die erklärenden Variablen in der Tat jeweils entgegengesetzte Vorzeichen aufweisen und zweitens, daß in beiden Schätzungen im großen und ganzen auch dieselben Variablen signifikant sind. Je höher die Umsatzrendite *return* und die Eigenkapitalquote *eqrat*, desto unwahrscheinlicher sind Finanzierungsrestriktionen. Die kleinsten Kategorien dienten bei beiden Variablen als Referenz. Hohes Umsatzwachstum $\mu(\Delta \ln Y)$ verringert und Unsicherheit, gemessen durch die Varianz des Umsatzwachstums $\sigma^2(\Delta \ln Y)$, erhöht die Gefahr von Finanzierungsrestriktionen. Eine höhere Wahrscheinlichkeit, Finanzierungsrestriktionen zu unterliegen, weisen auch Personengesellschaften und ostdeutsche bzw. junge Unternehmen auf. Um den Einfluß der Zahl der Bankbeziehungen zu testen, wurden in einer weiteren Spezifikation diese Variable sowie ihre Interaktion mit der Varianz des Umsatzwachstums als zusätzliche Regressoren verwendet. Wie bereits bei der Erklärung der Kreditverfügbarkeit in Kapitel 6 hat weder die Bankenzahl noch der Interaktionsterm einen signifikanten Einfluß auf *FC*. Auch an den übrigen Ergebnissen ändert sich nichts. Die Schätzergebnisse für diese Spezifikation werden deshalb nicht ausgewiesen. Die Übereinstimmung der Ergebnisse mit denen der Determinanten von Kreditverfügbarkeit in Kapitel 6 bestätigt ex post, daß *FC* ein geeignetes Maß für Finanzierungsrestriktionen darstellt.

Die Investitionsdynamik ΔI wird erstens durch die Investitionen in der Vergangenheit sowie durch die Ertragserwartungen der Unternehmen bestimmt.[59] Unternehmen, die ihre Investitionen in der vorigen Periode erhöhten, reduzierten sie in der laufenden Periode wieder. Die Ko-

[59] Da die Vermutung bestand, daß sich das Investitionsverhalten großer und kleiner Unternehmen unterscheidet, wurden die Regressionen auch getrennt für die Gruppe kleiner Unternehmen mit weniger als 200 Beschäftigten gerechnet. Die Ergebnisse änderten sich nur marginal.

effizienten der $lag\Delta I$ -Dummies sind negativ und signifikant, wobei die Referenzkategorie diejenigen Unternehmen sind, die ihre Investitionen um 100% reduzierten ($lag\Delta I = 0$). Die absoluten Werte der Koeffizienten steigen mit den Kategorien von $lag\Delta I$ an. Dieses Ergebnis ist ein Hinweis für die Existenz fixer Anpassungskosten. Das partielle Anpassungsmodell, das durch konvexe Anpassungskosten zustande kommt, impliziert einen positiven Einfluß der verzögerten auf die kontemporären Investitionen. Negative Koeffizienten sprechen dagegen für fixe Anpassungskosten. Dies gilt nicht nur für das Niveau der Investitionen, sondern auch für ihre Wachstumsraten. Wie in Abschnitt 7.1.1 diskutiert, führen fixe Anpassungskosten zu diskontinuierlichen Entscheidungsregeln. Investiert wird nur, wenn die Abweichung des optimalen Kapitalstocks vom tatsächlichen Kapitalstock einen bestimmten Schwellenwert übersteigt, und wenn dies der Fall ist, wird der Kapitalstock sofort an das optimale Niveau angepaßt. Genau dieses Verhalten kommt in den negativen Koeffizienten von $lag\Delta I$ zum Ausdruck. Ist der Schwellenwert überschritten, folgt auf eine Periode ohne Investitionen eine Periode mit hohen Investitionen, d.h. es ist eine starke Zunahme der Investitionen zu beobachten. In der folgenden Periode ist der Kapitalstock vollständig an das optimale Niveau angepaßt so daß keine Investitionen mehr stattfinden. Auf eine Expansion folgt also ein scharfer Rückgang der Investitionen.

Verbesserungen der Ertragserwartungen führen dazu, daß Unternehmen mehr investieren. Alle Koeffizienten der $\Delta ExpReturn$ -Dummies sind positiv, wobei die Kategorie für eine starke Verschlechterung der Ertragserwartungen ($\Delta ExpReturn = 1$) als Referenzkategorie unterdrückt wurde. Die Koeffizienten der $lag\Delta ExpReturn$ -Dummies weisen alle das erwartete negative Vorzeichen auf. Der Investitionstest enthält auch Informationen über die Absatzerwartungen der Unternehmen. Im Gegensatz zu $\Delta ExpReturn$ hatten jedoch weder die kontemporären noch die verzögerten Werte der Absatzerwartungen Einfluß auf die Investitionsentscheidungen, so daß diese Variable in der hier dargestellten Spezifikation ausgeschlossen wurde. Dieses Ergebnis kann als Hinweis darauf gewertet werden, daß sich Unternehmen nicht nur als Kostenminimierer sondern als Gewinnmaximierer verhalten.

Finanzierungsrestriktionen schränken das Investitionsverhalten signifikant ein. *FC* weist einen negativen und hoch signifikanten Koeffizienten auf. Für restringierte Unternehmen hängt die

Investitionsdynamik von der Verfügbarkeit interner Liquidität ab. Dies wird an dem positiven und signifikanten Parameter des Interaktionsterms zwischen FC und dem Umsatzwachstum ($FC\Delta \ln y$) deutlich. Für Unternehmen ohne Finanzierungsschwierigkeiten hat die Wachstumsrate des Umsatzes dagegen keinen Einfluß auf das Investitionsverhalten.

Diese Ergebnisse stehen im Widerspruch zu Kaplan und Zingales (1997) und Cleary (1999), die zu dem Ergebnis kommen, daß die Investitionen unrestringierter Unternehmen stärker von Liquiditätsvariablen abhängen als die Investitionen restringierter Unternehmen. Die genannten Arbeiten schätzen ein um Liquiditätsproxies erweitertes Q-Modell getrennt für restringierte und unrestringierte Unternehmen. Von den in Abschnitt 7.1 vorgestellten Studien unterscheiden sich diese Arbeiten in Bezug auf das Kriterium für den sample split. Anstatt eines eindimensionalen Kriteriums wie z.B. die Dividendenausschüttungsquote konstruieren die Autoren ein Maß, in das qualitative Informationen aus Aktionärsmitteilungen sowie mehrere quantitative Variablen aus dem Jahresabschluß eingehen. Keine der beiden zitierten Studien ist allerdings in der Lage, ihr überraschendes Ergebnis zu erklären. Die vorliegende Arbeit bestätigt dagegen das intuitive Ergebnis früherer empirischer Studien, daß restringierte Unternehmen eine größere Sensitivität der Investitionen in Bezug auf Liquiditätsvariablen aufweisen, da sie im Gegensatz zu den nicht restringierten Unternehmen auf interne Mittel zur Finanzierung der Investitionen angewiesen sind.

7.2 Weitere unternehmerische Entscheidungsvariablen

Obwohl bei der Frage nach den Auswirkungen von Finanzierungsrestriktionen die Investitionen in Sachanlagen in der empirischen Literatur im Vordergrund steht, ist es naheliegend, daß Finanzierungsrestriktionen auch auf andere Aktivitäten mit Investitionscharakter Einfluß haben, wie z. B. auf Lagerinvestitionen oder F&E-Ausgaben. Carpenter, Fazzari und Petersen (1994) argumentieren, daß restringierte Unternehmen nicht alle Investitionsformen proportional reduzieren. Vielmehr hängt der Effekt von Finanzierungsrestriktionen von der Höhe der Anpassungskosten der jeweiligen Investitionsart ab. Folglich sollte auch die Sensitivität der unterschiedlichen Investitionsarten auf interne Liquidität bei restringierten Unternehmen von der Höhe der Anpassungskosten abhängen. Je geringer die Anpassungskosten, desto weniger wichtig ist eine graduelle Anpassung an den gewünschten Kapitalstock (bzw. F&E-Kapitalstock, Lager, etc.) und desto höher kann deshalb die Sensitivität der jeweiligen Investitionstätigkeit in Bezug auf interne Liquidität sein. Auch hier liegt die Annahme konvexer Anpassungskosten zugrunde. Empirische Arbeiten zum Einfluß von Finanzierungsrestriktionen auf andere unternehmerische Entscheidungsvariablen gehen meist ähnlich vor wie in Abschnitt 7.1.1 für Investitionen in Sachanlagen vorgestellt. Die Existenz von Finanzierungsrestriktionen wird häufig durch sample splits approximiert. In den meisten Fällen werden Paneldatensätze verwendet. Die Schätzgleichungen werden oft mehr oder weniger ad hoc spezifiziert. Zum Teil finden sich explizite Vergleiche der Sensitivitäten unterschiedlicher Investitionsformen auf interne Liquidität.

7.2.1 Lagerhaltung

Im Vergleich zu Investitionen in Sachanlagen gelten die Kosten der Anpassung der tatsächlichen Lagerhaltung an die gewünschte als vergleichsweise gering (Carpenter, Fazzari und Petersen 1994). Lagerinvestitionen sollten deshalb eine relativ große Sensitivität in Bezug auf interne liquide Mittel aufweisen. Kashyap, Lamont und Stein (1994) untersuchen die Lagerinvestitionen börsennotierter US-amerikanischer Unternehmen des Verarbeitenden Gewerbes während unterschiedlicher makroökonomischer Phasen. Die Autoren schätzen ein einfaches Akzeleratormodell, das um Proxies für die interne Liquidität erweitert ist. Dabei werden die Unternehmen danach klassifiziert, ob sie über ein Kreditrating verfügen und damit eher direkten Zugang zum Kapitalmarkt haben. Bei den Unternehmen ohne Rating finden die Autoren während Rezessionsphasen (1974-75 und 1981-82) einen signifikanten Effekt von Liquidität auf Lagerinvestitionen. Rezessionen können als Phasen interpretiert werden, in denen die Wahrscheinlichkeit von Finanzierungsrestriktionen ansteigt, da die Kreditwürdigkeit aufgrund geringerer Vermögenswerte oder geringerer Unternehmensgewinne zurückgeht. Zu ähnlichen Ergebnissen kommen Carpenter, Fazzari und Petersen (1994) mit vierteljährlichen Daten. In dieser Arbeit wird die Stichprobe anhand der Unternehmensgröße aufgeteilt und ebenfalls ein um Liquiditätsproxies erweitertes Akzeleratormodell geschätzt. Die Investitionen in Lagerhaltung kleinerer Unternehmen weisen eine stärkere Sensitivität in Bezug auf interne Liquidität auf als die großer Unternehmen. Im Unterschied zu Kashyap, Lamont und Stein (1994) besteht der Zusammenhang zwischen Liquidität und Lagerhaltung allerdings nicht nur während rezessiver Phasen, sondern während des gesamten Betrachtungszeitraums von 1981 bis 1992.

7.2.2 F&E-Ausgaben

Forschungs- und Entwicklungsvorhaben können als Projekte angesehen werden, bei denen Finanzierungsrestriktionen besonders wahrscheinlich sind. Erstens besteht das Ergebnis von F&E-Ausgaben meist in intangiblen Vermögensgegenständen wie neuem Wissen oder dem Prototyp eines neuen Produkts, die sich als Sicherheit für Kreditgeber nicht eigenen. Zweitens sind F&E-Projekte für außenstehende Kreditgeber schwierig zu beurteilen, d.h. sie sind in besonderem Maß mit asymmetrischer Information verbunden. Da der Erfolg von F&E häufig von Geheimhaltung abhängt, ist der Abbau asymmetrischer Information unwahrscheinlich. Aus diesen Gründen ist die Finanzierung von F&E-Vorhaben für Kapitalgeber vergleichsweise riskant. Selbst wenn es nicht zur Rationierung der Unternehmen kommt, verlangen Kapitalgeber eine Prämie, um für das höhere Risiko kompensiert zu werden. Diese Argumentation spricht dafür, daß die Sensitivität von F&E-Ausgaben in Bezug auf interne Liquidität hoch sein sollte. Die Literatur führt jedoch einen weiteren Effekt an, der in die entgegengesetzte Richtung wirkt: Ein Unternehmen kann die Mitarbeiter der F&E-Abteilung nicht kurzfristig kündigen und später wieder einstellen, ohne daß dies mit einem beträchtlichen Verlust an Humankapital verbunden ist. F&E ist deshalb mit hohen Anpassungskosten verbunden und sollte nicht besonders stark von der Verfügbarkeit interner Liquidität abhängen (vgl. z.B. Himmelberg und Petersen 1994). Für ein kleines Panel US-amerikanischer Unternehmen in High-Tech Branchen schätzen Hao und Jaffe (1993) die reduzierte Form einer F&E-Gleichung, wobei der Datensatz anhand der Unternehmensgröße in drei Gruppen aufgeteilt für jede Gruppe getrennt geschätzt wird. Während die Autoren bei kleinen Unternehmen einen signifikanten positiven Einfluß von Liquiditätsproxies auf die F&E-Ausgaben finden, ist dieser Effekt bei mittleren und großen Unternehmen nicht festzustellen. Hao und Jaffe (1993) argumentieren, daß ihr Ergebnis, daß die F&E-Ausgaben mittlerer und großer Unternehmen nicht von interner Liquidität abhängt, nicht unbedingt auf bessere Finanzierungsmöglichkeiten dieser Unternehmen zurückzuführen sein muß. Ein anderer Grund könnten höhere Anpassungskosten größerer Unternehmen sein, da diese im Gegensatz zu kleinen Firmen häufig formale F&E-Abteilungen und -Programme haben. Himmelberg und Petersen (1994) berechnen am Mittelwert eines samples relativ kleiner High-Tech Unternehmen eine cash flow-Elastizität der F&E-Ausgaben von 0,67, während die Elastizität bei den Investitionen in Sachanlagen bei 0,82 liegt. Dieses Ergebnis ist ein Hinweis darauf, daß Anpassungskosten bei F&E größer sind als bei Investitionen in Sachanlagen. Allerdings enthalten die geschätzten Spezifikationen neben dem cash flow keine weiteren erklärenden Variablen, so daß die resultierenden Parameterwerte möglicherweise nicht nur den Einfluß von Liquidität angeben, sondern auch den Einfluß weiterer relevanter Variablen, die mit dem cash flow korreliert sind, wie z. B. den Ertragserwartungen.

Für die Bundesrepublik liegt eine Arbeit von Harhoff (1998) vor, dessen Stichprobe vor allem große Unternehmen des Verarbeitenden Gewerbes enthält. Für die Wahrscheinlichkeit von Finanzierungsrestriktionen wird durch einen sample split anhand der Größe kontrolliert. Die Schätzergebnisse eines Akzelerator Modells zeigen bei den kleineren Unternehmen einen signifikant positiven Effekt des cash flow auf die Investitionen, nicht jedoch auf F&E-Ausgaben. Für größere Unternehmen hat der cash flow weder auf die Investitionen noch auf die F&E-Ausgaben einen Einfluß. Zusätzlich schätzt Harhoff (1998) Eulergleichungen. Die geschätzten Koeffizienten weichen jedoch erheblich von den durch das zugrunde liegende theoretische Modell implizierten Koeffizienten ab, was der Autor auf allgemeine Datenprobleme zurückführt oder darauf, daß die Annahmen des Modells mit dem tatsächlichen Verhalten der Unternehmen nicht übereinstimmen.

Einen anderen theoretischen wie empirischen Ansatz wählen Kukuk und Stadler (1999), die den Einfluß von Finanzierungsrestriktionen auf den Innovationszeitpunkt im deutschen Dienstleistungssektor untersuchen. Dazu entwickeln die Autoren aus einem dynamischen Optimierungsproblem ein theoretisches Modell, in dem ein gewinnmaximierendes Unternehmen durch die Tätigung von F&E-Ausgaben sein technologisches Wissen solange kumulativ verbessert, bis es ein kritisches Niveau erreicht, das ausreicht, um eine Innovation zu tätigen. Ist das kritische Niveau erreicht, erhält das Unternehmen einen bestimmten sicheren Innovationsertrag und stellt die F&E-Aktivität ein. F&E-Ausgaben werden aus den Innovationserträgen der Vergangenheit und ihrer Verzinsung darauf finanziert. Eine Finanzierungsrestriktion liegt vor, wenn die Innovationserträge plus Verzinsung nicht ausreichen, um die optimalen F&E-Ausgaben zu finanzieren. Finanzierungsrestriktionen bewirken in dem Modell, daß Innovationsprojekte zwar weiterhin unternommen werden, der optimale Innovationszeitpunkt jedoch später ist. Mit Hilfe der komparativen Statik können Aussagen zum Einfluß verschiedener Einflußfaktoren gemacht werden jeweils für den Fall restringierter und unrestringierter Unternehmen. Für die empirische Umsetzung des Modells wird mit einem Querschnittsdatensatz für Unternehmen des Dienstleistungssekors ein probit-Modell in verschiedenen Spezifikationen geschätzt. Die abhängige Variable gibt an, ob ein Unternehmen in den nächsten 1,5 Jahren eine Innovation plant oder nicht. Die erklärenden Variablen entsprechen zum Teil den im Modell identifizierten Einflußfaktoren, zum Teil sind weitere Variablen hinzugekommen. Die Schätzergebnisse zeigen, daß Finanzierungsrestriktionen den optimalen Innovationszeitpunkt verzögern. Sowohl das theoretische Modell als auch die empirischen Umsetzung sind in mehreren Punkten angreifbar, erwähnt werden sollen hier jedoch nur zwei Kritikpunkte: Erstens entsprechen die Vorzeichen der geschätzten Koeffizienten zum Teil nicht den durch das Modell vorhergesagten. Zweitens werden Finanzierungsrestriktionen im empirischen Teil durch Dummyvariablen gemessen, die angeben, ob ein Unternehmen unter Eigen- oder Fremdkapitalmangel leidet. Im theoretischen Modell dagegen bestehen Finanzierungsrestriktionen in der Beschränkung interner Liquidität. Externe Finanzierung wurde per Annahme explizit ausgeschlossen.

7.2.3 Beschäftigung

Während die Literatur Finanzierungsrestriktionen bei der Analyse verschiedener Formen von Investitionen berücksichtigt, werden sie bei der Analyse der Arbeitsnachfrage bis auf wenige Ausnahmen ignoriert. Für ein Panel britischer Unternehmen des Verarbeitenden Gewerbes schätzen Nickell und Wadhwani (1991) eine Arbeitsnachfragefunktion, die als Proxy für Finanzierungsrestriktionen unter anderem den Verschuldungsgrad enthält. Dahinter steht die Überlegung, daß die Möglichkeiten, zusätzliche Kredite aufzunehmen, umso geringer sind, je höher der Verschuldungsgrad bereits ist. Die Schätzergebnisse zeigen, daß der Verschuldungsgrad in der Tat einen negativen Effekt auf die Beschäftigung ausübt. Zu demselben Ergebnis kommen auch Nickell und Nicolitsas (1999), wobei sich in dieser Arbeit das Verhältnis aus Zinszahlungen und dem cash flow als die am besten geeignete Proxy für Finanzierungsrestriktionen herausstellt. Sharpe (1994) stellt für amerikanische Unternehmen des Verarbeitenden Gewerbes fest, daß das Beschäftigungswachstum kleiner Unternehmen sowie stark verschuldeter Unternehmen eine stärkere Sensitivität in Bezug auf das Umsatzwachstum aufweist als das größerer und weniger stark verschuldeter Unternehmen. Insgesamt deuten die Ergebnisse der wenigen existierenden empirischen Arbeiten darauf hin, daß Finanzierungsrestriktionen auch auf die Beschäftigung einen negativen Einfluß ausüben und daß das Wachstum der Beschäftigung bei restringierten Unternehmen von der Verfügbarkeit interner Liquidität bestimmt wird.

7.2.4 Preissetzung

Operieren Unternehmen auf Märkten mit unvollkommenem Wettbewerb, kann ihre Preissetzung als eine weitere Investitionsform betrachtet werden, auf die Finanzierungsrestriktionen einen Einfluß haben. Ausgangspunkt der Literatur zu diesem Thema ist die empirische Beobachtung, daß sich markups im Konjunkturzyklus antizyklisch verhalten. Eine Erklärung für diese Beobachtung liefert der Effekt von Finanzierungsrestriktionen auf das Preissetzungsverhalten (Chevalier und Scharfstein 1995, 1996). Unternehmen setzen ihren Preis optimalerweise so, daß sie die Summe aller diskontierten zukünftigen Unternehmensgewinne maximieren. Findet Wettbewerb auf den Gütermärkten über mehrere Perioden statt, kann der langfristig optimale Preis über oder unter demjenigen Preis liegen, der den kurzfristigen Gewinn maximiert. Liegt der intertemporal optimale Preis unter dem Preis, der den Ein-Perioden-Gewinn maximiert, können Unternehmen den kurzfristigen Gewinn durch einen Preisanstieg erhöhen. Eine Möglichkeit, finanzierungsrestringierter Unternehmen, interne liquide Mittel zu generieren, besteht also darin, ihren Preis zu erhöhen. Da die Gewinne der Unternehmen während Rezessionen zurückgehen und die Wahrscheinlichkeit von Finanzierungsrestriktionen steigt, resuliert dieses Verhalten in antizyklischen markups.[60] Einen Grund dafür, daß der intertem-

[60] Denkbar ist auch, daß der intertemporal optimale Preis über dem kurzfristig gewinnmaximalen Preis liegt. In diesem Fall senken restringierte Unternehmen ihren Preis, um kurzfristig ihre Liquidität zu erhöhen, und das Ergebnis wären prozyklische markups. Diese Möglichkeit wird in der Literatur allerdings weniger diskutiert.

poral optimale Preis unterhalb des kurzfristig gewinnmaximalen liegt, liefern switching costs-Modelle, in denen der Wechsel von einem Lieferanten zu einem anderen für die Kunden mit Kosten verbunden ist (vgl. Chevalier und Scharfstein 1996). In jeder Periode besteht für die Unternehmen ein trade off zwischen einem niedrigen Preis, um neue Kunden zu gewinnen und einem hohen Preis auf Kosten der bestehenden Kunden, die aufgrund der switching costs nicht kostenlos zu einem andern Unternehmen wechseln können. Ein niedriger Preis stellt eine Investition in zukünftige Marktanteile dar, und Unternehmen mit Finanzierungsrestriktionen reduzieren ihre Investitionen, indem sie einen Preis fordern, der über dem intertemporal optimalen Preis liegt. Empirische Evidenz für ihre Überlegungen finden Chevalier und Scharfstein (1996) bei der Analyse des Preissetzungsverhaltens von Supermarktketten. Demnach erhöhten stark verschuldete Supermarktketten in den USA, für die Finanzierungsrestriktionen wahrscheinlicher sind, während der Rezession 1990-91 ihre Preise mehr als die weniger stark verschuldeten Unternehmen dieser Branche. Zu einem ähnlichen Ergebnis kommen Chevalier und Scharfstein (1995) auch in einer Untersuchung auf Branchenebene. Darin stellen die Autoren fest, daß sich der markup umso stärker antizyklisch verhält, je größer der Anteil restringierter Unternehmen (gemessen durch den Anteil kleiner Unternehmen) in einer bestimmten Branche.

7.3 Zusammenfassung und Fazit

Ziel dieses Kapitels war die Diskussion der Auswirkungen von Finanzierungsrestriktionen auf unternehmerische Entscheidungen. Der empirische Teil dieses Kapital analysierte den Effekt von Finanzierungsrestriktionen auf das Investitionsverhalten. Dabei wurden zwei Literaturrichtungen miteinander verbunden, die bislang getrennt voneinander existieren: die Analyse der Bestimmungsgründe von Finanzierungsrestriktionen und die Analyse ihrer Konsequenzen für das Investitionsverhalten. Finanzierungsrestriktionen wurden durch eine Dummyvariable gemessen, die angibt, ob ein Unternehmen Lieferantenskonti nutzt. Die Idee dieses Indikators ist, daß die Nicht-Nutzung von Skonti die Inanspruchnahme eines sehr teuren Kredits darstellt, auf den Unternehmen nur dann zurückgreifen, wenn keine billigeren Finanzierungsquellen zur Verfügung stehen. Das Investitionsverhalten wurde durch die kategorisierte Wachstumsrate der Investitionsausgaben abgebildet. Die Kategorisierung mag auf den ersten

Blick als ein willkürlicher Verlust vorhandener Informationen erscheinen. Allein diese Vorgehensweise lieferte jedoch interpretierbare Schätzergebnisse. Für die simultane Schätzung wurde ein bivariates ordered probit-Modell verwendet. Die wichtigsten Ergebnisse lassen sich wie folgt zusammenfassen: Finanzierungsrestriktionen werden durch die selben Variablen erklärt wie die Kreditverfügbarkeit im vorigen Kapitel, was die Verwendung dieses Indikators ex post rechtfertigt. Die Investitionsdynamik hängt von der Veränderung der Ertragserwartungen ab und wird durch Finanzierungsrestriktionen signifikant eingeschränkt. Restringierte Unternehmen sind bei der Finanzierung ihrer Investitionen im Gegensatz zu den unrestringierten Unternehmen auf interne Liquidität angewiesen. Die Schätzergebnisse liefern Hinweise auf die Existenz fixer Anpassungskosten und unterstreichen somit die Problematik der Annahme konvexer Anpassungskosten, die den in der Literatur üblichen Q-Modellen und Eulergleichungen zur Analyse des Investitionsverhaltens zugrunde liegt. Allerdings ist auch das hier gewählte Schätzmodell kein Strukturmodell, das den fixen Anpassungskosten Rechnung trägt. Auf ein theoretisches Modell der Investitionsnachfrage, das sowohl fixe Anpassungskosten als auch Finanzierungsrestriktionen berücksichtigt, kann die empirische Forschung bislang noch nicht zurückgreifen. Hier besteht sowohl auf theoretischer wie auch auf empirischer Ebene weiterer Forschungsbedarf.

Während der Schwerpunkt der existierenden Literatur auf der Analyse der Effekte von Finanzierungsrestriktionen auf das Investitionsverhalten liegt und auch die empirische Analyse dieses Kapitels einen Beitrag zu diesem Thema darstellt, zeigen sowohl theoretische Argumente als auch die Evidenz einer Reihe empirischer Arbeiten, daß Finanzierungsrestriktionen auch andere unternehmerische Entscheidungen beeinflussen. Diese Aktivitäten, die im Prinzip andere Formen von Investitionen darstellen, werden als Reaktion auf Finanzierungsrestriktionen ebenfalls reduziert, und ihre Volumina hängen wie die Investitionen in Sachanlagen von der Verfügbarkeit interner Liquidität ab.

Kapitel 8

8 Resümee und Ausblick

Gegenstand dieser Arbeit war die Untersuchung der Bestimmungsgründe und der Auswirkungen von Finanzierungsrestriktionen auf der Unternehmensebene. Dabei konzentrierte sich die Arbeit auf zwei Finanzierungsformen: die Beschaffung externen Eigenkapitals durch die Aufnahme neuer Anteilseigner sowie die Finanzierung durch Bankkredite. Während externe Eigenkapitalaufnahme für die Unternehmensfinanzierung eine verschwindend geringe Rolle spielt, stellen Bankkredite die größte externe Finanzierungsquelle dar. Diese Beobachtung lieferte die Darstellung der Finanzierungsstrukturen des Unternehmenssektors in Deutschland anhand der gesamtwirtschaftlichen Finanzierungsrechnung.

Restriktionen beim Zugang zu externen Finanzmitteln sind das Ergebnis von asymmetrischer Information bzw. von Verifizierungsproblemen und können sowohl bei der Eigenkapital- als auch bei der Fremdkapitalfinanzierung bestehen. Die Beschaffung von Informationen über die Qualität von Kapitalnehmern, ihre Überwachung sowie die Durchsetzung von Ansprüchen vor den Gerichten verursachen Kosten und führen dazu, daß externe Finanzierung teurer als interne Finanzierung ist. Im Extremfall der Kreditrationierung steht externe Finanzierung überhaupt nicht zur Verfügung. Dies war das Fazit des Überblicks über relevante mikroökonomische Ansätze zur Erklärung von Finanzierungsrestriktionen.

Die empirischen Arbeiten zur Überprüfung der theoretischen Ansätze stehen vor dem Problem, daß die ceteris paribus-Annahmen der Theorie in der Realität nicht gegeben sind. Die häufig anzutreffenden ad hoc-Spezifikationen von Schätzgleichungen können der empirischen Literatur nicht vorgeworfen werden. Sie sind meistens die einzige Lösungsmöglichkeit, um die in der Realität vielfältigen Einflußfaktoren adäquat abzubilden. Kritik war jedoch in anderen Punkten angebracht. So werden die Nachfrage und der Zugang der Unternehmen zu externem Eigenkapital nur selten thematisiert und wenn, dann beschränken sich die Arbeiten auf börsennotierte Aktiengesellschaften, was zumindest für die Bundesrepublik, wo diese Unternehmen nur einen kleinen Teil der Unternehmenspopulation ausmachen, nicht angebracht scheint. Der Grund hierfür dürfte in der mangelnden Verfügbarkeit geeigneter Daten liegen. Auch für die Untersuchung des Zugangs von Unternehmen zu Bankkrediten stand für die Bundesrepublik bislang kein geeigneter Datensatz zur Verfügung. Voraussetzung für die empirischen Analysen war deshalb die Schaffung einer Datenbasis. Um den Erhebungsaufwand in vertretbarem Umfang zu halten, bot es sich an, soweit wie möglich auf bereits existierende Daten zurückzugreifen und diese durch zusätzliche Informationen zu erweitern. Als Stichprobe für eine schriftliche Unternehmensbefragung diente deshalb der Teilnehmerkreis des Investitionstests des ifo Instituts. Die Befragung im Kreis ost- und westdeutscher Unternehmen des Verarbeitenden Gewerbes und des Baugewerbes erhob in erster Linie Informationen zur Unternehmensfinanzierung, die anschließend mit den Angaben der Unternehmen aus dem Investitionstest verknüpft wurden. So entstand ein umfangreicher Querschnittsdatensatz, der für Unternehmen aller Größenklassen und Rechtsformen Informationen über Finanzierungsverhältnisse und Investitionsverhalten enthält.

Die Ergebnisse der Unternehmensbefragung bestätigten die eingangs auf Basis der gesamtwirtschaftlichen Finanzierungsrechnung gefundene Beobachtung, daß die Finanzierung durch die Beschaffung externen Eigenkapitals eine verschwindend geringe Rolle spielt. Während die gesamtwirtschaftliche Finanzierungsrechnung nur die Eigenkapitalbeschaffung durch Aktienemissionen ausweist, zeigen die Befragungsergebnisse, daß die Bedeutung der externen Eigenkapitalfinanzierung quantitativ auch dann sehr gering ist, wenn man die Beschaffung externen Eigenkapitals von Unternehmen aller Rechtsformen berücksichtigt.[61] In der wirtschaftspolitischen Diskussion in Deutschland werden hierfür vor allem institutionelle Hemmnisse verantwortlich gemacht, die es durch geeignete Maßnahmen zu beseitigen gilt. Die Unternehmensbefragung zeigte allerdings, daß viele Unternehmen schon deshalb kein Interesse

[61] Allerdings wird hier nicht der Anspruch erhoben, daß die Befragungsergebnisse repräsentativ in bezug auf die Rechtsformen der Unternehmen sind.

an externem Eigenkapital hatten, weil sie die Aufnahme neuer Gesellschafter prinzipiell ablehnen. Während diese Einstellung häufig als „patriarchalisches Denken" qualifiziert wird, wurde in dieser Arbeit die Hypothese aufgestellt, daß die ablehnende Haltung gegenüber neuen Anteilseignern Nachteile widerspiegelt, die den Unternehmen bzw. ihren Eigentümern durch die Offenbarung von Informationen und die Gewährung von Stimmrechten entstehen. Erstens besteht die Gefahr, daß für Kapitalgeber bestimmte Informationen über das Unternehmen und seine Strategien Konkurrenten bekannt werden und das Unternehmen dadurch Innovationsrenten verliert. Zweitens sieht sich vor allem der kontrollierende Anteilseigner der Gefahr ausgesetzt, durch neue Gesellschafter private benefits of control zu verlieren, ohne dafür kompensiert zu werden. Die ökonometrische Überprüfung stützte diese Hypothesen: Neue Gesellschafter werden umso eher abgelehnt, je innovativer ein Unternehmen ist. Für innovative Unternehmen, deren Erfolg wesentlich von einem zeitlichen Vorsprung gegenüber Konkurrenten abhängt, ist der Schaden durch Bekanntwerden sensibler Informationen am höchsten. Zudem hängt die Wahrscheinlichkeit der Ablehnung neuer Gesellschafter von der Höhe von private benefits of control und der Wahrscheinlichkeit ab, daß der bisher kontrollierende Anteilseigner diese durch Stimmrechte für neue Anteilseigner verliert. Die Offenlegung von Informationen und die Gewährung von Stimmrechten sind Maßnahmen, um Informations-, Anreiz und Verifizierungsprobleme zu lösen und stellen deshalb Voraussetzungen dafür dar, daß Investoren überhaupt bereit sind, Kapital zur Verfügung zu stellen. Die Kosten der Eigenkapitalbeschaffung in Form des Verlusts von Innovationsvorsprüngen oder von private benefits of control des kontrollierenden Eigentümers sind folglich unvermeidbar. Auch ohne institutionelle Hemmnisse unterliegen die Unternehmen daher bei der Beschaffung externen Eigenkapitals aufgrund von Informations- und Verifizierungsproblemen Finanzierungsrestriktionen. Wirtschaftspolitisch ließ sich der Schluß ziehen, daß die Beseitigung institutioneller Hemmnisse (wie der hohen Emissionskosten beim Börsengang oder der steuerlichen Ungleichbehandlung von Eigen- und Fremdkapital) nicht unbedingt zu einer stärkeren Finanzierung der Unternehmen mit externem Beteiligungskapital führt.

Trotz der quantitativ sehr bedeutenden Rolle von Bankkrediten bei der Unternehmensfinanzierung zeigte die Befragung, daß ein Teil der Unternehmen auch bei der Aufnahme von Bankkrediten Restriktionen unterliegt, indem Kreditanträge entweder abgelehnt wurden oder nur eine kleinere Summe gewährt wurde als beantragt. Diese Beobachtung warf die Frage auf, von welchen Faktoren die Vergabeentscheidung der Banken abhängt. Insbesondere sollte untersucht werden, welche Rolle Bankbeziehungen dabei spielen. Aus der theoretischen Literatur sind mehrere Hypothesen zur Wirkungsweise von Bankbeziehungen auf die Kreditverfügbarkeit ableitbar: Beziehungen verringern asymmetrische Information und senken die Informationsbeschaffungskosten der Kreditgeber. Außerdem kann durch dauerhafte Beziehungen eine Reputation für eine hohe Rückzahlungswahrscheinlichkeit aufgebaut werden. Beide Argumente implizieren, daß Bankbeziehungen Kreditverfügbarkeit von Unternehmen generell verbessern. Eine andere Hypothese besagt, daß Beziehungen die Form eines impliziten Vertrags annehmen können, mit dem sich Unternehmen gegen Schwankungen ihrer Rückzahlungsfähigkeit versichern und der durch ein beschränktes Maß an ex post Verhandlungsmacht der Banken ermöglicht wird. Diese Hypothese impliziert, daß Bankbeziehungen die Kreditverfügbarkeit bei schwankender Rückzahlungsfähigkeit verbessern. Die empirische Analyse der Kreditverfügbarkeit unterscheidet sich von existierenden Arbeiten zu diesem Thema in drei Punkten. Erstens wurden beide Hypothesen zur Wirkung von Bankbeziehungen zugelassen: die generelle Verbesserung der Kreditverfügbarkeit und die Verbesserung bei variierender Bonität. Zweitens wurde Kreditverfügbarkeit nicht durch einen Indikator gemessen, vielmehr wurde direkt die Kreditvergabeentscheidung der Banken analysiert. Drittens berücksichtigte das gewählte ökonometrische Verfahren explizit das Selektionsproblem, das darin besteht, daß die Kreditvergabeentscheidung nur für diejenigen Unternehmen beobachtbar ist, die Kredite nachgefragt haben. Diese drei Punkte realisiert die existierende Literatur nicht oder nur teilweise. Die Schätzungen ergaben, daß Bankbeziehungen die Chancen der Kreditgewährung bei schwankender Rückzahlungsfähigkeit, nicht jedoch generell, erhöhen und stützen somit die Hypothese, daß Bankbeziehungen eine implizite Versicherung darstellen. Aus diesem Ergebnis ließ sich daraus der Schluß ziehen, daß Bankbeziehungen dazu beitragen, die Krisenanfälligkeit von Unternehmen zu verringern. Jungen Unternehmen, die noch keine Zeit hatten, um überhaupt Beziehungen zu knüpfen, bleibt dieser Weg allerdings versperrt.

Offen bleiben mußte die Frage, wie Banken für ihre Versicherungsleistung entlohnt werden. Ein Thema künftiger Forschung, das zu einem weitergehenden Verständnis von Bankbeziehungen beitragen könnte, wäre die Untersuchung der Frage nach den Bestimmungsgründen von Bankbeziehungen. Während Bankbeziehungen in der vorliegenden Arbeit als exogene Variable behandelt wurden, liegt die Vermutung nahe, daß der Aufbau und der Unterhalt enger Bankbeziehungen bewußte Entscheidungen der Unternehmen darstellen. Die Kenntnis der Faktoren, die für die Unternehmen für bzw. gegen enge Bankbeziehungen sprechen, ließen eine differenziertere Beurteilung von Bankbeziehungen als Instrument zur Verringerung der Krisenanfälligkeit von Unternehmen zu.

Nach der Analyse der Determinanten von Finanzierungsrestriktionen ergab sich als nächster Schritt die Frage nach ihren Auswirkungen auf Unternehmensentscheidungen. Der Schwerpunkt lag dabei auf der empirischen Überprüfung der Wirkung von Finanzierungsrestriktionen auf das Investitionsverhalten. In zwei Punkten gingen die Analysen über die Literatur hinaus: Da der im Rahmen dieser Arbeit erstellte Datensatz eine Indikatorvariable für die Existenz von Finanzierungsrestriktionen enthält, ließ sich der Einfluß von Finanzierungsrestriktionen auf das Investitionsverhalten direkt schätzen und nicht nur indirekt erschließen, wie dies in den meisten empirischen Studien zu diesem Thema der Fall ist. Außerdem wurden Finanzierungsrestriktionen nicht als exogen angenommen, sondern als endogen und wurden simultan mit dem Investitionsverhalten erklärt. Die Schätzungen zeigten, daß der verwendete Indikator für Finanzierungsrestriktionen durch dieselben Variablen erklärt wird wie die Kreditvergabeentscheidung der Banken. Daraus konnte geschlossen werden, daß der Indikator tatsächlich Finanzierungsrestriktionen mißt. Die Investitionsdynamik restringierter Unternehmen ist signifikant geringer und hängt zudem von der Verfügbarkeit interner Liquidität ab, was bei den unrestringierten Unternehmen nicht der Fall ist. Wie andere empirische Studien zeigen, beeinflussen Finanzierungsrestriktionen neben dem Investitionsverhalten auch weitere unternehmerische Entscheidungen, wie die Lagerhaltung, F&E-Ausgaben, Beschäftigung und Preissetzungsverhalten. Diese Aktivitäten, die im Prinzip andere Formen von Investitionen darstellen, werden als Reaktion auf Finanzierungsrestriktionen ebenfalls reduziert, und ihre Volumina hängen wie die Investitionen in Sachanlagen von der Verfügbarkeit interner Liquidität ab.

Die empirischen Ergebnisse dieser Arbeit weisen auf die Existenz fixer Anpassungskosten hin. Ein theoretisches Modell der Investitionsnachfrage, das sowohl Finanzierungsrestriktionen als auch fixe Anpassungskosten berücksichtigt, existiert bislang jedoch nicht. Um das empirisch offensichtlich bedeutsame Phänomen fixer Anpassungskosten in der empirischen Untersuchung der Auswirkung von Finanzierungsrestriktionen besser berücksichtigen zu können, wäre die Entwicklung eines solchen Modells als Thema zukünftiger Forschung wünschenswert.

Während das Ziel der vorliegenden Arbeit die Analyse der Gründe und der Auswirkungen von Finanzierungsrestriktionen auf der Unternehmensebene ist, sollte nicht unerwähnt bleiben, daß Finanzierungsrestriktionen auch Implikationen für die Gesamtwirtschaft haben können, insbesondere darauf, wie die Volkswirtschaft auf Schocks reagiert. In den letzten Jahren ist eine umfangreiche Literatur zu diesem Thema entstanden. Ein erschöpfender Überblick über diese Arbeiten würde an dieser Stelle zu weit führen (vgl. hierzu z.B. Bernanke, Gertler und Gilchrist 1996, Walsh 1998, Kapital 8). Deshalb seien im folgenden nur die wichtigsten Argumentationslinien skizziert. Die theoretischen Arbeiten betten die in Kapitel 3 vorgestellten partialanalytischen Ansätze in allgemeine Gleichwichtsmodelle ein (z.B. Bernanke und Gertler 1998, 1990, Kiyotaki und Moore 1997). Obwohl sich die Details der Modelle unterscheiden, sind ihnen drei Ergebnisse gemeinsam (Bernanke, Gertler und Gilchrist 1996): Erstens ist Fremdfinanzierung teurer als interne Finanzierung, solange die Ansprüche der Kapitalgeber nicht durch Sicherheiten gedeckt sind. Die höheren Kosten externer Finanzierung spiegeln den unvermeidbaren deadweight loss aufgrund von asymmetrischer Information und von Verifizierungsproblemen wider. Zweitens ist die Prämie der externen Finanzierung ceteris paribus eine inverse Funktion des Nettounternehmensvermögens (net worth), definiert als die Summe aus liquiden Mitteln und dem Wert illiquider Vermögensgegenstände abzüglich ausstehender Kredite. Das Unternehmensvermögen spielt entweder die Rolle von Sicherheiten oder seine Höhe verbessert - da es das vom Unternehmen selbst eingesetzte Kapital darstellt - die Anreize der Kapitalnehmer. Das dritte gemeinsame Ergebnis der theoretischen Literatur betrifft die Interdependenz zwischen der finanzwirtschaftlichen und der realwirtschaftlichen Sphäre der Unternehmen, konkret der Investitionstätigkeit. Ein temporärer negativer Schock (z.B. ein negativer Produktivitätsschock), der die Nettovermögen der Unternehmen verringert, erhöht die Prämie für externe Finanzierung und reduziert deshalb die Investitionen und den Output. Daraus folgt, daß die zukünftigen Gewinne geringer sind, was das Unternehmensvermögen weiter reduziert und geringere Investitionen nach sich zieht etc. Ein temporärer Schock hat folglich persistente Effekte. Zusätzlich zur Persistenz verstärken sich bei Kiyotaki und Moore (1997) anfängliche Schocks im Zeitablauf. Dieser dynamische Effekt ergibt sich aufgrund der Doppelrolle des Kapitalguts als Produktionsfaktor und als Sicherheit. Auch in diesem Modell reduziert ein negativer temporärer Schock das Nettovermögen der Unternehmen und damit das maximal erhältliche Kreditvolumen. In der Folge gehen die Investitionen in das Kapitalgut und damit auch der Preis für das Kapitalgut zurück. Der Preisrückgang impliziert einen Werteverfall der Kapitalgüter, die die Unternehmen bereits besitzen und die sie als Sicherheiten einsetzen. Dies reduziert das maximal erhältliche Kreditvolumen und die Investitionen weiter, führt zu einem Rückgang des Preises für Kapitalgüter etc. Da die Unternehmen antizipieren, daß der Preis des Kapitalguts in den Folgeperioden immer weiter fallen wird, geht er bereits in der ersten Periode stärker zurück als allein durch den Nachfragerückgang impliziert. Damit fällt auch der Rückgang des Nettovermögens in der ersten Periode stärker aus als durch den direkten Effekt des Schocks impliziert. Die Auswirkungen temporärer Schocks sind nicht nur dauerhaft, die Persistenz verstärkt die Wirkung auch noch und vice versa. Diese Effekte werden in der Literatur als financial accelerator bezeichnet.

Die Interdependenz von finanzwirtschaftlicher und realwirtschaftlicher Sphäre der Unternehmen hat auch Implikationen für die Funktionsweise des monetären Transmissionsmechanismus'. Geldpolitik kann als eine Form von Schock interpretiert werden, der das Nettovermögen der Unternehmen verändert. Ein Zinsanstieg beispielsweise verändert das Investitionsverhalten nicht nur über den traditionellen Einfluß auf die Kapitalnutzungskosten. Er erhöht den Diskontierungssatz und reduziert somit auch den Gegenwartswert des Nettovermögens der Unternehmen, so daß sich der Zugang zu externem Kapital verschlechtert. Die Prämie auf externe Finanzierung als Reaktion auf kontraktivere Geldpolitik oder auch zu Beginn einer Rezession, sollte sich in erster Linie für Unternehmen mit geringer Qualität (geringem Nettovermögen) erhöhen, so daß sich der Zugang zu Krediten vor allem für diese Unternehmen verschlechtert. Bernanke, Gertler und Gilchrist (1996) bezeichnen diesen Effekt als Flucht in die Qualität (flight to quality). Die Investitionen und der Output der Unternehmen geringer Bonität sollten deshalb als Reaktion auf eine kontraktivere Geldpolitik relativ stärker zurückgehen als bei Unternehmen hoher Bonität. Empirische Evidenz für die asymmetrische Wirkung der Geldpolitik in den USA finden beispielsweise Oliner und Rudebusch (1996): In Zeiten restriktiver Geldpolitik hängen die Investitionen kleiner Unternehmen, von denen vermutet wird, daß sie eher Informationsproblemen unterliegen, in stärkerem Maß von der Verfügbarkeit interner Liquidität ab als in Zeiten weniger restriktiver Geldpolitik. Für große Unternehmen ist ein Zusammenhang zwischen Investitionen und interner Liquidität weder in

Zeiten gelockerter, noch in Zeiten restriktiver Geldpolitik zu beobachten. Für die Bundesrepublik existieren vergleichbare Studien bislang nicht. Im Rahmen dieser Arbeit war eine solche Studie nicht möglich, da hierfür Daten über einen längeren Zeitraum erforderlich sind, während in dieser Arbeit nur ein Querschnittsdatensatz zur Verfügung stand. Interessant als Thema zukünftiger Forschung wäre eine solche Untersuchung für die Bundesrepublik vor allem im Hinblick auf die Frage, ob Bankbeziehungen dazu beitragen, die Wirkungen der Geldpolitik bei Unternehmen geringer Bonität abzufedern.

Die Frage nach den wirtschaftpolitischen Schlußfolgerungen aus den Ergebnissen der vorliegenden Arbeit sind nicht eindeutig zu beantworten. Einerseits sind wirtschaftspolitische Maßnahmen, die darauf abzielen, institutionelle Hemmnisse beim Zugang der Unternehmen zu Beteiligungskapital zu beseitigen, sicherlich sinnvoll. Allerdings ist von ihnen nicht unbedingt zu erwarten, daß sie zu einer Zunahme der Beteiligungsfinanzierung führen. Die Beschaffung externen Eigenkapitals führt möglicherweise zu einem Verlust von Innovationsrenten und von private benefits of control, der durch wirtschaftpolitische Maßnahmen nur schwer zu beeinflussen ist.

Enge Bankbeziehungen reduzieren die Krisenanfälligkeit von Unternehmen und können somit zu einem gewissen Maß als Substitut für eine gute Bonität dienen. Für eine Beurteilung der starken Bankenorientierung des deutschen Finanzierungssystems im Hinblick auf die Fähigkeit, Schocks abzufedern, sind weitere Forschungsarbeiten erforderlich. Zum einen wäre eine Untersuchung der Wirkung von Bankbeziehungen während unterschiedlicher konjunktureller oder geldpolitischer Phasen wünschenswert. Zum anderen würde die Kenntnis der Bestimmungsgründe der Unternehmen für den Aufbau und Unterhalt enger Bankbeziehungen auch eine Einschätzung der Nachteile enger Bankbeziehungen erlauben.

Angesichts der negativen Wirkungen von Finanzierungsrestriktionen auf das Investitionsverhalten stellt sich die Frage, ob der Staat den betroffenen Unternehmen durch Zinssubventionen oder andere Maßnahmen wie Bürgschaften und Garantien helfen sollte. Bernanke und Gertler (1990) zeigen, daß eine Umverteilung durch Besteuerung und Transfers zwar nicht pareto-optimal aber wohlfahrtssteigernd sein kann. Die Autoren leiten aus diesem Ergebnis jedoch keine Empfehlung zu Subventionen ab, sondern beschränken sich auf die Aussage, daß ihr Ergebnis eine Erklärung für die tatsächlich zu beobachtenden Aktivitäten des Staates darstellen. Diese Zurückhaltung angebracht. Erstens hängt die Wirksamkeit staatlicher Hilfen bei Bernanke und Gertler (1990) entscheidend davon ab, daß der Staat bestimmte Eigenschaften der Unternehmen beobachten kann. Diese Voraussetzung dürfte in der Realität meist nicht erfüllt sein. Zweitens handelt es sich um ein statisches Modell, das den moral hazard-Effekt staatlicher Hilfen nicht berücksichtigt: Die Erwartung der Unternehmen, staatliche Hilfen zu erhalten, sollten sie in finanzielle Schwierigkeiten geraten, führt zu übermäßig riskantem oder anderweitig ineffizientem Verhalten. Eine Empfehlung für staatliche Subventionen kann deshalb nicht ausgesprochen werden.

Tabelle A1

Finanzierungsquellen und Investitionsformen im deutschen Unternehmenssektor 1970-1996

in % der Bruttoinvestitionen

Laufzeit	Finanzierungsquelle		Investitionsobjekt		netto
	Innenfinanzierung	90,5			
			Innenfinanzierung		**90,5**
1	Handelskredite Aufnahme	32,6	Handelskredite Tilgung	-30,7	
1	Handelskredite Rückerstattung	49,1	Handelskredite Vergabe	-52,1	
			Nettofinanzierung über Handelskredite		**-1,2**
1	kurzfr. Bankkredite Aufnahme	128,7	kurzfr. Bankkredite Tilgung	-120,8	
1	kurzfr. Bankeinlage Auflösung	143,2	kurzfr. Bankeinlage Einzahlung	-154,7	
			Nettofinanzierung durch kurzfristige Bankkredite		**-3,6**
1	sonstige kurzfr. Kreditaufnahme	45,1	sonstige kurzfr. Kredite Tilgung	-41,5	
1	sonstige kurzfr. Anlagen Auflösung	50,6	sonstige kurzfr. Anlagen Einzahlung	-56,7	
			Nettofinanzierung durch sonstige kurzfristige Kredite		**-2,5**
7	langfr. Bankkredite Aufnahme	69,5	langfr. Bankkredite Tilgung	-52,3	
5	langfr. Bankeinlage Auflösung	6,2	langfr. Bankeinlage Einzahlung	-7,5	
			Nettofinanzierung durch langfristige Bankkredite		**16,0**
7	Versicherungsdarlehen Aufnahme	8,1	Versicherungsdarlehen Tilgung	-6,7	
			Nettofinanzierung durch Versicherungsdarlehen		**1,4**
7	eigene Anleihen Emission	4,3	eigene Anleihen Tilgung	-2,6	
7	fremde Anleihen Verkauf	1,6	fremde Anleihen Kauf	-4,7	
			Nettofinanzierung durch Anleihen		**-1,4**
7	sonstige langfr. Kreditaufnahme	21,2	sonstige langfr. Kredite Tilgung	-16,6	
7	sonstige langfr. Anlagen Auflösung	8,3	sonstige langfr. Anlagen Einzahlung	-12,1	
			Nettofinanzierung durch sonstige langfristige Darlehen		**0,7**
	eigene Aktien Emission	3,8	eigene Aktien Rückkauf		
	fremde Aktien Verkauf		fremde Aktien Kauf	-3,7	
			Nettofinanzierung durch Aktien		**0,1**
			Statistische Differenz		**0,1**
Summe(1)					**100,1**

Quelle: Deutsche Bundesbank (1994, 1997)
(1) Differenzen von 100 ergeben sich Runden.

Tabelle A2

Finanzierungsquellen und Investitionsformen im deutschen Unternehmenssektor 1970-1996

in % der Bruttoinvestitionen

Laufzeit	Finanzierungsquelle		Investitionsobjekt		netto
	Innenfinanzierung	90,5			
			Innenfinanzierung		**90,5**
1	Handelskredite Aufnahme	32,6	Handelskredite Tilgung	-30,7	
1	Handelskredite Rückerstattung	49,1	Handelskredite Vergabe	-52,1	
			Nettofinanzierung über Handelskredite		**-1,2**
1	kurzfr. Bankkredite Aufnahme	128,7	kurzfr. Bankkredite Tilgung	-120,8	
1	kurzfr. Bankeinlage Auflösung	143,2	kurzfr. Bankeinlage Einzahlung	-154,7	
			Nettofinanzierung durch kurzfristige Bankkredite		**-3,6**
1	sonstige kurzfr. Kreditaufnahme	45,1	sonstige kurzfr. Kredite Tilgung	-41,5	
1	sonstige kurzfr. Anlagen Auflösung	50,6	sonstige kurzfr. Anlagen Einzahlung	-56,7	
			Nettofinanzierung durch sonstige kurzfristige Kredite		**-2,5**
5	langfr. Bankkredite Aufnahme	88,6	langfr. Bankkredite Tilgung	-71,4	
3	langfr. Bankeinlage Auflösung	9,4	langfr. Bankeinlage Einzahlung	-10,7	
			Nettofinanzierung durch langfristige Bankkredite		**16,0**
5	Versicherungsdarlehen Aufnahme	10,5	Versicherungsdarlehen Tilgung	-9,1	
			Nettofinanzierung durch Versicherungsdarlehen		**1,4**
5	eigene Anleihen Emission	5,5	eigene Anleihen Tilgung	-3,8	
5	fremde Anleihen Verkauf	3,5	fremde Anleihen Kauf	-6,6	
			Nettofinanzierung durch Anleihen		**-1,4**
5	sonstige langfr. Kreditaufnahme	24,6	sonstige langfr. Kredite Tilgung	-20,0	
5	sonstige langfr. Anlagen Auflösung	11,3	sonstige langfr. Anlagen Einzahlung	-15,2	
			Nettofinanzierung durch sonstige langfristige Darlehen		**0,7**
	eigene Aktien Emission	3,8	eigene Aktien Rückkauf		
	fremde Aktien Verkauf		fremde Aktien Kauf	-3,7	
			Nettofinanzierung durch Aktien		**0,1**
			Statistische Differenz		**0,1**
Summe[1]					**100,1**

Quelle: Deutsche Bundesbank (1994, 1997)
[1] Differenzen von 100 ergeben sich Runden.

ifo Institut
für Wirtschaftsforschung

Poschingerstraße 5
D-81679 München

Telefon 089/92 24-0
Durchwahl 089/92 24-1424
Telefax 089/98 53 69

ifo Institut für Wirtschaftsforschung e.V., Postfach 86 04 60, 81631 München

FIRMENANSCHRIFT

12.5.97

Die Finanzierung der deutschen Wirtschaft

Sehr geehrte Damen und Herren,

die ausreichende Versorgung von Unternehmen mit Krediten und Eigenkapital ist eine wichtige Voraussetzung für ihre Wettbewerbsfähigkeit. Oftmals erweist sich die Beschaffung von Finanzmitteln jedoch als schwierig. Im Auftrag der Deutschen Forschungsgemeinschaft wollen wir die Erfolgsfaktoren bei der Kredit- und Eigenkapitalaufnahme untersuchen sowie Konsequenzen von Finanzierungsproblemen für Innovationen und Investitionen aufzeigen und Lösungsvorschläge erarbeiten.

Aufgrund der engen Verzahnung von Finanzierungs- und Investitionsfragen wenden wir uns an die Teilnehmer unseres Investitionstests, die sich in einer kooperativen Zusammenarbeit bewährt haben. Der Fragebogen richtet sich auch an Unternehmen, die durch ihre Muttergesellschaft oder eine Holding finanziert werden. Da der Erfolg der Untersuchung davon abhängt, daß sich möglichst alle angeschriebenen Unternehmen beteiligen, ist Ihre persönliche Mitarbeit sehr wichtig, auch wenn Ihr Unternehmen nicht von Finanzierungsschwierigkeiten betroffen ist. Wir bitten Sie, den beiliegenden Fragebogen auszufüllen oder gegebenenfalls an eine mit der Thematik vertraute Person aus dem Fachbereich Finanzierung oder der Geschäftsführung weiterzuleiten.

Bitte schicken Sie den Fragebogen innerhalb der nächsten drei Wochen per Post oder per Fax an uns zurück. Als Anerkennung Ihrer Teilnahmebereitschaft erhalten Sie von uns eine Zusammenfassung der Ergebnisse dieser Untersuchung.

Sollten Sie Rückfragen haben, können Sie sich gerne an unsere Mitarbeiterin Frau Dipl. Ök. **Claudia Plötscher (Tel.: 089/9224-1424)** wenden.

Alle Ihre Angaben werden selbstverständlich streng vertraulich behandelt. Die Ergebnisse können in keinem Fall einem einzelnen Unternehmen zugeordnet werden.

Für Ihre Mitarbeit bedanken wir uns sehr herzlich.

Mit freundlichen Grüßen
ifo Institut für Wirtschaftsforschung

Prof. Dr. H.J. Schalk

Bitte beziehen Sie Ihre Angaben auf das ***gesamte*** *Unternehmen. Weicht das Geschäftsjahr vom Kalenderjahr ab, so legen Sie bitte das Jahr zugrunde, auf welches das Geschäftsjahr in der Hauptsache entfällt. Bitte schicken Sie den Fragebogen in den nächsten drei Wochen ausgefüllt zurück an:*

Ihre Angaben werden **streng vertraulich** behandelt! Der gesetzliche Datenschutz ist voll gewährleistet.

Die Finanzierung der deutschen Wirtschaft

I. Eigentum und Kontrolle im Unternehmen

1a. Gehört Ihr Unternehmen zu einer Unternehmensgruppe (z.B. Konzern) bzw. wird es von einer Holding verwaltet?

☐ nein ☐ ja ➔ Beziehen Sie Ihre weiteren Angaben auf das angeschriebene Unternehmen, nicht auf den gesamten Konzern bzw. den gesamten Verbund.

↓ **weiter mit Frage 2**

1b. Erfolgt die Finanzierung des Unternehmens überwiegend durch den Konzern bzw. die Holding?

☐ ja ☐ nein

Falls ja: Diese Befragung wendet sich auch an Unternehmen, die durch den Konzern bzw. die Holding finanziert werden. Bitte beantworten Sie den Fragebogen ebenfalls vollständig. Beteiligungen und Einlagen des Konzerns oder der Holding stellen für den weiteren Verlauf des Fragebogens die Aufnahme von Eigenkapital dar. Darlehen des Konzerns oder der Holding werden im weiteren Verlauf des Fragebogens als Fremdkapitalaufnahme behandelt.

2. Welche Rechtsform hatte das Unternehmen zum 31.12.1996?

☐ Einzelunternehmen ☐ KG ☐ GmbH ☐ AG
☐ OHG ☐ KGaA ☐ GmbH &Co. (KG) ☐ sonstiges, und zwar ____________

3. In welchem Jahr wurde das Unternehmen gegründet? (Gemeint ist das Jahr, in dem das Unternehmen erstmalig gegründet wurde, nicht eine Änderung der Rechtsform oder die Übernahme durch ein anderes Unternehmen.)

Im Jahr ☐

4. Hat es schon einmal einen Wechsel des Haupteigentümers gegeben?

☐ nein ☐ ja, zuletzt im Jahr ☐ ☐ es gibt keinen Haupteigentümer

5. Hat Ihr Unternehmen ein Kontrollorgan, z.B. einen Aufsichtsrat oder Beirat?

☐ nein ☐ ja, seit dem Jahr ☐

6. Gibt es - neben dem Vertriebspersonal - Führungskräfte, deren Gehalt von ihrer Leistung abhängt? (z. B. Tantieme)

☐ ja, seit dem Jahr ☐ ☐ nein

7a. Wie groß ist der prozentuale Anteil am Unternehmen, den der größte Eigentümer, Gesellschafter oder Aktionär besitzt?
(Falls es mehrere Haupteigentümer mit gleich großen Anteilen gibt, geben Sie nur den Anteil eines dieser Eigentümer an.)

☐ %

7b. Um was für einen der folgenden Eigentümertypen handelt es sich beim größten Eigentümer, Gesellschafter o. Aktionär?
(Falls es mehrere Haupteigentümer mit gleich großen Anteilen gibt, sind Mehrfachankreuzungen möglich.)

☐ einzelne Person bzw. Familie ☐ anderes Unternehmen ☐ Kapitalbeteiligungs- oder Venture-Capital-Gesellschaft
☐ Kreditinstitut bzw. Versicherungsunternehmen ☐ Streubesitz ☐ sonstiger Eigentümer

7c. Ist der größte Eigentümer, Gesellschafter oder Aktionär an der Geschäftsführung beteiligt? (Falls es mehrere Haupteigentümer mit gleich großen Anteilen gibt, beziehen Sie die Frage bitte darauf, ob mindestens einer von ihnen an der Geschäftsführung beteiligt ist.)

☐ ja ☐ nein

II. Die Beschaffung von Eigenkapital

8. Bestand 1992 bis 1996 grundsätzlich Interesse an der Aufnahme von zusätzlichem Eigenkapital?

Zu Eigenkapital zählen z.B. Einlagen des Mutterunternehmens, Einlagen bestehender Gesellschafter, Aufnahme neuer Gesellschafter und Aktienemissionen.

☐ ja, zuletzt im Jahr ☐ **➔ weiter mit Frage 9**
☐ nein, grundsätzlich kein Interesse, da
- ☐ kein Finanzierungsbedarf
- ☐ Einflußnahme neuer Eigentümer unerwünscht
- ☐ anderer Grund: ____

➔ weiter mit Frage 24

➔ Beantworten Sie die Fragen 9 bis 23 bitte <u>ausschließlich</u> für den <u>jüngsten</u> Fall, in dem Interesse an der Beschaffung von Eigenkapital bestand !

9. Welche der folgenden <u>vorbereitenden</u> Aktivitäten haben Sie unternommen? (Mehrfachantworten möglich)

☐ Kontaktaufnahme und vorbereitende Gespräche mit
- ☐ dem Mutterunternehmen oder bisherigen Gesellschaftern
- ☐ neuen potentiellen Gesellschaftern, z.B. Kapitalbeteiligungsgesellschaften, dritten Unternehmen, Privatpersonen
- ☐ Banken

☐ Verhandlungen über Konditionen
☐ sonstige, und zwar ____
☐ keine

10. Welche <u>weiteren</u> Aktivitäten haben Sie unternommen? (Mehrfachantworten möglich)

☐ Vorschlag zum Beschluß einer Kapitalerhöhung bzw. Einlage (z.B. durch das Mutterunternehmen)
☐ Angebot zur Aufnahme eines neuen Gesellschafters
☐ Auftrag zur Emission einer Aktie
☐ sonstige, und zwar ____

weiter mit Frage 12

☐ keine **➔ weiter mit Frage 11**

11. Warum wurden keine vorbereitenden bzw. keine weiteren Aktivitäten unternommen? (Mehrfachantworten möglich)

☐ Einflußnahme neuer Gesellschafter unerwünscht
☐ zu hohe Beschaffungskosten erwartet bzw. absehbar
☐ zu hohe Eigenkapitalkosten erwartet bzw. absehbar
☐ zu hohe Forderung nach Gewinnbeteiligung erwartet / absehbar
☐ kein Erfolg der Aktivitäten absehbar
☐ sonstiges, und zwar ____

➔ Falls <u>überhaupt keine</u> Aktivitäten zur Aufnahme von Eigenkapital unternommen wurden, bitte weiter mit Frage 24.

➔ Beantworten Sie die Fragen 12 bis 23 bitte <u>ausschließlich</u> für die <u>jüngste</u> Aktivität zur Beschaffung von Eigenkapital.
➔ Falls mehrere Aktivitäten gleichzeitig unternommen wurden, beantworten Sie die Fragen 12 bis 23 bitte für diejenige Aktivität, für welche <u>die letzte Korrespondenz</u> stattfand.

12. Welche <u>Form</u> von Eigenkapital sollte zuletzt beschafft werden bzw. wurde beschafft?

☐ konzerninterne Beteiligung, Einlage des Mutterunternehmens bzw. der bisherigen Eigentümer
☐ Aufnahme eines neuen Gesellschafters (ohne staatl. Beteiligung)
☐ stille Beteiligung (ohne staatl. Beteiligung)
☐ öffentliche Eigenkapitalhilfe (einschließlich stiller Beteiligung)
☐ Aktienemission
☐ sonstige Form, und zwar ____

13. Wie hoch war der gewünschte <u>Betrag</u>?

☐ bis unter 50 TDM	☐ 500 TDM - unter 2 Mio. DM
☐ 50 TDM - unter 200 TDM	☐ 2 Mio. - unter 10 Mio. DM
☐ 200 TDM - unter 500 TDM	☐ 10 Mio. DM und mehr

14. Was war der <u>wichtigste</u> Verwendungszweck für das zusätzliche Eigenkapital? (Geben Sie bei mehreren Verwendungszwecken bitte <u>nur den wichtigsten</u> Schwerpunkt an!)

☐ Ersatzinvestition	☐ Lagerbestände
☐ Erweiterungsinvestition	↳ **weiter mit Frage 18**
☐ Rationalisierung	☐ sonst. Umlaufvermögen
☐ Forschung/Entwicklung	↳ **weiter mit Frage 18**
☐ Beteiligungserwerb	☐ Stärkung der Eigenkapitalbasis
☐ sonstiges	↳ **weiter mit Frage 18**

15. Geben Sie bitte auf einer Skala von 1 (geringes Risiko) bis 5 (hohes Risiko) das <u>Risiko</u> des Projekts an, für das Eigenkapital aufgenommen wurde bzw. werden sollte.

Geringes Risiko ➔ ... ➔ Hohes Risiko
1 ☐ — 2 ☐ — 3 ☐ — 4 ☐ — 5 ☐

16a. Betraf das Projekt ein Produkt bzw. eine Dienstleistung (Forschung, Entwicklung, Produktion u./o. Absatz), das

☐ Ihr Unternehmen bereits herstellte **➔ weiter mit Frage 17**
☐ in Ihrem Unternehmen neu war **➔ weiter mit Frage 16b**

16b. Wurde das Produkt bereits in gleicher oder ähnlicher Form von einem Konkurrenten angeboten?

☐ ja ☐ nein

17. Sollte das Projekt einen <u>neuen Markt</u> erschließen?

☐ ja ☐ nein

18. Welche <u>Informationen</u> lieferte Ihr Unternehmen den Eigenkapitalgebern? (Mehrfachnennungen möglich)

☐ Jahresabschlußdaten	☐ langfristige Strategien
☐ kurzfristige Erfolgsrechnungen	☐ Verwendungszweck des Eigenkapitals
☐ Finanz- u./o. Cash-Flowpläne	☐ sonstiges: ____
☐ Markt- u./o. Machbarkeitsstudien	☐ keine

19. Haben Sie das benötigte Eigenkapital in der ursprünglich gewünschten Höhe erhalten?

☐ Ja, in voller Höhe.
☐ Zum Teil, und zwar ☐ % des gewünschten Betrags.
☐ Nein, es konnte kein Eigenkapital beschafft werden.
↳ **Falls nein, bitte weiter mit Frage 21**

20. Wie war das Verhältnis zwischen der Erhöhung des gezeichneten Kapitals und dem Agio (Aufgeld)?

☐ % gezeichnetes Kapital + ☐ % Agio = 100%

➔ Falls Sie das gewünschte Eigenkapital <u>in voller Höhe</u> erhalten haben, bitte weiter mit Frage 22

21. Warum haben Sie das benötigte Eigenkapital nicht oder nur zum Teil erhalten? (Mehrfachantworten möglich)

☐ Der Eigenkapitalgeber schätzte die Ertragsaussichten schlechter ein als Ihr Unternehmen.
☐ keine Einigung über Konditionen
☐ kein geeigneter Interessent gefunden
☐ anderer Grund, und zwar ____
____

22. Kann bzw. konnte der Hauptzweck des benötigten Eigenkapitals im geplanten Umfang realisiert werden?

- ☐ im geplanten Umfang
- ☐ in geringerem Umfang
- ☐ überhaupt nicht
- ☐ Realisierung ungewiß

23. Kann bzw. konnte der Hauptzweck des benötigten Eigenkapitals im geplanten Zeitraum realisiert werden?

- ☐ im geplanten Zeitraum
- ☐ in späterem Zeitraum
- ☐ überhaupt nicht
- ☐ Realisierung ungewiß

III. Die Beschaffung von Fremdkapital

24. Bestand 1992 bis 1996 grundsätzlich Interesse an der Aufnahme von zusätzlichem Fremdkapital?

Zu Fremdkapital zählen z.B. Darlehen des Mutterunternehmens, Kredite und Kreditlinien von Kreditinstituten, Anleihen, Obligationen und Schuldverschreibungen.

- ☐ ja, zuletzt im Jahr ☐ → **weiter mit Frage 25**
- ☐ nein, grundsätzlich kein Interesse, da
  - ☐ kein Finanzierungsbedarf
  - ☐ anderer Grund: ____________

  → **weiter mit Frage 42 a**

→ Beantworten Sie die Fragen 25 bis 41 bitte ausschließlich für Ihr jüngstes Interesse an der Beschaffung von Fremdkapital!

25. Welche der folgenden vorbereitenden Aktivitäten haben Sie unternommen? (Mehrfachantworten möglich)

- ☐ Kontaktaufnahme und vorbereitende Gespräche mit Banken oder anderen Unternehmen
- ☐ Kontaktaufnahme und vorbereitende Gespräche mit dem Mutterunternehmen oder Gesellschaftern
- ☐ Einholen von Angeboten
- ☐ Verhandlungen über Konditionen
- ☐ sonstige, und zwar ____________
- ☐ keine

26. Welche der folgenden weiteren Aktivitäten haben Sie unternommen? (Mehrfachantworten möglich)

- ☐ Stellung eines Kreditantrags bzw. Antrags auf Einräumung o. Erweiterung einer Kreditlinie bei Bank
- ☐ Beantragung eines Darlehens beim Mutterunternehmen oder bei Gesellschaftern
- ☐ Auftrag zur Emission einer Anleihe
- ☐ sonstiges, und zwar ____________

  weiter mit Frage 28
- ☐ keine → **weiter mit Frage 27**

27. Warum wurden keine vorbereitenden bzw. keine weiteren Aktivitäten unternommen? (Mehrfachantworten möglich)

- ☐ zu hoher Effektivzins erwartet bzw. absehbar
- ☐ zu hohe Forderungen nach Sicherheiten erwartet bzw. absehbar
- ☐ kein Erfolg der Aktivitäten absehbar
- ☐ sonstiges, und zwar ____________

→ Falls überhaupt keine Aktivitäten zur Aufnahme von Fremdkapital unternommen wurden, bitte weiter mit Frage 42 a.

→ Beantworten Sie die Fragen 28 bis 41 bitte ausschließlich für die jüngste Aktivität zur Beschaffung von Fremdkapital.

→ Falls mehrere Aktivitäten gleichzeitig unternommen wurden, beantworten Sie die Fragen 28 bis 41 bitte für diejenige Aktivität, für welche die letzte Korrespondenz erfolgte.

28. Wie hoch war der gewünschte Betrag ?

- ☐ bis unter 50 TDM
- ☐ 50 TDM - unter 200 TDM
- ☐ 200 TDM - unter 500 TDM
- ☐ 500 TDM - unter 2 Mio. DM
- ☐ 2 Mio. - unter 10 Mio. DM
- ☐ 10 Mio. DM und mehr

29. Was war der wichtigste Verwendungszweck für das zusätzliche Fremdkapital? (Geben Sie bei mehreren Verwendungszwecken bitte nur den wichtigsten Schwerpunkt an!)

- ☐ Ersatzinvestition
- ☐ Erweiterungsinvestition
- ☐ Rationalisierung
- ☐ Forschung/Entwicklung
- ☐ Beteiligungserwerb
- ☐ sonstiges
- ☐ Lagerbestände
  ↳ **weiter mit Frage 33**
- ☐ sonstiges Umlaufvermögen
  ↳ **weiter mit Frage 33**
- ☐ Beschaffung von Liquidität
  ↳ **weiter mit Frage 33**

30. Geben Sie bitte auf einer Skala von 1 (geringes Risiko) bis 5 (hohes Risiko) das Risiko des Projekts an, für das zuletzt Fremdkapital aufgenommen wurde/werden sollte.

Geringes Risiko → ... → Hohes Risiko

1 ☐—2 ☐—3 ☐—4 ☐—5 ☐

31a. Betraf das Projekt ein Produkt bzw. eine Dienstleistung (Forschung, Entwicklung, Produktion u./o. Absatz), das

- ☐ Ihr Unternehmen bereits herstellte → **weiter mit Frage 32**
- ☐ in Ihrem Unternehmen neu war → **weiter mit Frage 31b**

31b. Wurde das Produkt bereits in gleicher oder ähnlicher Form von einem Konkurrenten angeboten?

☐ ja ☐ nein

32. Sollte das Projekt einen neuen Markt erschließen?

☐ ja ☐ nein

33. Welche Form von Fremdkapital wurde zuletzt aufgenommen bzw. sollte zuletzt aufgenommen werden?

- ☐ Darlehen oder Kredit von Kreditinstitut
- ☐ Einrichtung oder Erweiterung einer Kreditlinie
- ☐ öffentlich geförderte Kredite, z.B. ERP-Kredite

  weiter mit Frage 34
- ☐ Darlehen von einem anderen Unternehmen, z.B. Schuldscheindarlehen bei einer Versicherung
- ☐ Anleihe, z.B. Obligation, Commercial Paper
- ☐ konzerninterne Mittelzuweisungen, Darlehen von Gesellschaftern oder verbundenen Unternehmen
- ☐ sonstige Form

  weiter mit Frage 36

34. Seit wann unterhält Ihr Unternehmen Geschäftsbeziehungen mit dem Kreditinstitut, bei dem der jüngste Kredit aufgenommen bzw. beantragt wurde?

- ☐ bisher bestanden keine Geschäftsbeziehungen
- ☐ seit bis zu 2 Jahren
- ☐ seit 2 bis 5 Jahren
- ☐ seit 6 bis 10 Jahren
- ☐ seit mehr als 10 Jahren

35. Welche Dienstleistungen des Kreditinstituts, bei dem der jüngste Kredit aufgenommen bzw. beantragt wurde, haben Sie in der Vergangenheit in Anspruch genommen? (Mehrfachnennungen möglich)

- ☐ Kontoführung
- ☐ Geldanlage, Wertpapierdepot
- ☐ Abwicklung v. Exportgeschäften
- ☐ frühere Kredite
- ☐ sonstige: ____________
- ☐ keine

36. Welche Informationen lieferte Ihr Unternehmen den Fremdkapitalgebern? (Mehrfachnennungen möglich)

- ☐ Jahresabschlußdaten
- ☐ kurzfristige Erfolgsrechnungen
- ☐ Finanz- u./o. Cash-Flowpläne
- ☐ Markt- u./o. Machbarkeitsstudien
- ☐ langfristige Strategien
- ☐ Verwendungszweck des Fremdkapitals
- ☐ sonstige: ____________
- ☐ keine

37. Haben Sie das benötigte Fremdkapital in der ursprünglich gewünschten Höhe erhalten?

- ☐ Ja, in voller Höhe
- ☐ Zum Teil, und zwar ☐ % des gewünschten Betrags.
- ☐ Nein, es konnte kein Fremdkapital beschafft werden.

↳ **Falls nein, bitte weiter mit Frage 39**

38. Welchen Typ Sicherheiten stellte Ihr Unternehmen? (Mehrfachnennungen möglich)

- ☐ private Bürgschaft
- ☐ öffentliche Bürgschaft
- ☐ Umlaufvermögen
- ☐ Grundschulden, Immobilien, Gebäude
- ☐ Maschinen
- ☐ Finanzanlagen
- ☐ sonstiges
- ☐ keine Sicherheiten

➔ ***Falls Sie das gewünschte Fremdkapital in voller Höhe erhalten haben, bitte weiter mit Frage 40.***

39. Warum haben Sie das benötigte Fremdkapital nicht oder nur zum Teil erhalten? (Mehrfachantworten möglich)

- ☐ Es waren nicht genügend Sicherheiten vorhanden.
- ☐ Der Verschuldungsgrad war bereits relativ hoch.
- ☐ Der Fremdkapitalgeber schätzte die Ertragsaussichten schlechter ein als Ihr Unternehmen.
- ☐ Zu den gebotenen Konditionen bestand kein Interesse mehr.
- ☐ anderer Grund, und zwar ____________

____

40. Kann bzw. konnte der Hauptzweck des benötigten Fremdkapitals im geplanten Umfang realisiert werden?

- ☐ im geplanten Umfang
- ☐ in geringerem Umfang
- ☐ überhaupt nicht
- ☐ Realisierung ungewiß

41. Kann bzw. konnte der Hauptzweck des benötigten Fremdkapitals im geplanten Zeitraum realisiert werden?

- ☐ im geplanten Zeitraum
- ☐ in späterem Zeitraum
- ☐ überhaupt nicht
- ☐ Realisierung ungewiß

42a. In welcher Höhe waren Ihrem Unternehmen 1996 Kreditlinien eingeräumt? (Summe aus allen Kreditlinien, ohne Avale und Bürgschaften)

- ☐ bis 250 TDM
- ☐ bis 1 Mio.
- ☐ bis 5 Mio. DM
- ☐ über 5 Mio. DM
- ☐ keine➔ **weiter mit Frage 43**

42b. Welchen Teil der Kreditlinien nahmen Sie im Durchschnitt des Jahres 1996 in Anspruch?

- ☐ überhaupt keinen
- ☐ bis 10 %
- ☐ 11 % bis 25 %
- ☐ 26 % bis 50 %
- ☐ 51 % bis 75 %
- ☐ mehr als 75 %

43. Mit wie vielen Banken u. Finanzinstituten bzw. -gruppen unterhielt Ihr Unternehmen 1996 Geschäftsbeziehungen?

Mit ca. ☐ Instituten.

44. Wie häufig nutzten Sie 1996 Skonti Ihrer Lieferanten?

- ☐ nie
- ☐ selten
- ☐ häufig
- ☐ immer
- ☐ Unsere Lieferanten gewähren in der Regel keine Skonti.

IV. Wirtschaftliche Situation und Stellung im Wettbewerb

45. Welcher Umsatzanteil wurde 1992-1996 mit den drei wichtigsten Kunden insgesamt getätigt? (Schätzungen genügen)

	bis unter 10%	10% bis unter 30%	30% bis unter 50%	50% und mehr
1992	☐	☐	☐	☐
1994	☐	☐	☐	☐
1996	☐	☐	☐	☐

46. Welcher Umsatzanteil wurde 1992-1996 mit Produkten getätigt, die es drei Jahre zuvor in Ihrem Unternehmen noch nicht gab? (Schätzungen genügen)

	0% bis unter 10%	10% bis unter 30%	30% bis unter 50%	50% und mehr
1992	☐	☐	☐	☐
1994	☐	☐	☐	☐
1996	☐	☐	☐	☐

47. Wie hoch war die Eigenkapitalquote 1992-1996? (Schätzungen genügen)

	bis unter 5%	5% bis unter 10%	10% bis unter 25%	25% und mehr
1992	☐	☐	☐	☐
1994	☐	☐	☐	☐
1996	☐	☐	☐	☐

48. Welche Umsatzrendite wurde 1992-1996 auf Basis des Vorsteuerergebnisses erzielt? (Schätzungen genügen)

	bis unter 3%	3% bis unter 7%	7% bis unter 10%	10% und mehr
1992	☐	☐	☐	☐
1994	☐	☐	☐	☐
1996	☐	☐	☐	☐

49. Welchen Marktanteil hatten Sie im Zeitraum 1992-1996 mit Ihrem umsatzstärksten Produkt bzw. Ihrer umsatzstärksten Dienstleistung ? (Schätzungen genügen)

- ☐ unter 1 %
- ☐ 1 - 5 %
- ☐ 6 - 15 %
- ☐ 16 - 30 %
- ☐ 31 - 50 %
- ☐ über 50 %

50. Abschließend möchten wir Sie um einige Angaben aus der jüngsten verfügbaren Bilanz bitten (Angaben in TDM)

Jahr: ☐

Aktivseite		**Passivseite**	
Anlagevermögen	______ TDM	Eigenkapital	______ TDM
Umlaufvermögen	______ TDM	Fremdkapital	______ TDM

Dürfen wir Sie für eventuelle Nachfragen um Ihren Namen und um Ihre Funktion im Unternehmen bitten?

Name: ____________

Funktion: ____________

Telefon: ____________

Vielen Dank für Ihre wertvolle Mitarbeit!

Tabelle A3

Antwortverhalten nach Branchen

Sypro	Branche	angeschriebene Unternehmen (%)	antwortende Unternehmen (%)
22	Mineralölverarbeitung	0,3	0,3
25	Gewinnung u. Verarbeitung v. Steinen u. Erden	5,0	4,8
27	Eisenschaffende Industrie	0,3	0,3
28	NE-Metallerzeugung, NE-Metallhalbwerkzeuge	0,8	0,7
29	Gießerei	1,7	1,7
30	Ziehereien, Kaltwalzwerke, Stahlverformung	3,1	3,8
31	Stahl- u. Leichtmetallbau, Schienenfahrzeugbau	3,1	3,1
32	Maschinenbau	10,8	10,3
33	Straßenfahrzeugbau	2,2	1,8
34	Schiffbau	0,4	0,3
35	Luft- und Raumfahrzeugbau	0,2	0,1
36	Elektrotechnik	4,6	4,8
37	Feinmechanik, Optik, Herstellung von Uhren	1,7	1,7
38	Herstellung von EBM-Waren	5,0	5,2
39	Herstellung von Musikinstrumenten, Spielwaren, Schmuck usw.	1,1	1,0
40	Chemische Industrie	2,9	2,8
50	Herstellung von Büromaschinen, Datenverarbeitungsgeräten u. -einrichtungen	0,3	0,2
51	Feinkeramik	0,8	1,0
52	Herstellung und Verarbeitung von Glas	1,1	0,9
53	Holzbearbeitung	2,1	2,6
54	Holzverarbeitung	5,2	4,7
55	Zellstoff-, Papier- und Pappeerzeugung	0,9	0,9
56	Papier- und Pappeverarbeitung	2,0	2,0
57	Druckerei und Vervielfältigung	5,9	6,4
58	Herstellung von Kunststoffwaren	3,8	3,6
59	Gummiverarbeitung	0,7	0,7
61	Ledererzeugung	0,2	0,2
62	Lederverarbeitung	1,2	1,3
63	Textilgewerbe	3,8	4,3
64	Bekleidungsgewerbe	1,6	1,6
68/69	Nahrungsmittelindustrie	7,2	7,4
72-77	Baugewerbe	20,3	19,7

Literaturverzeichnis

Abowd, J. M. (1990), Does Performance-Based Managerial Compensation Affect Corporate Performance? Industrial and Labor Relations Review 43, 52-73

Akerlof, G. (1970), The Market for „Lemons“: Quality Uncertainty and the Market Mechanism. Quarterly Journal of Economics 84, 488-500

Albach, H. und J. A. Elston (1995), Bank Affiliation and Firm Capital Investment in Germany. ifo Studien 41, 3-16

Angelini, P., R. di Salvo und G. Ferri (1998), Availability and Cost of Credit for Small Businesses: Customer Relationships and Credit Cooperatives. Journal of Banking and Finance 22, 925-54

Arellano, M. und S. Bond (1991), Some Tests of Specification for Panel Data: Monte Carlo Evidence and an Application to Employment Equations. Review of Economic Studies 58, 277-97

Arrow, K. (1971), Essays in the Theory of Risk-Bearing. Amsterdam: North Holland

Audretsch, D. und J. A. Elston (1994), Does Firm Size Matter? Evidence on the Impacts of Liquidity Constraints on Firm Investment Behaviour in Germany. Centre for Economic Policy Research Discussion Paper No. 1072

Bacchetta, P. und S. Gerlach (1997), Consumption and Credit Constraints: International Evidence. Journal of Monetary Economics 40, 207-38

Baltensberger, E. und T. M. Devinney (1985), Credit Rationing Theory: A Survey and Synthesis. Zeitschrift für die gesamte Staatswissenschaft 141, 475-502

Barclay, M. J. und C. G. Holderness (1989), Private Benefits from Control of Public Corporations. Journal of Financial Economics 25, 371-95

Baumol, W. J., J. G. Panzar und R. D. Willig (1988), Contestable Markets and the Theory of Industry Structure. San Diego u. a.: Harcourt Brace Jovanovic

Berger, A. N. und G. F. Udell (1995), Relationship Lending and Lines of Credit in Small Firm Finance. Journal of Business 68, 351-81

Bernanke, B. und M. Gertler (1989), Agency Costs, Net Worth and Business Fluctuations. American Economic Review 79, 13-31

Bernanke, B. und M. Gertler (1990), Financial Fragility and Economic Performance. Quarterly Journal of Economics 105, 87-114

Bernanke, B., M. Gertler und S. Gilchrist (1996), The Financial Accelerator and the Flight to Quality. Review of Economics and Statistics 58, 1-15

Bernheim, D. B. (1991), Tax Policy and the Dividend Puzzle. RAND Journal of Economics 22, 455-76

Besanko, D. und A. V. Thakor (1987), Collateral and Rationing in Monopolistic and Competitive Credit Markets. International Economic Review 28, 167-82

Bester, H. (1985), Screening vs. Rationing in Credit Markets with Imperfect Competition. American Economic Review 75, 850-55

Bester, H. (1987), Collateral in Credit Markets with Imperfect Information. European Economic Review 31, 887-99

Bhattacharya, S. (1979), Imperfect Information, Dividend Policy, and „the Bird in the Hand" Fallacy. Bell Journal of Economics 10, 259-70

Bhattacharya, S. (1980), Nondissipative Signalling Structures and Dividend Policy. Quarterly Journal of Economics 95, 1-24

Bhattacharya, S. und G. Chiesa (1995), Proprietary Information, Financial Intermediation, and Research Incentives. Journal of Financial Intermediation 4, 328-57

Bhattacharya, S. und A. V. Thakor (1993), Contemporary Banking Theory. Journal of Financial Intermediation 3, 2-50

Bolton, P. und D. Scharfstein (1996), Optimal Debt Structure and the Number of Creditors. Journal of Political Economy 104, 1-25

Bond S. und C. Meghir (1994), Dynamic Investment Models and the Firm's Financial Policy. Review of Economic Studies 61, 197-222

Boot, A. W. und A. V. Thakor (1994), Moral Hazard and Secured Lending in an Infinitely Repeated Credit Market Game. International Economic Review 35, 899-920

Boot, A. W., A. V. Thakor und G. F. Udell (1991), Secured Lending and Default Risk: Equilibrium Analysis, Policy Implications and Empirical Results. Economic Journal 101, 458-72

Boschen, J. und K. Smith (1995), You Can Pay Me Now and You Can Pay Me Later: The Dynamic Resposes of Executive Compensation to Firm Perfromance. Journal of Business 68, 577-608

Carpenter, R. E., S. M. Fazzari und B. C. Petersen (1994), Inventory Investment, Internal Finance and the Business Cycle. Brookings Papers of Economic Activity 2/1994, 75-122

Chan, Y. und G. Kanatas (1985), Asymmetric Valuation and the Role of Collateral in Loan Agreement. Journal of Money, Credit and Banking 17, 84-95

Chevalier, J. A. und D. S. Scharfstein (1995), Liquidity Constraints and the Cyclical Behavior of Markups. American Economic Review 85, 1095-1112

Chevalier, J. A. und D. S. Scharfstein (1996), Capital-Market Imperfections and Countercyclical Markups: Theory and Evidence. American Economic Review 86, 390-96

Chirinko, R. (1993), Business Fixed Investment Spending: Modeling Strategies, Empirical Results, and Policy Implications, Journal of Economic Literature 31, 1875-1911.

Clarke, R. und S. W. Davies (1982), Market Structure and Price-Cost Margins. Economica 49, 277-87

Cleary, S. (1999), The Relationship between Firm Investment and Financial Status. Journal of Finance 54, 673-92

Coco, G. (1999), Collateral, Heterogeneity in Risk Attitude and the Credit Market Equilibrium. European Economic Review 43, 559-74

Cole, R. A. (1998), The Importance of Relationships to the Availability of Credit. Journal of Banking and Finance 22, 959-77

Conyon, M. und D. Leech (1994), Top Pay, Company Performance and Corporate Governance. Oxford Bulletin of Economics and Statistics 56, 229-47

Cooney, J. W. und A. Kalay (1993), Positive Information from Equity Issue Announcements. Journal of Financial Economics 33, 149-72

Corbett, J. und J. Jenkinson (1997), How is Investment Financed? A Study of Germany, Japan, The United Kingdom and the United States. The Manchester School Supplement 69-93

Cox, B., G. Elliehausen und J. Wolken (1989), The National Survey of Small Business Finances: Description and Preliminary Evaluation. Board of the Governors of the Federal Reserve System, Finance and Economics Discussion Series 93

De Meza D. und D. C. Webb (1987), Too Much Investment: A Problem of Asymmetric Information. Quarterly Journal of Economics 102, 281-92

Deutsche Bundesbank (1994a), Eigenmittelausstattung der Unternehmen ausgewählter EG-Länder im Vergleich. Monatsberichte der Deutschen Bundesbank Oktober 1994, 73-88

Deutsche Bundesbank (1994b), Ergebnisse der gesamtwirtschaftlichen Finanzierungsrechnung für Westdeutschland 1960 bis 1992. Sonderveröffentlichung

Deutsche Bundesbank (1997a), Ergebnisse der gesamtwirtschaftlichen Finanzierungsrechnung für Deutschland 1990 bis 1996. Statistische Sonderveröffentlichung 4

Deutsche Bundesbank (1997b), 50 Jahre deutsche Mark, Monetäre Statistiken 1948 - 1997 CD-ROM Version 1.0.1. München: Franz Vahlen

Deutsche Bundesbank (1998), Methodische Grundlagen der Unternehmensbilanzstatistik der Deutschen Bundesbank. Monatsberichte der Deutschen Bundesbank Oktober 1998, 51-67

Deutsche Bundesbank (1999), Jahresabschlüsse westdeutscher Unternehmen 1971 bis 1996. Sonderveröffentlichung 5

Devereux, M. und F. Schiantarelli (1990), Investment, Financial Factors, and Cash Flow: Evidence form U.K. Panel Data. In: Hubbard, G. (Hrsg.), Asymmetric Information, Corporate Finance, and Investment. Chicago: University of Chicago Press, 279-306

Diamond, D. (1984), Financial Intermediation and Delegated Monitoring. Review of Economic Studies 51, 393-413

Diamond, D. (1989), Reputation Acquisition in Debt Markets. Journal of Political Economy 97, 828-62

Diamond, D. (1991), Monitoring and Reputation: The Choice Between Bank Loans and Directly Placed Debt. Journal of Political Economy 99, 689-721

Downes, D. H. und R. Heinkel (1982), Signaling and the Valuation of Unseasoned New Issues. Journal of Finance 37, 1-10

Edwards, J. und K. Fischer (1994), Banks, Finance and Investment in Germany. Cambridge: Cambridge University Press

Eilenberger, G. (1996), Bankbetriebswirtschaftslehre 6. Auflage. München: Oldenbourg

Elsas, R. und J. P. Krahnen (1998), Is Relationship Lending Special? Evidence from Credit-File Data in Germany. Journal of Banking and Finance 22, 1283-1316

Ewerhart, C. und P. Schmitz (1996), Die theoretische Fundierung unvollständiger Verträge. Homo Oeconomicus 13, 501-14

Fazzari, F., G. Hubbard, und B. Petersen (1988), Financing Constraints and Corporate Investment. Brookings Papers on Economic Activity 1988,1 141-95

Ferris, J. S. (1981), A Transactions Costs Theory of Trade Credit Use. Quarterly Journal of Economics 94, 243-70

Fischer, K. (1990), Hausbankbeziehungen als Instrument der Bindung zwischen Banken und Unternehmen. Dissertation Universität Bonn

Flaig, G. (1993), Reale Effekte von unvollkommenen Kapitalmärkten: Eine empirische Studie der Konsumfunktion. In: Gahlen, B., H. Hesse und H.J. Ramser, Makroökonomik unvollkommener Märkte. Wirtschaftswissenschaftliches Seminar Ottobeuren, Tübingen: J. C. B. Mohr, 257-74

Flaig, G. und M. Stadler (1994), Success Breeds Success - The Dynamics of the Innovation Process. Empirical Economics 19, 55-68

Flaig, G. und M. Stadler (1998), On the Dynamics of Product and Process Innovation: A Bivariate Random Effects Probit Model. Jahrbücher für Nationalökonomie und Statistik 217, 401-17

Frankel, A. und J. Montgomery (1991), Financial Structure: An International Perspective. Brookings Papers on Economic Activity 1, 257-97

Gale, D. und M. Hellwig (1985), Incentive-Compatible Debt Contracts: The One-Period Problem. Review of Economic Studies 52, 647-63

Geil, P. und K. F. Zimmermann (1995), Quantifizierung qualitativer Daten. In: Oppenländer K. H. (Hrsg.) Konjunkturindikatoren. München, Wien: Oldenbourg, 108-30

Gerke W., van Rüth und Schöner (1992), Informationsbörse für Beteiligungen an mittelständischen Unternehmen. Stuttgart

Gerke, W. et al, (1995), Probleme deutscher mittelständischer Unternehmen beim Zugang zum Kapitalmarkt. Baden-Baden: Nomos

Gorton, G. und F. A. Schmid (1996), Universal Banking and the Performance of German Firms. NBER Working Paper 5453

Greenbaum, S. I., G. Kanatas und I. Venezia (1989), Equilibrium Loan Pricing Under the Bank-Client Relationship. Journal of Banking and Finance 13, 221-35

Greene, W. H. (1997), Econometric Analysis 3. Auflage, Englewood Cliffs: Prentice Hall

Gregg, P, S. Machin und S. Szymanski (1993), The Disappearing Relationship Between Directors' Pay and Corporate Performance. British Journal of Industrial Relations 31, 1-9

Grossman, S. und O. Hart (1983), An Analysis of the Principal-Agent Problem. Econometrica 51, 7-45

Grossman, S. und O. Hart (1986), The Costs and Benefits of Ownership: A Theory of Vertical and Lateral Integration. Journal of Political Economy 94, 691-719

Grossman, S. und O. Hart (1988), One Share - One Vote and the Market for Corporate Control. Journal of Financial Economics 20, 175-202

Hackethal, A. (1999), Unternehmensfinanzierung in Deutschland, den USA und Japan - eine neue Perspektive. Universität Frankfurt am Main, mimeo

Hall, B. J. und D. E. Weinstein (1997), Main Banks, Creditor Concentration, and the Solution of Financial Distress in Japan. Harvard University, Mimeo

Hamermesh, D. S. und G. A. Pfann (1996), Adjustment Costs in Factor Demand. Journal of Economic Literature 34, 1264-92

Hao, K. Y. und A. B. Jaffe (1993), The Effect of Liquidity on Firms' R&D Spending. Economics of Innovation and New Technology 4, 275-82

Harhoff, D. (1998), Are there Financing Constraints for Innovation and Investment in German Manufacturing Firms? Annales d'Economie et de Statistique 49/50, 424-56

Harhoff, D. und T. Körting (1998a), How Many Creditor Does it Take to Tango? Zentrum für Europäische Wirtschaftsforschung mimeo

Harhoff, D. und T. Körting (1998b), Lending relationships in Germany -- Empirical evidence from Survey Data, Journal of Banking and Finance 22, 1317-53

Harris, M. und A. Raviv (1988), Corporate Governance: Voting Rights and Majority Rules. Journal of Financial Economics 20, 175-202

Hart, O. (1995), Firms, Contracts, and Financial Structure. Oxford: Oxford University Press

Hart, O. und J. Moore (1989), Default and Renegotiation: A Dynamic Model of Debt. MIT Working Paper no. 520

Hart, O. und J. Moore (1990), Property Rights and the Nature of the Firm. Journal of Political Economy 109, 1119-58

Hauschildt, J. und J. Leker (1995), Kreditwürdigkeitsprüfung. In: Gerke, W. und M. Steiner (Hrsg.), Handwörterbuch des Bank- und Finanzwesens 2. überarbeitete und erweiterte Auflage. Stuttgart: Schäffer-Poeschel, 1323-35

Hax, H. (1988), Die Bedeutung von Beteiligungs- und Kreditfinanzierung für deutsche Unternehmungen. Institut für Mittelstandsforschung Materialien Nr. 67, Bonn

Hayashi, F. (1982), Tobin's Marginal Q and Average Q: A Neoclassical Interpretation. Econometrica 50, pp. 213-24

Hayashi, F. (1985), Corporate Finance Side of the Q Theory of Investment. Journal of Public Economics 27, pp. 261-80

Heckman, J. (1976), The Common Structure of Statistical Models of Truncation, sample Selection and Limited Dependent Variables and a Simple Estimator for Such Problems. Annals of Economic and Social Measurement 5/4, 475-92

Heckman, J. (1979), sample Selection Bias as a Specification Error. Econometrica 47, 153-61

Hellwig, M. (1991), Banking, Financial Intermediation and Corporate Finance. In: Giovannini, A. und C. Mayer (Hrsg.), European Financial Integration. Cambridge: Cambridge University Press

Hellwig, M. (1997), Was leistet das Finanzsystem? In: Gahlen, B., H. Hesse und H. J. Ramser (1997), Finanzmärkte, Wirtschaftswissenschaftliches Seminar Ottobeuren, Tübingen: J. C. B. Mohr, 211 - 43

Himmelberg, C. P. und B. C. Petersen (1994), R&D and Internal Finance: A Panel Study of Small Firms in High-Tech Industries. Review of Economics and Statistics 76, 38-51

Holmström, B. (1979), Moral Hazard and Observability. Bell Journal of Economics 10, 74-91

Holmström, B. und P. Milgrom (1987), Aggregation and Linearity in the Provision of Intertemporal Incentives. Econometrica 55, 308-28

Holmström, B. und J. Tirole (1989), The Theory of the Firm. in: Schmalensee, R. und R. D. Willig (Hrsg.), Handbook of Industrial Organzition, Vol. I, Handbooks in Economics 10, Amsterdam: North Holland, 61-133

Hoshi, T., A. Kashyap und D. Scharfstein (1990), Bank Monitoring and Investment: Evidence from the Changing Structure of Japanese Corporate Banking Relationships, in: Hubbard, G. (ed.) 1990, Asymmetric Information, Corporate Finance, and Investment. Chicago: University of Chicago Press, 105-26.

Hu, X. und F. Schiantarelli (1994), Investment and Financing Constraints: A Switching Regression Approach Using US Firm Panel Data. Boston College, Working Paper No. 284

Hubbard, G. (1998), Capital-Market Imperfections and Investment. Journal of Economic Literature 36, pp. 193-225

Hübler, O. (1991), Einkommensdiskriminierung von Frauen und geschlechtsabhängige Einkommensdeterminanten. Jahrbücher für Nationalökonomie und Statistik 208, 607-24

Ingham, H. und S. Thompson (1995), Mutuality, Performance and Executive Compensation. Oxford Bulletin of Economics and Statistics 57, 295-308

Jensen M. (1986), Agency Costs of Free Cash Flow, Corporate Finance, and Takeovers. American Economic Review 76, 323-29

Jensen, M. und W. Meckling (1976), Theory of the Firm: Managerial Behaviour, Agency Cost, and Ownership Structure. Journal of Financial Economics 3, 305-60

Jensen, M. und K. Murphy (1990), Performance Pay and Top-Management Incentives. Journal of Political Economy 98, 225-264

Jensen, M. und R. Ruback (1983), The Market for Corporate Control: The Scientific Evidence. Journal of Financial Economics 11, 5-50

John, K. und J. Williams (1985), Dividends, Dilution and Taxes: A Signaling Equilibrium. Journal of Finance 40, 1053-70

Joskow, P. L. und N. L. Rose (1994), CEO Pay and Firm Performance: Dynamics, Asymmetries, and Alternative Performance Measures. NBER working paper 4976

Kang, J. K. und A. Shivdasani (1995), Firm Performance, Corporate Governance and Top Executive Turnover in Japan. Journal of Financial Economics 38, 151-74

Kaplan, S. (1994a), Top Executive Rewards and Firm Performance: A Comparison of Japan and the United States. Journal of Political Economy 102, 510-46

Kaplan, S. (1994b), Top Executives, Turnover, and Firm Performance. Journal of Law, Economics and Organization 10, 142-59

Kaplan, S. und L. Zingales (1997), Do Financing Constraints Explain Why Investment is Correlated with Cash Flow? Quarterly Journal of Economics 112, 169-215

Kashyap, A., O. A. Lamont und J. C. Stein (1994), Credit Conditions and the Cyclical Behavior of Investories. Quarterly Journal of Economics 109, 565-92

Kaufmann, F. (1997), Besonderheiten der Finanzierung kleiner und mittlerer Unternehmen. Kredit und Kapital 1,1997, 144-55

Kaufmann, F. und L. Kokalj (1996), Risikokapitalmärkte für mittelständische Unternehmen. Schriften zur Mittelstandsforschung 68, Stuttgart: Schäffer-Poeschel

Keynes, J. M. (1930), A Treatise on Money. MacMillan: London

Keasy, K., P. McGuiness und H. Short (1992), New Issues on the UK Unlisted Securities Market: The Ability of Entrepreneurs to Signal Firm Value. Small Business Economics 4, 15-27

Keasy, K. und H. Short (1997), Equity Retention and Initial Public Offerings: The Influence of Signalling and Entrenchment Effects. Applied Financial Economics 7, 75-85

Keasy, K. und R. Watson (1993), Small Firm Management - Ownership, Finance and Performance. Oxford: Blackwell

Killingsworth, M. R. und J. J. Heckman (1986), Female Labor Supply: A Survey. In: O. C. Ashenfelter and R. Layard (eds.), Handbook of Labor Economics Vol. I, Amsterdam: North Holland, 103-204

Kiyotaki, N. und J. Moore (1997), Credit Cycles. Journal of Political Economy 105, 211-48

Krahnen, J. P. (1994), Überlegungen zu einer Theorie der Innenfinanzierung. In: Gerke, W. (Hrsg.), Planwirtschaft am Ende - Marktwirtschaft in der Krise. Stuttgart: Schäffer-Poeschel, 299-317

Kukuk, M. und M. Stadler (1999), Financing Constraints and the Timing of Innovations in the German Services Sector. Tübinger Diskussionsbeitrag Nr. 159.

Lease, R., J. McConnell und W. Mikkelson (1983), The Market Value of Control in Publicly Traded Corporations. Journal of Financial Economics 11, 439-71

Leland, H. und D. Pyle (1977), Information Asymmetries, Financial Structure, and Financial Intermediation. Journal of Finance 32, 371-88

Leonard, J. S. (1990), Executive Pay and Firm Performance. Industrial and Labor Relations Review 43, 13-29

Maddala, G. S. (1983), Limited-Dependent and Qualitative Variables in Econometrics. Cambridge: Cambridge University Press

Main, B. G., A. Bruce und T. Buck (1996), Total Board Remuneration and Company Performance. Economic Journal 106, 1627-44

Mayer, C. (1988), New Issues in Corporate Finance. European Economic Review 32, 1167-89

Mayer, C. (1990), Financial Systems, Corporate Finance, and Economic Development. In Hubbard, R.G. (Hrsg.), Asymmetric Information, Corporate Finance, and Investment. Chicago: Chicago University Press, 144-65

McKnight, P. J. (1996), An Explanation of Top Executive Pay: A UK Study. British Journal of Industrial Relations 34, 557-66

Meyer, J. und E. Kuh (1957), The Investment Decision. Cambridge, Mass.: Harvard University Press

Miller, M. und K. Rock (1985), Dividend Policy Under Asymmetric Information. Journal of Finance 40, 1031-52

Mirrlees, J. (1974), Notes on Welfare Economics, Information, and Uncertainty. In: Balch, M.S, D. L. McFadden und S. Y. Wu (Hrsg.), Contributions to Economic Analysis, Amsterdam: North Holland

Monopolkommission (1998), Ordnungspolitische Leitlinien für ein funktionsfähiges Finanzsystem. Sondergutachten 26. Baden Baden: Nomos

Moore, R. (1987), Financial Contracting and Asymmetric Information. Ann Arbor: UMI

Morck, R,. A. Shleifer und R. Vishny (1988), Management Ownership and Market Evaluation: An Empirical Analysis. Journal of Financial Economics 20, 293-315

Murphy, K. J. und J. L. Zimmermann (1993), Financial Performance Surrounding CEO Turnover. Journal of Accounting and Economics 16, 273-315

Myers, S. C. (1984), The Capital Structure Puzzle. Journal of Finance 39, 575-92

Myers, S. C. und N. S. Majluf (1984) Corporate Financing and Investment Decisions When Firms Have Information that Investors Do Not Have. Journal of Financial Economics 13, 187-22

Nickell, S. und D. Nicolitsas (1999) How Does Financial Pressure Affect Firms? European Economic Review 43, 1435-56

Nickell, S. und Wadhwani, S. (1991), Employment Determination in British Industries: Investigations Using Micro-Data. Review of Economic Studies 58, 955-69

Oliner, S. D. und G. D. Rudebusch (1996), Is there a Broad Credit Channel for Monetary Policy? Federal Reserve Bank of San Francisco Economic Review 0 (1), 4-13

Ongena, S. und D. C. Smith (1998), Bank Relationships: A Review. Norwegian School of Management, mimeo

Oppenländer, K. H. und G. Poser (1989), Handbuch der Ifo-Umfragen. Berlin: Duncker&Humblot.

Petersen, M. A. und R. G. Rajan (1994), The Benefits of Lending Relationships: Evidence from Small Business Data. Journal of Finance 49, 3-37

Petersen, M. A. und R. G. Rajan (1995), The Effect of Credit Market Competition on Lending Relationships. Quarterly Journal of Economics 110, 407-43

Petersen, M. A. und R. G. Rajan (1997), Trade Credit: Theory and Evidence. Journal of Financial Studies 10, 661-91

Plötscher, C. und H. Rottmann (1998), Investment Behavior and Financing Constraints in German Manufacturing and Construction Firms - A Bivariate Ordered Probit Estimation. ifo Diskussionsbeiträge 53

Prowse, S. (1995), Corporate Governance in an International Perspective: A Survey of Corporate Control Mechanisms Among Large Firms in the U.S., U.K., Japan and Germany. Financial Markets, Institutions and Instruments 2/1995, 1-63

Rajan R. (1992), Insiders and Outsiders: The Choice Between Relationship and Arms-Length Debt. Journal of Finance 47, 1367-1400

Rajan R. und L. Zingales (1995), What Do We Know About Capital Structure? Some Evidence from International Data. Journal of Finance 50, 1421-60

Ramb, F. (1998), Finanzierungsstrukturen im Vergleich - Eine Analyse europäischer Unternehmen. ZEW Discussion Paper 98-17

Rasmusen, E. (1994), Games and Information, 2. Auflage. Cambridge, MA: Blackwell

Rosa, R. V. (1951), Interest Rates and the Central Bank. In: Money, Trade and Economic Growth: Essays in Honour of John H. Williams, New York, 270-95

Rosen, S. (1992), Contracts and the Market for Executives. In: Werin, L. und H. Wijkander (Hrsg.), Contract Economics. Oxford: Blackwell Publishers, 181-211

Rottmann, H. (1995), Das Innovationsverhalten von Unternehmen. Eine ökonometrische Untersuchung für die Bundesrepublik Deutschland. Frankfurt am Main u.a.: Peter Lang

Rydqvist, K. (1992), Dual Class Shares: A Review. Oxford Review of Economic Policy 8, 45-57

Sachverständigenrat zur Begutachtung der gesamtwirtschaftlichen Entwicklung (1995), Jahresgutachten 1995/96. Bonn: Bundestagsdrucksache 769/95

Schiantarelli, F. (1996), Financial Constraints and Investment: Methodological Issues and International Evidence, Oxford Review of Economic Policy 12, 70-89

Schmid, F. A. (1996a), Banken, Aktionärsstruktur und Unternehmenssteuerung Teil I, Kredit und Kapital 29, 402-27

Schmid, F. A. (1996b), Banken, Aktionärsstruktur und Unternehmenssteuerung Teil II, Kredit und Kapital 29, 545-64

Schneider-Lenné, E. R. (1992), Corporate Control in Germany. Oxford Review of Economic Policy 8, 11-23

Schubert, V. (1999), Asymmetrische Information und Finanzierungsstruktur. Berlin: Duncker&Humblot

Sharpe, S. A. (1990), Asymmetric Information, Bank Lending, and Implicit Contracts: A Stylized Model of Customer Relations. Journal of Finance 45, 1069-87

Sharpe, S. A. (1994), Financial Market Imperfections, Firm Leverage, and the Cyclicality of Employment. American Economic Review 84, 1060-74

Shleifer, A. und R. W. Vishny (1986), Large Shareholders and Corporate Control. Journal of Political Economy 94, 461-88

Shleifer, A. und R. W. Vishny (1997), A Survey of Corporate Governance. Journal of Finance 52, 733-83

Smith, W. L. (1956), On the Effectiveness of Monetary Policy. American Economic Review 46, 588-606

Snider, H. (1994), CEO Pay and Firm Performance: Theory vs. Practice. Financial Markets, Institutions and Instruments 3/1994, 60-75

Spence, A. M. (1974), Market Signalling: Information Transfer in Hiring and Related Processes. Cambridge Mass.: Harvard University Press

Statistisches Bundesamt (1994a), Fachserie 9, Reihe 2: Aktienmärkte. Stuttgart: Metzler Poeschel

Statistisches Bundesamt (1994b), Fachserie 14, Reihe 8: Umsatzsteuer. Stuttgart: Metzler Poeschel

Statistisches Bundesamt (verschiedene Jahrgänge), Fachserie 18, Reihe 1.3: Volkswirtschaftliche Gesamtrechnungen, Konten und Standardtabellen. Stuttgart: Metzler Poeschel

Stiglitz J. und A. Weiss (1981), Credit Rationing in Markets with Imperfect Information. American Economic Review 73, 912-27

Stöß, E. (1996), Enterprises' Financing Structure and their Response to Monetary Policy Stimuli. Discussion Paper 9/96 Economic Research Group of the Deutsche Bundesbank

Thakor, A. V. (1995), Financial Intermediation and the Market for Credit. In: Jarrow, R. et al. (Hrsg.) Handbooks in Operations Research and Management Science Vol. 9, 1073-1103

Titman, S. und B. Trueman (1986), Information Quality and the Valuation of New Issues. Journal of Accounting and Economics 8, 159-72

Townsend, R. M. (1979), Optimal Contracts and Competitive Markets with Costly State Verification. Journal of Economic Theory 21, 265-93

Trueman, B. (1986a), The Relationship Between the Level of Capital Expenditures and Firm Value. Journal of Financial and Quantitative Analysis 21, 115-29

Trueman, B. (1986b),Why Do Managers Voluntarily Release Earnings Forecasts? Journal of Accounting and Economics 8, 53-71

Van de Ven, W., P. und B. van Praag (1981), The Demand for Deductibles in Private Health Insurance: A Probit Model with sample Selection, Journal of Econometrics 17, 229-52

Verrecchia, R. E. (1983), Discretionary Disclosure. Journal of Accounting and Economics 5, 179-94 von Thadden, E. L. (1992), The Commitment of Finance, Duplicated Monitoring, and the Investment Horizon. Universität Basel, mimeo

von Thadden, E. L. (1998), Asymmetric Information, Bank Lending and Implicit Contracts: The Winner's Curse. Université de Lausanne, mimeo

Walsh, C. (1998), Monetary Theory and Policy. Cambridge, Mass.: MIT Press

Warner, J. B., R. L. Watts und K. H. Wruck (1988), Stock Prices and Top Management Changes. Journal of Financial Economics 20, 461-92

Weisbach, M. S. (1988), Outside Director, and CEO Turnover. Journal of Financial Economics 20, 431-60

Whited, T. (1992), Debt, Liquidity Constraints, and Corporate Finance: Evidence from Panel Data: Journal of Finance 47, 1425-60

Williams, J. T. (1992), Signalling with Dividends. In: Newman, P., M. Milgate und J. Eatwell, The New Palgrave Dictionary of Money and Finance. London: Macmillan, 458-60

Winker, P. (1993), Firmenalter und Kreditrationierung, ifo Studien 39, 103-26

Wissenschaftlicher Beirat beim Bundeswirtschaftsministerium (1997), Wagniskapital.

Worms, A. (1998), Bankkredite an Unternehmen und ihre Rolle in der geldpolitischen Transmission in Deutschland. Frankfurt am Main u. a.: Peter Lang

Yatchew, A. und Z. Griliches (1984), Specification Errors in Probit Models. Review of Economics and Statistics 66, 134-39

Yosha, O. (1995), Information Disclosure Cost and the Choice of Financing Source. Journal of Financial Intermediation 4, 3-20

Zinagles, L. (1994), The Value of the Voting Right: A Study of the Milan Stock Exchange Experience. Review of Financial Studies 7, 125 - 48

Zingales, L. (1995), What Determines the Value of Corporate Votes? Quarterly Journal of Economics 110, 1047-73

Zweimueller, J. und R. Winter-Ebmer (1994), Gender Wage Differentials in Private and Public Sector Jobs. Journal of Population Economics 7, 271-85

GPSR Compliance

The European Union's (EU) General Product Safety Regulation (GPSR) is a set of rules that requires consumer products to be safe and our obligations to ensure this.

If you have any concerns about our products, you can contact us on ProductSafety@springernature.com

In case Publisher is established outside the EU, the EU authorized representative is:

Springer Nature Customer Service Center GmbH
Europaplatz 3
69115 Heidelberg, Germany

Batch number: 10815964

Printed by Printforce, the Netherlands